Mal'ak Jahwe – Bote von Gott

Regensburger Studien zur Theologie

Herausgegeben von den Professoren
Dr. Franz Mußner, Dr. Wolfgang Nastainczyk,
Dr. Norbert Schiffers, Dr. Joseph Staber

Band 13

PETER LANG
Frankfurt am Main · Bern · Las Vegas

Hermann Röttger

Mal'ak Jahwe –
Bote von Gott

Die Vorstellung von Gottes Boten im hebräischen
Alten Testament

PETER LANG
Frankfurt am Main · Bern · Las Vegas

CIP-Kurztitelaufnahme der Deutschen Bibliothek

Röttger, Hermann

Mal'ak Jahwe – Bote von Gott: d. Vorstellung von
Gottes Boten im hebr. Alten Testament. – Frankfurt
am Main, Bern, Las Vegas: Lang, 1978.
    (Regensburger Studien zur Theologie; Bd. 13)
    ISBN 3-261-02633-2

ISBN 3-261-02633-2

Auflage 300 Ex.

© Verlag Peter Lang GmbH, Frankfurt am Main 1978

Druck: Fotokop Wilhelm Weihert KG, Darmstadt
Titelsatz: Fotosatz Aragall, Wolfsgangstraße 92, Frankfurt am Main.

Vorwort

Die vorliegende Arbeit wurde 1977 vom Fachbereich
Katholische Theologie der Universität Regensburg
als Dissertation angenommen. Für die Veröffentli-
chung wurde sie leicht überarbeitet und durch ein
Register der Bibelstellen ergänzt.

Mein Dank gilt vor allem meinem Lehrer und Doktor-
vater, Herrn Prof. Dr. H. Groß, der die Arbeit von
Anfang an mit stetem Interesse begleitete, immer zu
einem Gespräch bereit war und der mir viele Anregun-
gen gab; er lehrte mich sehen, daß die wissenschaft-
liche Beschäftigung mit der Bibel immer auch auf die
Verkündigung ausgerichtet bleiben muß, will sie
nicht Gefahr laufen, zum Selbstzweck zu werden.

Danken möchte ich allen Freunden, die mir durch ihr
kritisches Zuhören sehr geholfen haben; dies gilt
in besonderer Weise von meiner Frau Monika, die mir
trotz eigener Belastung immer dann Halt gab, wenn
ich es notwendig brauchte.

Frau A. Auburger danke ich für die sorgfältige und
schnelle Arbeit bei der Reinschrift des Manuskripts,
Herausgebern und Verlag der Regensburger Studien zur
Theologie für die Aufnahme in der Reihe.

Regensburg, im Januar 1978

Inhaltsverzeichnis

Literaturverzeichnis

Die verwendeten Abkürzungen sind entnommen aus
SCHWERTNER, S., Internationales Abkürzungsverzeichnis
für Theologie und Grenzgebiete (IATG). Berlin / New York
1974
Zur Schreibweise biblischer Namen vgl.
Ökumenisches Verzeichnis der biblischen Eigennamen
nach den Loccumer Richtlinien. Herausgegeben von den
Deutschen Bischöfen, dem Rat der Evangelischen Kirche
in Deutschland und dem Evangelischen Bibelwerk.
Stuttgart 1971.

ACKROYD, P.R.   I and II Chronicles, Ezra, Nehemiah.
                   London 1973 (TBC)
ders.,   Hosea and Jacob. VT 13 (1963) 245-259
ders.,   Hosea. PCB 603-613
ACKROYD, P.R. / EVANS, C.F., The Cambridge History of
                   the Bible. Vol. I: From the Beginnings
                   to Jerome. Cambridge 1970
ADAM, G., / KAISER, O., / KÜMMEL, W.G., Einführung
                   in die exegetischen Methoden.
                   München ^{5}1975
AMSLER, S.   Art. קום -qūm-aufstehen: THAT II 635-641
ANDERSON, A.A.   The Books of Psalms I.II. London
                   1972 (NCeB)
AUERBACH, E.   Die große Überarbeitung der biblischen
                   Bücher. VT. S 1 (1953) 1-10
BAENTSCH, B.   Exodus, Levitikus, Numeri übersetzt
                   und erklärt. Göttingen 1903 (HK I,2)
BALDWIN, J.G.   Haggai, Zechariah, Malachi. An Intro-
                   duction and Commentary. Downers Grove,
                   Ill. 1972

BAUMGARTNER, W.   Zum Problem des "Jahwe-Engels". SThU
                   14 (1944) 97-102 (= ders., Zum Alten
                   Testament und seiner Umwelt. Ausge-
                   wählte Aufsätze. Leiden 1959 240-246)

BEER, E. / GALLING, K., Das Buch Exodus übersetzt und
                   erklärt. Tübingen 1939 (HAT 3)

BENNETT, T.M.   Malachi. in: BBC Vol. 7 (Hosea -
                   Malachi). London 1973, 366-394

BENZINGER, J.   Jahvist und Elohist in den Königs-
                   büchern. Berlin 1921 (BWANT 27)

BEYERLIN, W.   Geschichte und heilsgeschichtliche
                   Traditionsbildung im Alten Testament
                   (Ri 6-8). VT 13 (1963) 1-25

BISHOP, E.   Angelology in Judaism, Islam and Chri-
                   stianity. AThR 46 (1964) 142-154

BLENKINSOPP, J.   Ballad Style and Psalm Style in the
                   Song of Deborah. Bib. 42 (1961) 61-76

ders.,   Structure and Style in Judges 13-16.
                   JBL 82 (1963) 65-76

BOLING, R.G.   Judges. Introduction, Translation and
                   Commentary. Garden City/New York 1975
                   (AncB 6,1)

BOTTERWECK, J.G. / CORNFELD, G., Die Bibel und ihre
                   Welt. I, II. Bergisch-Gladbach 1969

BRUNNER, R.   Sacharja. Stuttgart 1960 (ZBK 45)

BURNEY, Ch.F.   The Book of Judges. New York 1970
                   (LBS)

CARLSON, R.A.   Elie à l'Horeb. VT 19 (1969) 416-439

CHARY, Th.   Aggee, Zacharie, Malachie. Paris 1969

COATS, G.W.   Abraham's Sacrifice of Faith. A Form-
                   Critical Study of Genesis 22. Interp.
                   27 (1973) 389-400

ders.,   Balaam, Sinner or Saint? BR 17 (1972)
                   21-29

COGGINS, R.J.   The First and Second Books of the
                   Chronicles. Cambridge 1976 (CBC)

CRAGHAN, J.F.   The Elohist in Recent Literature.
                  Biblical Theology Bulletin 7 (1977)
                  23-35

CRAIGIE, P.C.   Some Further Notes on the Song of
                  Deborah. VT 22 (1972) 349-353

ders.,   The Song of Deborah and the Epic
                  of Tukulti-Ninurta. JBL 88 (1969)
                  253-256

CROSS, F.M.   Die antike Bibliothek von Qumran
                  und die moderne biblische Wissen-
                  schaft. Neukirchen 1967

ders.,   A New Qumran Biblical Fragment Re-
                  lated to the Original Hebrew Under-
                  lying the Septuagint. BASOR 132
                  (1953) 15-26

CURTIS, E.L.   The Books of Chronicles. A Critical
                  and Exegetical Commentary. Edinburgh
                  1965 (latest impression) (ICC)

DAHOOD, M.   The Name y i š m ā''ē l in Genesis
                  16,11. Bib. 49 (1968) 87-88

ders.,   Psalms. Introduction, Translation
                  and Commentary. Garden City/New York
                  1973 (AncB 16.17)

DALMAN, G.   Arbeit und Sitte in Palästina.
                  IV. Band: Brot, Öl und Wein.
                  Gütersloh 1935 (BFChTh.M 33)

DAVENPORT, J.W.   A Study of the Golden Calf Tradition
                  in Exodus 32. Diss. Princeton
                  Theological Seminary 1973

DEDEN, D.   De Kleine Profeten uit de Grondtekst
                  vertaald en uitgelegd. II: Nahum,
                  Habakuk, Sophonias, Aggeüs, Zacharias,
                  Malachias. Roermond 1956 (BOT XII,7-12)

DELCOR, M.   Art. נגע-ng^c-berühren: THAT II 37-39

DEUTSCH von LEGELSHURST, R.R., Die Hiskiaerzählungen.
Eine formgeschichtliche Untersuchung
der Texte Js 36-39 und 2 R 18-20.
Diss. Basel 1968/69

DRIVER, S.R.   The Book of Genesis. London [16]1954
(WC)

DUHM, B.   Das Buch Jesaja. Göttingen [5]1968

DURHAM, J.I.   Psalms. in: BBC Vol. 4. London 1972
153-464

EDEL, R.F.   Hebräisch-Deutsche Präparationen
zu den "Kleinen Propheten" I (Hosea
bis Jona). Marburg/Lahn [4]1972

EICHRODT, W.   Darf man heute noch von einem Gottesbund mit Israel reden? ThZ 30
(1974) 193-206

ders.,   Der Prophet Hesekiel übersetzt und
erklärt. Göttingen 1966 (ATD 22)

EISSFELDT, O.   Einleitung in das Alte Testament.
Tübingen [3]1964

ders.,   Hexateuch-Synopse. Darmstadt 1973

ELLIGER, K.   Das Buch der Zwölf Kleinen Propheten
II: Die Propheten Nahum, Habakuk,
Zephanja, Sacharja, Maleachi über-
setzt und erklärt. Göttingen [6]1967
(ATD 25)

ders.,   Der Jakobskampf am Jabbok Gn 32,23-32
als hermeneutisches Problem. ZThK
48 (1951) 1-31 (= ders., Kleine
Schriften zum Alten Testament.
München 1966 (TB 32) 141-173)

ders.,   Jesaja II. Neukirchen 1971ff
(Lieferungen) (BK.AT XI,2)

FICKER, R.   Art. מלאך -mal'ak-Bote: THAT I 900-908

FISCHER, J.A.   Notes on the Literary Form and Mes-
                       sage of Malachi. CBQ 34 (1972) 315-320
FOHRER, G.   Einleitung in das Alte Testament.
                       Heidelberg ^{11}1969
ders.,   Elia. Zürich ^{2}1968 (AThANT 31)
ders.,   Die Hauptprobleme des Buches Ezechiel.
                       Berlin 1952 (BZAW 72)
ders.,   Die Propheten des Alten Testaments.
                       Band III: Die Propheten des frühen
                       6. Jahrhunderts. Gütersloh 1975
ders.,   Die Propheten des Alten Testaments.
                       Band IV: Die Propheten um die Mitte
                       des 6. Jahrhunderts. Gütersloh 1975
FOHRER, G.   Die Propheten des Alten Testaments.
                       Band V: Die Propheten des ausgehen-
                       den 6. und des 5. Jahrhunderts.
                       Gütersloh 1976
FOHRER, G. / HOFFMANN, H.W. / HUBER, F. / MARKERT, L. /
WANKE, G.   Exegese des Alten Testaments. Ein-
                       führung in die Methodik. Heidelberg
                       1973 (UTB 267)
DE FRAINE, J.   Rechters uit de Grondtekst vertaald
                       en uitgelegd. Roermond 1955 (BOT III/2)
FRETHEIM, T.E.   The Jacob Traditions. Theology and
                       Hermeneutic. Interp. 26 (1972)
                       419-436
FRITZ, V.   Israel in der Wüste. Traditionsge-
                       schichtliche Untersuchung der Wü-
                       stenüberlieferung des Jahwisten.
                       Marburg 1970 (MThSt 7)
FUSS, W.   Die Deuteronomistische Pentateuch-
                       redaktion in Exodus 3-17. Berlin
                       1972 (BZAW 126)
ders.,   II Samuel 24. ZAW 74 (1962) 145-164
GALLING, K.   Exodus vgl. BEER-GALLING.

GARLAND, D.D.   Hosea. A Study Guide Commentary.
                   Grand Rapids, Michigan 1975
GARSCHA, J.   Studien zum Ezechielbuch. Eine re-
                   daktionskritische Untersuchung von
                   Ez 1-39. Frankfurt/M. 1974 (EHS.T 23)
GERLEMAN, G.   Art. מצא-mṣ'-finden: THAT I 922-925
ders.,   Art. רצה-rṣh-Gefallen haben:
                   THAT II 810-813
GERLEMAN, G. / RUPRECHT, E., Art. דרש-drš-fragen nach:
                   THAT I 460-467
GESENIUS, W.   Hebräisches und Aramäisches Hand-
                   wörterbuch über das Alte Testament
                   (bearbeitet von F. BUHL). Berlin,
                   Göttingen, Heidelberg 1962 (unv.
                   Nachdruck der 17. Auflage 1915)
GLOBE, A.   The Literary Structure and Unity
                   of the Song of Deborah. JBL 93
                   (1974) 493-512
GOOD, E.M.   Hosea and the Jacob Tradition.
                   VT 16 (1966) 137-151
GRAY, J.   Joshua, Judges and Ruth. London
                   1967 (NCeB)
ders.,   I and II Kings. A Commentary.
                   London 1964 (OTL)
GRILL, S.   Synonyme Engelnamen im Alten Testa-
                   ment. ThZ 18 (1962) 241-246
GRIMM, D.   Erwägungen zu Hos 12,12 "in Gilgal
                   opfern sie Stiere." ZAW 85 (1973)
                   339-347
GROSS, H.   Der Engel im Alten Testament.
                   ALW 6/1 (1959) 28-42
GROSS, W.   Bileam. Literar- und formkritische
                   Untersuchung der Prosa in Num 22-24.
                   München 1974 (StANT 38)
ders.,   Die Herausführungsformel - Zum Ver-
                   hältnis von Formel und Syntax. ZAW
                   86 (1974) 425-453

GRUNDMANN, W. / vRAD, G. / KITTEL, G., Art.
ThWNT I 72-87

GUNKEL, H.   Elias, Jahve und Baal. Tübingen 1906
                    (RV II/8)

ders.,   Genesis übersetzt und erklärt.
                    Göttingen [6]1964

HAAG, H.   Gideon-Jerubbaal-Abimelek. ZAW
                    79 (1967) 305-314

HALBE, J.   Das Privilegrecht Jahwes Ex 34,10-26.
                    Gestalt und Wesen, Herkunft und Wir-
                    ken in vordeuteronomischer Zeit.
                    Göttingen 1975 (FRLANT 114)

HEIDT, G.   Angelology of the Old Testament.
                    Washington 1949

HERBERT, A.S.   The Book of the Prophet Isaiah.
                    Chapters 1-39. Cambridge 1973
                    (CBC)

ders.,   The Book of the Prophet Isaiah.
                    Chapters 40-66. Cambridge 1975
                    (CBC)

HERMISSON, H.-J.   Jakobs Kampf am Jabbok (Gen 32,23-33).
                    ZThK 71 (1974) 239-261

HERNANDO, E.   La figura de Abraham en la tradición
                    elohista. Lum. 22 (1973) 31-53

HERRMANN, S.   Mose. EvTh 28 (1968) 301-328

HERTZBERG, H.W.   Die Bücher Josua, Richter, Ruth
                    übersetzt und erklärt. Göttingen
                    [4]1969 (ATD 9)

ders.,   Die Samuelbücher übersetzt und er-
                    klärt. Göttingen [4]1968 (ATD 10)

HIRTH, V.   Gottes Boten im Alten Testament.
                    Die alttestamentliche Mal'ak-Vor-
                    stellung unter besonderer Berück-
                    sichtigung des Mal'ak-Jahwe-Problems.
                    Diss. Leipzig 1971

HÖLSCHER, G.   Geschichtsschreibung in Israel.
                      Untersuchungen zum Jahvisten und
                      Elohisten. Lund 1952 (Humanistiska
                      vetenskapssamfundet (Lund): Skrifter
                      50)

HOLLADAY, W.L.   Chiasmus, the Key to Hosea XII 3-6.
                      VT 16 (1966) 53-64

HORN, H.   Traditionsschichten in Ex 23,10-33
                      und Ex 34,10-26. BZ (NS) 15 (1971)
                      203-222

HORST, F.   Die Zwölf Kleinen Propheten II
                      (Nahum - Maleachi). Tübingen ³1964
                      (HAT I/14,2)

HOSSFELD, F.   Untersuchungen zu Komposition und
                      Theologie des Ezechiel. Würzburg
                      1977 (Forschung zur Bibel 20)

HYATT, J.Ph.   Exodus. London 1971 (NCeB)

ISHIDA, T.   The Leaders of the Tribal Leagues
                      "Israel" in the Pre-Monarchic Period.
                      RB 80 (1973) 514-530

JAROŠ, K.   Der Elohist in der Auseinander-
                      setzung mit der Religion seiner
                      Umwelt. Kairos 17 (1975) 279-283

ders.,   Die Stellung des Elohisten zur ka-
                      naanäischen Religion. Göttingen
                      1974 (Orbis biblicus et orientalis 4)

JEPSEN, A.   Ama^h und Schiphcha^h. VT 8 (1958)
                      293-297

ders.,   Gottesmann und Prophet. Anmerkungen
                      zum Kapitel 1. Könige 13. in:
                      WOLFF, H.W. (Hrsg), Probleme bibli-
                      scher Theologie. Gerhard von RAD
                      zum 70. Geburtstag. München 1971
                      171-182

JUNKER, H.   Die Zwölf Kleinen Propheten.
                    II. Hälfte Nahum, Habakuk,
                    Sophonias, Aggäus, Zacharias,
                    Malachias übersetzt und erklärt.
                    Bonn 1938 (HSAT VIII/3,2)

KAISER, O.   Der Prophet Jesaja. Kapitel 13-39
                    übersetzt und erklärt. Göttingen
                    1973 (ATD 18)

KEEL, O.   Erwägungen zum Sitz im Leben des
                    vormosaischen Pascha und zur Etymo-
                    logie von פסח. ZAW 84 (1972) 414-434

KEEL, O. / KÜCHLER, M., Synoptische Texte aus der Ge-
                    nesis II : Der Kommentar. Fribourg
                    1971 (BiBe 8,2)

KEIL, C.F.   Biblischer Commentar über die Bücher
                    Mose's. I Genesis und Exodus.
                    Leipzig ^{3}1878

ders.,   Biblischer Commentar über die Zwölf
                    Kleinen Propheten. Leipzig ^{2}1873

KELLER, C.A.   Art. ארר -'rr-verfluchen: THAT I
                    236-240

KIDNER, D.   Psalms 1-72. London 1973 (TOTC)

KILIAN, R.   Der heilsgeschichtliche Aspekt in
                    der elohistischen Geschichtstradi-
                    tion. ThGl 56 (1966) 369-384

ders.,   Isaaks Opferung. Zur Überlieferungs-
                    geschichte von Gen 22. Stuttgart
                    1970 (SBS 44)

ders.,   Die vorpriesterlichen Abrahamsüber-
                    lieferungen literarkritisch und
                    traditionsgeschichtlich untersucht.
                    Bonn 1966 (BBB 24)

ders.,   Zur Überlieferungsgeschichte Lots.
                    BZ (NS) 14 (1970) 23-37

KNIERIM, R.   Art. עון -^{c}awōn-Verkehrtheit:
                    THAT II 243-249

KOCH, K.   Was ist Formgeschichte? Methoden
                   der Bibelexegese. Neukirchen [3]1974

KRAUS, H.J.   Die Psalmen. Neukirchen [4]1972
                   (BK.AT XV)

KÜBEL, P.   Epiphanie und Altarbau. ZAW 83 (1971)
                   225-231

KÜHLEWEIN, J.   Art. נזיר -nāzīr-Geweihter: THAT
                   II 50-53

KÜMPEL, R.   Die Berufung Israels. Ein Beitrag
                   zur Theologie Hoseas. Diss. Bonn
                   1973

KUTSCH, E.   Gideons Berufung und Altarbau
                   Jdc 6,11-24. ThLZ 81 (1956) 75-84

ders.,   Verheißung und Gesetz. Untersuchungen
                   zum sogenannten "Bund" im Alten
                   Testament. Berlin 1973 (BZAW 131)

LACK, R.   Le sacrifice d'Isaac - Analyse
                   structurale de la couche élohiste
                   dans Gn 22. Bib. 56 (1975) 1-12

LA VERDIERE, E.A., The Elohist E. BiTod 55 (1971)
                   427-433

LEUPOLD, H.C.   Exposition of Isaiah. Vol. II:
                   Chapters 40-66. Grand Rapids /
                   Michigan 1971

LIEDKE, G.   Art. שפט -špṭ-richten: THAT II
                   999-1009

LIMBECK, M.   Art. Engel. in: BAUER, J.B. (Hrsg),
                   Heiße Eisen von A - Z. Graz 1972
                   100-108

LISOWSKY, G.   Konkordanz zum Hebräischen Alten
                   Testament. Stuttgart [2]1958

LOHFINK, N.   Die Landverheißung als Eid. Eine
                   Studie zu Gn 15. Stuttgart 1967
                   (SBS 28)

LOHFINK, N.   Die priesterschriftliche Abwertung
                     der Tradition von der Offenbarung
                     des Jahwenamens an Mose. Bib. 49
                     (1968) 1-8
ders.,   Zum "kleinen geschichtlichen Credo"
                     Dtn 26,5-9. ThPh 46 (1971) 19-39
LUBSZYK, H.   Der Auszug Israels aus Ägypten.
                     Leipzig 1963 (EThS 11)
McCURLEY, F.R.   The Home of Deuteronomy Revisited:
                     A Methodological Analysis of the
                     Northern Theory. in: BREAM, H.N. /
                     HEIM, R.D. / MOORE, C.A. (ed),
                     A Light unto My Path. Old Testament
                     Studies in Honour of Jacob M. MYERS.
                     Philadelphia 1974 (GTS 4) 295-317
MacDONALD, W.G.   Christology and the "Angel of the
                     Lord". in: HAWTHORNE, G.F. (ed),
                     Current Issues in Biblical and Pa-
                     tristic Interpretation. Grand Ra-
                     pids/Michigan 1975 324-335
McEVENUE, S.E.   A Comparison of Narrative Styles
                     in the Hagar Stories. Semeia 3
                     (1975) 64-80
McKENZIE, J.L.   Second Isaiah. Introduction,
                     Translation and Commentary. Gar-
                     den City/New York 1968 (AncB 20)
MANDELKERN, S.   Veteris Testamenti Concordantiae
                     Hebraicae atque Chaldaicae. Tel
                     Aviv [8]1969
MAUCHLINE, J.   First and Second Samuel. London
                     1971 (NCeB)
MAYES, A.D.H.   The Historical Context of the Battle
                     against Sisera. VT 19 (1969) 353-360
MAYS, J.L.   Hosea. A Commentary. London 1969
                     (OTL)

MELUGIN, R.F.   The Formation of Isaiah 40-55.
                 Berlin 1976 (BZAW 141)

MENDENHALL, G.E. The Mask of Yahweh. in: ders., The
                 Tenth Generation. The Origins of
                 Biblical Tradition. Baltimore 1973
                 32-66

MEYER, R.   Hebräische Grammatik I-IV. Berlin /
                 New York ^{3}1966-1972 (SG 763,764,
                 4765,5765)

MICHL, J.   Art. Engel.: HThG I 269-281
ders.,   Art. Engel II (jüdisch): RAC V 60-97
ders.,   Art. Engel I Die Engellehre des AT
                 (samt außerkanonischem Schrifttum)
                 und NT: LThK III 864-867

MITCHELL, H.G.   A Critical and Exegetical Commentary
                 on Haggai and Zechariah. Edinburgh
                 ^{3}1951 (ICC)

MÖLLE, H.   Das "Erscheinen" Gottes im Penta-
                 teuch. Ein literaturwissenschaft-
                 licher Beitrag zur alttestamentlichen
                 Exegese. Frankfurt/M. 1973 (EHS.T 18)

MOORE, G.F.   A Critical and Exegetical Commentary
                 on the Book of Judges. Edinburgh
                 ^{8}1966 (ICC)

MONTGOMERY, J.A. / GEHMAN, H.S., A Critical and Exe-
                 getical Commentary on the Books of
                 Kings. Edinburgh 1960 (latest impr)
                 (ICC)

MOSIS, R.   Untersuchungen zur Theologie des
                 chronistischen Geschichtswerkes.
                 Freiburg 1973 (FThSt 92)

MOTZKI, H.   Ein Beitrag zum Problem des Stier-
                 kultes in der Religionsgeschichte
                 Israels. VT 25 (1975) 470-485

MÜLLER, H.-P.   Der Aufbau des Deboraliedes. VT
                 16 (1966) 446-459

MYERS, J.M.   I and II Chronicles. Introduction,
                     Translation and Commentary. Garden
                     City/New York 1965 (AncB 12-13)

NEFF, R.W.   The Annunciation in the Birth-Nar-
                     rative of Ishmael. BR 17 (1972)
                     51-60

NÖTSCHER, F.   Das Buch der Richter. Würzburg [4]1965
                     (EB.AT 1)

ders.,   Rezension zu J. RYBINSKI, Der Mal'akh
                     Jahwe. ThRv 29 (1930) 278-279

ders.,   Rezension zu F. STIER, Gott und sein
                     Engel. ThRv 34 (1935) 8-11

NORTH, R.   Angel-Prophet or Satan-Prophet ?
                     ZAW 82 (1970) 31-67

NOTH, M.   Das zweite Buch Mose/Exodus. Göttingen
                     [4]1968 (ATD 5)

ders.,   Könige I (Kapitel 1-19). Neukirchen
                     1968 (BK.AT IX,1)

NOWACK, W.   Richter - Ruth übersetzt und erklärt.
                     Göttingen 1902 (HK I/4,1)

OHLER, A.   Mythologische Elemente im Alten
                     Testament. Düsseldorf 1969

OTTO, E.   Jakob in Bethel. Ein Beitrag zur
                     Geschichte der Jakobüberlieferung.
                     ZAW 88 (1976) 165-190

ders.,   Das Mazzotfest in Gilgal. Stutt-
                     gart 1975 (BWANT 107)

PAULAS, M.   Ursprung und Geschichte der kirch-
                     lichen Engelverehrung. Diss. (masch)
                     Wien 1971

PERLITT, L.   Mose als Prophet. EvTh 31 (1971)
                     588-608

PHILIPS, G.   De Angelis in Antiquo Testamento.
                     REcL 31 (1939/40) 44-52

van der PLOEG, J.P.M., Psalmen uit de Grondtekst vertaald en uitgelegd. Roermond 1972
(BOT VII,2)

PLÖGER, O.   Das Buch Daniel. Gütersloh 1965
(KAT XVIII)

ders.,   Die Prophetengeschichten der Samuel-
und Königsbücher. Diss. Greifswald
1937

PORTEOUS, N.W.   Das Buch Daniel. Göttingen [2]1968
(ATD 23)

PROCKSCH, O   Die Genesis übersetzt und erklärt.
Leipzig [3/4]1924 (KAT 1)

DE PURY, A.   Promesse divine et légende cultuelle
dans le cycle de Jacob: Genese 28
et les traditions patriarcales. I,II
Paris 1975 (EtB)

QUINLAN, J.   Engelen en Duivels. TTh 7 (1967)
43-62

RABENAU, K. von   Die beiden Erzählungen vom Schilfmeerwunder in Exod. 13,17-14,31.
in: WÄTZEL, P. / SCHILLE, G. (Hrsg),
Theologische Versuche I. Berlin
1966 7-29

RAD, G. von   Beobachtungen an den Moseerzählun-
gen Ex 1-14. EvTh 31 (1971) 579-588
(= Gesammelte Studien zum Alten
Testament II. München 1973 (TB 48)
189-198)

ders.,   Das erste Buch Mose / Genesis.
Göttingen [9]1972 (ATD 2-4)

ders.,   Das Opfer des Abraham. München 1971
(KT 6)

RAHLFS, A.   (ed) Septuaginta, id est Vetus Testa-
mentum graece iuxta LXX interpretes.
I, II Stuttgart 1935 (= [8]1965)

RAHNER, K.   Art. Engel.: SM (D) I 1038-1046
ders.,   Art. Engel. in: ders. (Hrsg), Herders
                     theologisches Taschenlexikon.
                     Freiburg 1972 II,120-125
RENDTORFF, R.   Erwägungen zur Frühgeschichte des
                     Prophetentums in Israel. ZThK 59
                     (1962) 145-167
ders.,   Das überlieferungsgeschichtliche
                     Problem des Pentateuch. Berlin 1976
                     (BZAW 147)
RESENHÖFFT, W.   Die GENESIS im Wortlaut ihrer drei
                     Quellenschriften (Studien zur Inte-
                     gral-Analyse des Enneateuchs).
                     Frankfurt/M. 1974 (EHS.T 27)
REVENTLOW, H. Graf, Opfere deinen Sohn - Eine Auslegung
                     von Genesis 22. Neukirchen 1968
                     (BSt 53)
RICHTER, W.   Exegese als Literaturwissenschaft.
                     Entwurf einer alttestamentlichen
                     Literaturtheorie und Methodologie.
                     Göttingen 1971
ders.,   Die sogenannten vorprophetischen
                     Berufungsberichte. Eine literatur-
                     wissenschaftliche Studie zu
                     1 Sam 9,1-10,16, Ex 3f. und Ri 6,11b-17.
                     Göttingen 1970 (FRLANT 101)
ders.,   Traditionsgeschichtliche Untersuchun-
                     gen zum Richterbuch. Bonn 1963
                     (BBB 18)
RIDDERBOS, N.H.   Die Psalmen. Stilistische Verfahren
                     und Aufbau. Mit besonderer Berück-
                     sichtigung von Ps 1-41. Berlin 1972
                     (BZAW 117)
ROBINSON, H.W.   Die Zwölf Kleinen Propheten I (Hosea-
                     Micha). Tübingen [3]1964 (HAT I/14,1)

ROBINSON, H.W.   The Hebrew Conception of Corporate
                 Personality. in: VOLZ, P. / STUMMER,F./
                 HEMPEL, J. (Hrsg) Werden und Wesen des
                 Alten Testaments. Berlin 1936 (BZAW 66)
                 49-62

ROFE, A.   Israelite Belief in Angels in the Pre-
                 Exilic Period as Evidenced by Biblical
                 Traditions. Diss. (masch) Jerusalem 1969

ROSS, J.F.   The Prophet as Yahweh's Messenger. in:
                 ANDERSON, B.W. / HARRELSON, W. (ed),
                 Israel's Prophetic Heritage. Essays in
                 Honour of J. MUILENBURG. London 1962
                 98-107

ROST, L.   Zum geschichtlichen Ort der Pentateuch-
                 quellen. ZThK 53 (1956) 1-10

RUDOLPH, W.   Die Bücher der Chronik. Tübingen 1955
                 (HAT I/21)

ders.,   Haggai - Sacharja 1-8 - Sacharja 9-14 -
                 Maleachi. Gütersloh 1976 (KAT XIII,4)

ders.,   Hosea. Gütersloh 1966 (KAT XIII,1)

RUPPERT, L.   Der Elohist, Sprecher für Gottes Volk.
                 in: SCHREINER, J. (Hrsg), Wort und
                 Botschaft. Eine theologische und kri-
                 tische Einführung in die Probleme des
                 Alten Testaments. Würzburg 1967 108-117

ders.,   Herkunft und Bedeutung der Jakob-Tradi-
                 tion bei Hosea. Bib. 52 (1971) 488-504

ders.,   Die Josephserzählung der Genesis. Ein
                 Beitrag zur Theologie der Pentateuch-
                 quellen. München 1965 (StANT 11)

ders.,   Das Motiv der Versuchung durch Gott
                 in vordeuteronomischer Tradition.
                 VT 22 (1972) 55-63

RUPPRECHT, K.   Der Tempel in Jerusalem. Gründung
                 Salomos oder jebusitisches Erbe?
                 Berlin 1977 (BZAW 144)

RYBINSKI, J.   Der Mal'akh Jahwe. Paderborn 1930

SAEBØ, M.   Die deuterosacharjanische Frage.
                  Eine forschungsgeschichtliche Studie.
                  STL 23 (1969) 115-140

ders.,   Sacharja 9-14. Untersuchungen von
                  Text und Form. Neukirchen 1969
                  (WMANT 34)

ŠANDA, A.   Die Bücher der Könige. Münster 1911

SAUER, G.   Art. הלך -hlk-gehen: THAT I 486-493

SCHÄFER, P.   Rivalität zwischen Engeln und Men-
                  schen. Untersuchungen zur rabbini-
                  schen Engelvorstellung. Berlin 1975
                  (SJ 8)

SCHÄRF, R.   Die Gestalt des Satan im Alten Testa-
                  ment. Diss. Glarus 1948

SCHARBERT, J.   Rezension von E. KUTSCH, Verheißung
                  und Gesetz. BZ (NS) 19 (1975) 136-139

SCHMID, H.   Ismael im Alten Testament und im
                  Koran. Jud. 32 (1976) 76-81.119-129

ders.,   Der Tempelbau Salomos in religions-
                  geschichtlicher Sicht. in: KUSCHKE,
                  A. / KUTSCH, E. (Hrsg), Archäologie
                  und Altes Testament (Festschrift K.
                  GALLING). Tübingen 1970 241-250

SCHMID, R.   Meerwunder- und Landnahme-Traditionen.
                  ThZ 21 (1965) 260-268

SCHMIDT, L.   Menschlicher Erfolg und Jahwes Ini-
                  tiative. Studien zu Tradition, Inter-
                  pretation und Historie in Überliefe-
                  rungen von Gideon, Saul und David.
                  Neukirchen 1970 (WMANT 38)

SCHMIDT, W.H.   Ausprägungen des Bilderverbots? Zur
                  Sichtbarkeit und Vorstellbarkeit
                  Gottes im AT. in: BALZ, H. / SCHULZ,
                  S. (Hrsg), Das Wort und die Wörter
                  (Festschrift G. FRIEDRICH). Stuttgart
                  1973 25-34

SCHMITT, G.   Du sollst keinen Frieden schließen
                     mit den Bewohnern des Landes. Die
                     Weisungen gegen die Kanaanäer in Is-
                     raels Geschichte und Geschichtsschrei-
                     bung. Stuttgart 1970 (BWANT 91)

ders.,   Zu Gen 26,1-14. ZAW 85 (1973) 143-156

SCHOTTROFF, W.   Art. פקד -pqd-heimsuchen: THAT II
                     466-486

SCHÜPPHAUS, J.   Volk Gottes und Gesetz beim Elohisten.
                     ThZ 31 (1975) 193-210

SEEBASS, H.   Zum Text von Gen. XVI 13b. VT 21
                     (1971) 254-256

SELLIN, E.   Das Zwölfprophetenbuch. II. Hälfte:
                     Nahum bis Maleachi. Leipzig [3]1930

SEYBOLD, K.   Elia am Gottesberg. Vorstellungen
                     prophetischen Wirkens nach 1. Könige
                     19. EvTh 33 (1973) 3-18

ders.,   Spätprophetische Hoffnungen auf die
                     Wiederkunft des davidischen Zeital-
                     ters in Sach. 9-14. Jud. 29 (1973)
                     99-111

SKINNER, J.   A Critical and Exegetical Commentary
                     on the Book of Genesis. Edinburgh
                     1969 (latest impression) (ICC)

SKRINJAR, A.   Angelus Testamenti (Mal 3,1). VD
                     14 (1934) 40-48

SMEND, R.   Die Erzählungen des Hexateuch. Auf
                     ihre Quellen untersucht. Berlin 1912

SMEND, R.   Der biblische und der historische
                     Elia. VT.S 28 (1975) 167-184

SMITH, J.M.P.   A Critical and Exegetical Commentary
                     on the Book auf Malachi. Edinburgh
                     [3]1951 (ICC)

SOGGIN, J.A.   Der Entstehungsort des Deuterono-
                 mischen Geschichtswerkes. Ein Bei-
                 trag zur Geschichte desselben.
                 ThLZ 100 (1975) 3-8

SOLE, F.M.   L'Angelo di Jahve. Renovatio (Genua)
                 6 (1971) 531-538

STAMM, J.J.   Art. גאל -g'l-erlösen: THAT I 383-394

STECK, O.H.   Die Erzählung von Jahwes Einschreiten
                 gegen die Orakelbefragung Ahasjas
                 (2 Kön 1,2-8.[+]17). EvTh 27 (1967)
                 546-556

ders.,   Überlieferung und Zeitgeschichte in
                 den Elia-Erzählungen. Neukirchen
                 1968 (WMANT 26)

STEIN, B.   Der Engel des Auszugs. Bib. 19 (1938)
                 286-307

STIER, F.   Gott und sein Engel im Alten Testa-
                 ment. Münster 1934 (ATA 12,2)

STOEBE, H.J.   Das erste Buch Samuelis. Gütersloh
                 1973 (KAT VIII,1)

STOLZ, F.   Jahwes und Israels Kriege. Zürich
                 1972 (AThANT 60)

TAKAHASHI, M.   An Oriental's Approach to the Pro-
                 blems of Angelology. ZAW 78 (1966)
                 343-350

TE STROETE, G.   Exodus uit des Grondtekst vertaald
                 en uitgelegd. Roermond 1966 (BOT II)

THOMPSON, D   The Genesis Messenger Stories and
                 Their Theological Significance.
                 Diss. (masch) Tübingen 1972

TOURNAY, R.   Zacharie XII - XIV et l'histoire
                 d'Israël. RB 81 (1974) 355-374

UNGER, M.F.   Zechariah. Prophet of Messiah's
                 Glory. Grand Rapids, Michigan 1975

URQUIZA, J.   Jahweh und sein Mal'akh. Diss.
                       (masch) Wien 1971/72
DE VAUX, R.   Das Alte Testament und seine Le-
                       bensordnungen I,II. Freiburg 1960
VERHOEF, P.A.   Maleachi. Kampen 1972 (COT)
VOGELS, W.   Les récits de vocation des prophètes.
                       NRTh 95 (1973) 3-24
VOLLMER, J.   Geschichtliche Rückblicke und Motive
                       in der Prophetie des Amos, Hosea
                       und Jesaja. Berlin 1971 (BZAW 119)
WATTS, J.D.W.   Zechariah. in: BBC Vol. 7 (Hosea -
                       Malachi). London 1973 308-365
WEINFELD, M.   B^{e}rît - Covenant vs. Obligation.
                       Bib. 56 (1975) 120-128
ders.,   Deuteronomy and the Deuteronomic
                       School. Oxford 1972
WEISER, A.   Das Deboralied. ZAW 71 (1959) 67-97
ders.,   Einleitung in das Alte Testament.
                       Göttingen ^{6}1966
ders.,   Die Psalmen übersetzt und erklärt.
                       I, II Göttingen ^{7}1966 (ATD 14/15)
WESTERMANN, C.   Das Buch Jesaja Kapitel 40-66
                       übersetzt und erklärt. Göttingen
                       ^{2}1970 (ATD 19)
ders.,   Genesis 17 und die Bedeutung von
                       berît. ThLZ 101 (1976) 161-170
ders.,   Grundformen prophetischer Rede.
                       München ^{2}1964
ders.,   Genesis 12 - 50. Darmstadt 1975
                       (Erträge der Forschung 48)
ders.,   Gottes Engel brauchen keine Flügel.
                       München/Hamburg 1965 (Siebenstern-
                       Taschenbücher 52)
ders.,   Art. נגד -ngd hi-mitteilen: THAT
                       II 31-37

WESTPHAL, G.   Jahwes Wohnstätten nach den Anschau-
                   ungen der alten Hebräer. Gießen 1908
                   (BZAW 15)

ders.,   Die Vorstellung von einer Wohnung
                   Jahwes nach den alttestamentlichen
                   Quellen. I. Teil. Diss. Marburg 1903

WHARTON, J.A.   The Secret of Yahweh. Story and Af-
                   firmation in Judges 13-16. Interp.
                   27 (1973) 48-66

WHITLEY, C.F.   The Sources of the Gideon Stories.
                   VT 7 (1957) 157-164

WIESE, K.   Zur Literarkritik des Buches der
                   Richter. Stuttgart 1926

WILLI, Th.   Die Chronik als Auslegung. Unter-
                   suchungen zur literarischen Gestal-
                   tung der historischen Überlieferung
                   Israels. Göttingen 1972 (FRLANT 106)

WOLFF, H.W.   Dodekapropheten I. Hosea. Neukirchen
                   [2]1965 (BK XIV,1)

ders.,   Zur Thematik der elohistischen Frag-
                   mente im Pentateuch. EvTh 29 (1969)
                   59-72 (= Gesammelte Studien. München
                   [2]1973 (TB 22) 402-417 = Interp. 26
                   (1972) 158-173)

WÜRTHWEIN, E.   Die Erzählung vom Gottesmann aus Juda
                   in Bethel. Zur Komposition von
                   1 Kön 13. in: GESE, H. / RÜGER, H.P.
                   (Hrsg), Wort und Geschichte (Fest-
                   schrift K. ELLIGER zum 70. Geburts-
                   tag). Kevelaer 1973 (AOAT 18) 181-189

ZAPLETAL, V.   Das Buch der Richter. Münster 1923

ZENGER, E.   Die Sinaitheophanie. Untersuchungen
                   zum jahwistischen und elohistischen
                   Geschichtswerk. Würzburg 1971 (For-
                   schung zur Bibel 3)

ZIMMERLI, W.   Ezechiel. Neukirchen 1969 (BK XIII)

ders.,   1. Mose 12-25: Abraham. Zürich 1976
                      (ZBK 1,2)

ZUCKSCHWERDT, E.   Zur literarischen Vorgeschichte des
                      priesterlichen Nazir-Gesetzes
                      (Num 6,1-8). ZAW 88 (1976) 191-205

I. KAPITEL

EINFÜHRUNG

1. Das Thema

Es ist Überzeugung des AT, daß Gott Boten zu seinem
Volk schickt. Die vorliegende Arbeit will einen Bei-
trag dazu leisten, zu zeigen, wie Israel diese von
Gott gesandten Boten verstand, welchen Platz die
Gottesboten in seinem Glauben haben.[1] Bewußt wird
vermieden, von E n g e l n zu sprechen.
- Das Wort "Engel" scheint zu unspezifisch, um das
zu verdeutlichen, was Gegenstand der Untersuchung
ist.[2] Denn neben den hier gemeinten Boten Gottes umfaßt der Begriff weitere inhaltlich unterschiedene
Gruppen. Als solche "Engelgruppen" werden genannt
Gottessöhne, Kerubim und Serafim, zu denen im außerbiblischen Judentum weitere hinzutreten.[3] "Kerube und
Serafe sind zwar keine 'Engel' nach der ursprünglichen Bedeutung dieses Wortes, weshalb sie auch in alter Zeit nie so genannt werden, wohl aber werden sie
schon im Spätjudentum in die Gruppe der heute 'Engel'
genannten Wesen eingereiht (1 Hen. 62,10; 71,7) und
können im heutigen Sinn dieses Wortes so bezeichnet
werden".[4] Diese zumindest heute festzustellende Un-
schärfe des Begriffes "Engel" macht ihn für die vorliegende Arbeit unbrauchbar.

----

1 Dabei kann es nicht darum gehen, ob 'es' 'Engel'
 'gibt' oder nicht. Das ist für das AT keine dis-
 kutable Frage. vgl. dazu deutlich WESTERMANN, C.,
 Gottes Engel brauchen keine Flügel. München/Ham-
 burg 1965 (Siebenstern-Taschenbücher 52) passim.
2 vgl. den differenzierten Überblick bei MICHL, J.,
 Art. Engel. II (jüdisch): RAC V 60-97. ders., Art.
 Engel. I Die Engellehre des AT (samt außerkanoni-
 schem Schrifttum) und NT: LThK III 864-867.
3 vgl. MICHL, RAC 62.
4 ebd. 63/64. ähnlich ders., Art. Engel: HThG I 302
 -314; RAHNER, K., Art. Engel: Herders theologisches
 Taschenlexikon II 120-125; ders., Art. Engel: SM (D)
 I 1038-1046; LIMBECK, M., Art. Engel: Heiße Eisen
 von A - Z. 100-108.

Die Wesen, die in der Nähe Gottes gedacht werden
und seine Umgebung bevölkern, sonst aber nicht mit
dem Menschen in Verbindung treten, sind nicht Gegenstand der Erörterung. Es geht demnach auch nicht
darum, eine alttestamentliche Angelologie vorzule-
gen.[1]
- Ein weiterer Grund, nicht von Engeln, sondern von
Boten Gottes zu sprechen, liegt in der Terminologie
selbst. Während der Ausdruck Engel bereits per defi-
nitionem den Boten _Gottes_ meint, ist dies beim hebräischen oder griechischen Äquivalent nicht gegeben.
Weder der hebräische Text des AT noch die Septuaginta
(LXX) unterscheiden terminologisch zwischen dem Boten
eines Menschen und dem oder den Boten Gottes. Für
beide gilt gleichermaßen das Wort מלאך , ἄγγελος.[2]
Erst die Vulgata unterscheidet zwischen _nuntius_ (Bote eines Menschen) und _angelus_ (Bote von Gott).[3]
Diese Beobachtung warnt vor einem zu undifferenzierten Sprachgebrauch. Sie bietet gleichzeitig als einen
auch im Deutschen neutralen Begriff das Wort _Bote_
als Übersetzung an.
- Das Wort "Engel" ist zu stark mit dogmatischem Inhalt gefüllt, als daß nicht bereits die Verwendung
des Begriffs mißverständlich sein könnte für das, was
eigentlich gemeint ist.[4] Von hierher verbietet sich
das Wort geradezu.
Aus dieser negativen Abgrenzung wird bereits deutlich,
was Ziel der Arbeit ist:

----

1 vgl. etwa HEIDT, W., Angelology of the OT. Was-
  hington 1949.
2 vgl. GRUNDMANN, W., vRAD,G., KITTEL, G., Art.
  ἄγγελος : ThWNT I 72-86, hier 75.
3 vgl. FICKER, R., Art. מלאך -mal'ak-Bote: THAT I
  900-908, hier 908.
4 Dieser Gefahr sind auch die angegebenen Lexikon-
  artikel durchweg erlegen.

Sie will einen Beitrag leisten zur theologischen
Deutung des Bereichs des Alten Testaments, in dem
Gott mit dem Menschen durch seine Boten in Kontakt
tritt.
Was geschieht, wenn Gott zu einem Menschen Boten
schickt, was weiß Israel von diesem (diesen) Boten
Gottes, wie treten sie auf, was ist Inhalt ihrer
Botschaft, welche Konsequenzen hat die Begegnung
mit ihnen für die Betroffenen?
Wer sind diese Boten Gottes, was zeichnet sie aus,
was legitimiert sie, im Namen Jahwes zu sprechen?
Welchen Stellenwert haben sie im Glauben des alttestamentlichen Gottesvolkes? Nicht zuletzt aber
wird am Ende der Arbeit auch die Frage zu stellen
sein, was das Ergebnis austrägt für den christli-
chen Glauben heute.
Wie kontrovers in diesem Bereich zur Zeit die Diskussion geführt wird, läßt sich vielleicht mit zwei
Zitaten belegen: "Sind wir - nach unserer heutigen
Kenntnis des religionsgeschichtlichen Materials -
überhaupt noch berechtigt, uns derartigen 'himmlischen Wesen' zuzuwenden? Denn deren Existenz läßt
sich auch für den Gläubigen weder mit Hilfe einer
lediglich bibelimmanenten Exegese aufweisen noch allein aus der kirchlichen Liturgie verpflichtend be-
haupten. Wenn sich in der Rede von Gottes Engeln im
Grunde nicht nur die Auseinandersetzung Israels mit
seiner heidnischen Umgebung widerspiegelt, sondern
auch deren Einfluß auf das wachsende Glaubensbewußt-
sein Israels - und das Gegenteil dürfte heute kaum
mehr ernsthaft zu bezweifeln sein, - dann bleibt auch
die weitere Entfaltung dieser ersten 'Engelaussagen'
fragwürdig. Könnte es nicht auch sein, daß wir, solange wir gleich den jüdischen Frommen an den Engeln

festhalten, gerade nicht in jene Unmittelbarkeit zu
Gott finden, zu der Jesus sein Volk, uns Menschen
befreien wollte?"[1]

Die Gegenposition bezieht etwa M. PAULAS:[2] "In der
letzten Zeit ist sehr viel über die Engel geschrieben worden, von der Verehrung bis zur Leugnung ihrer
Existenz. Es gibt eine reiche Literatur darüber und
ich hoffe, das Wesentliche hier verwendet zu haben.
Die Diskussion ist im Gange und wird auch durch diese Arbeit nicht beendet werden. Aber wenn mancher
wieder die Gewißheit bekommt, daß die Engel existieren und es nur von Vorteil ist, sie zu verehren,
dann war die Mühe nicht umsonst".

Die aus diesen Äußerungen abzuleitenden Gegensätze
zeigen deutlich, wie schwer die Diskussion auch
durch den Begriff "Engel" belastet ist.

Eine Lösung erscheint nur möglich, wenn die anstehenden Fragen auf der Grundlage des biblischen Textes
neu aufgearbeitet werden. Dazu soll diese Arbeit
einen Beitrag leisten, indem sie untersucht, wo im
hebräischen AT davon die Rede ist, daß Gott (einen)
Boten (מלאך) schickt.[3]

---

1 LIMBECK aaO 108
2 PAULAS, M., Ursprung und Geschichte der kirchlichen Engelverehrung. Diss. Wien 1971, hier 8.
3 Wegen der Häufigkeit des Vorkommens wird der
  Begriff מלאך   transkribiert (mal'ak); ebenso
  die Verbindung מלאך יהוה   (mal'ak jhwh).

2. Die zu behandelnden Stellen

Im hebräischen AT ist der Terminus mal'ak 213x belegt.[1]
Die etymologische Herleitung macht keine Schwierigkeiten. Der Begriff ist von "der im Ug (aritischen),
Arab(ischen) und Äth(iopischen) gut bezeugten Wurzel
l'k 'senden' abzuleiten".[2]
Inhaltlich läßt sich mal'ak als jemand beschreiben,
der von einer Person zu einer anderen mit einem
bestimmten Auftrag geschickt wird. Konstitutiv sind
damit die Elemente Absender, Botschaft, Empfänger.
Dabei macht das AT keinen terminologischen Unterschied, ob es sich um Boten eines Menschen oder um
Boten Gottes handelt.
Da sich die vorliegende Arbeit mit den Boten <u>Gottes</u>
beschäftigt, sind alle diejenigen Stellen nicht zu
berücksichtigen, in denen derjenige, der den oder
die Boten schickt, ein Mensch ist, sei er nun direkt
genannt oder aber gedankliches Subjekt.
Dies gilt im hebräischen AT für 95 Belege.[3]

----

1 vgl. LISOWSKY Handkonkordanz 797-798. vgl. auch
  FICKER aaO 901.
2 FICKER aaO 900. Diese Ableitung wurde bisher nicht
  ernsthaft in Frage gestellt und wird deshalb hier
  zustimmend referiert. vgl. auch HIRTH aaO 34-36,
  URQUIZA aaO 56f. GRUNDMANN-vRAD-KITTEL aaO 75.
3 Gen 32,4.7; Num 20,14; 21,21; 22,9; 24,12; Dtn 2,26;
  Jos 6,17.25; 7,22; Ri 6,35 (2x); 7,24; 9,31; 11,12.
  13.14.17.19; 1 Sam 6,21; 11,3.4.7.9 (2x); 16,19;
  19,11.14.15.16.20 (2x); 21 (2x); 23,27; 25,14.42;
  2 Sam 2,5; 3,12.14.26; 5,11; 11,4.9.22.23.25; 12,27;
  1 Kön 19,2; 20,2.5.9 (2x); 22,3; 2 Kön 1,2.3.5.6;
  5,10; 6,32 (2x). 33; 7,15; 9,18; 10,8; 14,8; 16,7;
  17,4; 19,9.14.23; Jes 14,32; 18,2; 30,4; 33,7;
  37,9.14; 63,9; Jer 27,3; Ez 17,15; 23,16.40; Nah 2,14;
  Ijob 1,14; 4,18; Prd 13,17; 16,14; 17,11; Koh 5,5;
  Neh 6,3; 1 Chr 14,1; 19,2.16; 2 Chr 18,12; 35,21.

Den verbleibenden Stellen ist nachzugehen, weil in
ihnen Gott derjenige ist, von dem die Boten ausgehen.
Es sind dies:
Gen 16,7.9.10.11; 19,1.15; 21,17; 22,11.15; 24,7.40;
28,12; 31,11; 32,2; 48,16; Ex 3,2; 14,19; 23,20.23;
32,34; 33,2; Num 20,16; 22,22.23.24.25.26.27.31.32.
34.35; Ri 2,1.4; 5,23; 6,11.12.20.21 (2x).22 (2x);
13,3.6.9.13.15.16 (2x). 17.18.20.21 (2x); 1 Sam 29,9;
2 Sam 14,17.20; 19,28; 24,16 (2x). 17; 1 Kön 13,18;
19,5.7; 2 Kön 1,3.15; 19,35; Jes 37,36; 42,19; 44,26;
Ez 30,9; Hos 12,5; Hag 1,13; Sach 1,9.11.12.13.14;
2,2.3.7 (2x); 3,1.3.5.6; 4,1.4.5; 5,5.10; 6,4.5; 12,8;
Mal 1,1;2,7; 3,1 (2x); Ps 34,8; 35,5.6; 78,49; 91,11;
103,20; 104,4; 148,2; 1 Chr 21,12. 15 (3x). 16.18.20.
27.30; 2 Chr 32,21; 36,15.16.
Bereits ein grober Überblick über die so abgegrenzten
Stellen zeigt jedoch, daß sich die Vorkommen um bestimmte Schwerpunkte lagern. Als solche sind anzusprechen die Kapitel Gen 16 (par Gen 21).22; Num 22;
Ri 6.13; 2 Sam 24 (par 1 Chr 21); 1 Kön 19; 2 Kön 1.19
(par Jes 37 par 2 Chr 32); Sach 1-6.12; Mal 2.3.
Die verbleibenden Belegstellen lassen sich noch einmal
zusammenfassen: In den Stellen Ex 3,2; 14,19; 23,20.
23; 32,34; 33,2; Num 20,16; Ri 2,1-5;   5,23 geht es
als verbindende Idee um die Tradition von Auszug und
Landnahme. Sie sind also bei der Behandlung gemeinsam
zu sehen.
Auch 1 Sam 29,9; 2 Sam 14,17.20; 19,28 sind gemeinsam
zu behandeln, weil sie alle den betroffenen Menschen
mit einem mal'ak vergleichen.
In eine andere Gruppe lassen sich wegen ihres Inhaltes
auch Hag 1,13; Jes 44,26; 2 Chr 36,15.16 fassen. In
allen Stellen geht es um das Verhältnis von mal'ak
und Prophet.[1]

----
1 Nicht unterschieden wird zwischen Stellen, an denen
  der Gottesname Jahwe oder Elohim mit dem mal'ak verbunden ist, weil dies von der Funktion her nicht
  gerechtfertigt ist.

Exkurs: <u>Der</u> Bote von Gott oder <u>ein</u> Bote von Gott?

Ob durch die Wortverbindung mal'ak jhwh das Wort
mal'ak determiniert ist, ist in erster Linie eine
grammatische Frage. Sie bekommt aber dann theologische Bedeutung, wenn aus einer Bejahung gefol-
gert wird, es handle sich immer um <u>denselben</u> Boten
von Gott. Grundsätzlich (vgl. zum Folgenden MEYER,
Hebr. Grammatik III § 96) ist ein Nomen im
Hebräischen als determiniert anzusehen, wenn
- es sich um einen Eigennamen, ein selbständiges
  Personalpronomen, Pronominalsuffix oder ein als
  Subjekt oder Prädikat substantivisch gebrauchtes
  Demonstrativpronomen handelt;
- es durch einen nachfolgenden Genitiv "in Gestalt
  eines Eigennamens, eines Pronominalsuffixes sowie eines wiederum determinierten Substantives
  oder aber durch den Artikel näher bestimmt" ist
  (ebd. 27).

In den 118 Belegstellen, in denen Jahwe (formales
oder gedankliches) Subjekt von mal'ak ist, kommen
folgende Verbindungen vor:

a) מלאך ohne Anzeichen einer möglichen Determination 11x: Ex 23,20; 33,2; Num 20,16; 1 Kön 13,18;
19,5; 1 Chr 21,15; 2 Chr 32,21; Ps 78,49; Ez 30,9;
Hos 12,5; Sach 2,7.

b) מלאך mit Personalsuffix 13x, davon 6x im Plural:
Gen 24,7.40; Ex 23,23; 32,34; 2 Chr 36,15 (pl);
Ps 91,11 (pl); 103,20 (pl); 104,4 (pl); 148,2 (pl);
Jes 42,19; 44,26 (pl); Mal 1,1; 3,1.

c) מלאך האלהים 9x:
Gen 31,11; Ex 14,19; Ri 6,20; 13,6.9;
2 Sam 14,17.20; 19,28; 2 Chr 36,16 (pl).

d) מלאך אלהים 4x:
Gen 21,17; 28,12 (pl); 33,2 (pl); 1 Sam 29,9.

e) המלאך 24x:
Gen 19,1.15; 48,16; 2 Sam 24,16 (2x). 17;
1 Chr 21,15. 20.27; Sach 1,9.13.14; 2,2.3.7;
3,3; 4,1.4.5; 5,5.10; 6,4.5.

f) מלאך הברית 1x: Mal 3,1.

g) מלאך יהוה 56x:
Gen 16,7.9.10.11; Gen 22,11.15; Ex 3,2; Num 22,22.
23.24.25.26.27.31.32.34.35; Ri 2,1.4; 5,23; 6,11.
12.21 (2x). 22 (2x); 13,3.13.15.16 (2x). 17.18.
20.21 (2x); 1 Kön 19,7; 2 Kön 1,3.15; 19,35;
1 Chr 21,12.15.16.18.30; Ps 34,8; 35,5.6;
Jes 37,36; Hag 1,13; Sach 1,11.12; 3,1.5.6; 12,8.

Nach der genannten grammatischen Regel ist damit
die Mehrzahl der Belege als determiniert anzusehen.
Dies gilt insbesondere, wenn יהוה (grammatisch) als
Eigenname gewertet wird. אלהים ist dagegen durch
das Nebeneinander von אלהים und האלהים wohl nicht
von vornherein als Eigenname anzusehen.
Die formale Feststellung des grammatischen Verhältnisses löst jedoch nicht die Probleme, welche Folgerungen aus dieser Erkenntnis zu ziehen sind, vor
allem, ob es sich deswegen immer um denselben Boten
von Gott handelt. Für diesen Schluß ist die Determination allein nicht tragfähig. Formal ist darauf
hinzuweisen, daß die Determination auch beim Plural
von מלאך steht, was die genannte Vermutung sachlich unwahrscheinlich macht. Zudem bezieht sich die
Determination auf die Zuordnung zweier Begriffe,
hier auf das Zueinander von Bote und Absender. Über
denjenigen, der in diese Zuordnung eintritt, sagt
die Determination allein nichts aus. Im vorliegenden Fall können damit durchaus verschiedene Indivi-
duen als Boten Jahwes tätig werden. Eine ähnliche
Konstruktion kennt das Deutsche, wenn es etwa von
dem Gesandten eines Staates spricht und damit die
Identität der Aufgabe anzielt, nicht aber die Identität der Person, die diese Aufgabe wahrnimmt, notwendig mit einschließt. (vgl. bereits RYBINSKI
aaO 14. Die Kritik von HIRTH aaO 42 erscheint nicht
gerechtfertigt).
Die Schwierigkeit der Frage der Determination liegt
also nicht in erster Linie auf grammatischem, sondern auf hermeneutischem Gebiet: Soll die Verbindung
mal'ak jhwh mit "ein Bote Jahwes" oder "der Bote
Jahwes" übersetzt werden? Die mögliche Übernahme der
Determination ins Deutsche ist m.E. nicht zweckmäßig.
Denn sie verführt zu leicht zu dem (vorschnellen)
Schluß, mit "dem" Boten Jahwes sei immer dieselbe
Person gemeint, was durch die hebräische Wortverbindung nicht abgedeckt wird. Die überwiegende grammatische Determinierung ist demnach zwar als Hinweis
dafür zu werten, daß es eine einheitliche Vorstellung
gab, nach der Jahwe Boten schickt; sie ist aber nicht
dahingehend auszudeuten, es gebe nur einen Boten
Jahwes. Um diesen Mißverständnis vorzubeugen, ist im
Deutschen auf die Übernahme der Determinierung zu
verzichten.

3. Zur Methode

Gegenstand und Ziel der Arbeit erfordern die Befra-
gung eines umfangreichen Textbestandes. Von der speziellen Fragestellung und der Masse des Textes verbietet es sich, jeden Text mit der Ausführlichkeit
zu Wort kommen zu lassen, die aus dem Gesichtspunkt
einer ausführlichen Neuinterpretation notwendig wäre.
Eine solche Verfahrensweise würde den Rahmen der Arbeit sprengen.[1] Um dennoch zu wissenschaftlich ver-
antwortbaren Aussagen zu kommen, wird im Folgenden
der Stand der Exegese der einzelnen Stellen anhand
der vorliegenden Literatur erhoben.[2] Auf dieser
Grundlage wird im Zuge einer "Einzelauslegung und

----

1 Dies betrifft vor allem die eingehende Trennung
  der einzelnen Ebenen eines Textes, wie sie etwa
  von RICHTER, W., Exegese als Literaturwissenschaft.
  Göttingen 1971, bes. 44-47 gefordert wird. Zur
  Kritik an diesem Ansatz vgl. KOCH, K., Was ist
  Formgeschichte? Neukirchen 1974 (3. Auflage) 331f.
  vgl. auch FOHRER, G. (u.a.), Exegese des Alten
  Testaments. Heidelberg 1973 (UTB 267), neuestens
  auch ADAM, G., KAISER, O., KÜMMEL, W.G., Einführung
  in die exegetischen Methoden. München 1975 (5. Auflage), besonders den Abschnitt von KAISER über "Die
  alttestamentliche Exegese". ebd. 9-60.
2 Soweit ein Konsens der exegetischen Wissenschaft
  besteht, wird dieser referiert; soweit gegensätz-
  liche Ansichten vorliegen, werden die Einzelargu-
  mente auf ihre Tragfähigkeit hin geprüft. Ausgangspunkt ist dabei die jeweils neueste greifba-
  re Literatur zu den entsprechenden Stellen. Ältere
  Literatur wird nur zitiert, wenn sich gravierende
  Abweichungen von dem neueren Standpunkt ergeben
  und die Diskussion noch nicht zu einem gewissen
  Abschluß gekommen ist. Doch selbst dort bleibt die
  Zitation auf die wesentlichen Positionen beschränkt.

zusammenfassende(n) Exegese"[1] die Stellung des mal'ak
umschrieben. Die so gewonnenen Einzelaussagen bilden
wieder die Elemente der zusammenfassenden Betrachtung
des Problems.

----

1 vgl. FOHRER (u.a.) aaO 148-156. "Die Einzelauslegung und die zusammenfassende Exegese verbinden ...
  diese verschiedenen Ebenen, die auch als Träger-
  ebenen der auf ihnen gefundenen Antworten anzusehen sind, derart miteinander, daß sie den Text
  gleichsam senkrecht zu jenen Ebenen unter bestimmten Gesichtspunkten durchdringen. Aufgabe der Einzelauslegung ist es, Einzelheiten des Textes zu
  erörtern, die für sein Verständnis von Bedeutung
  sind; im allgemeinen folgt sie versweise dem Text-
  verlauf, wie es aus den Kommentarwerken vertraut
  ist. Die zusammenfassende Exegese sucht den Inhalt,
  das was der Text aussagen soll, zu erfassen und
  darzustellen und fragt daraufhin nach seiner In-
  tention, also danach, was sein Verfasser mit ihm
  beabsichtigt hat" (ebd. 148).

4. Forschungsüberblick

Zweck dieses Kapitels ist es, die Ausgangslage der
Arbeit zu verdeutlichen. Deswegen wird nicht versucht, eine vollständige Bibliographie aller vielleicht in Betracht kommenden Arbeiten zu erstellen,
zumal ein umfangreicher Forschungsbericht bei
URQUIZA vorliegt.[1]
Der folgende Überblick kann sich deswegen darauf
beschränken, die Entwicklung der Forschung an einigen Punkten zu verdeutlichen. Genannt werden entweder besonders wichtige Arbeiten oder aber Veröffentlichungen, die von URQUIZA nicht berücksichtigt wurden. Soweit Arbeiten für einzelne Stellen einschlä-
gig sind, ist die Auseinandersetzung mit ihnen an
diesen Stellen erfolgt.[2]
Als Einsatzpunkt empfiehlt sich die 1930 in Paderborn
erschienene Dissertation von J. RYBINSKI "Der mal'akh
Jahwe", weil sie m.W. die erste Zusammenfassung des
bis dahin vorliegenden Materials darstellt. RYBINSKIs
Interesse gilt neben dem biblischen Befund vor allem
der Erörterung des Problems bei Augustinus, den vor-
augustinischen Kirchenvätern und bei Thomas von
Aquin.[3]

----

1 URQUIZA, J., Jahweh und sein Mal'akh. Diss.Wien
  1972. Die ausgezeichnete und ausführliche Darstellung (vgl. aaO 54-170) erlaubt es, hier auf einen
  ähnlich detaillierten Überblick zu verzichten, zumal URQUIZAs Arbeit durch ein Register der Bibelstellen und der Autoren, Personen und Sachen aufge-
  schlossen ist (ebd. 286-308).
2 Diese anderweitig genannten Arbeiten sind in den
  Literaturbericht nicht aufgenommen.
3 vgl. 7f. Die Ausrichtung der vorliegenden Arbeit
  gestattet, im Folgenden nur den biblischen Teil
  der Arbeit RYBINSKIs zugrundezulegen.

Diese Ausgangsposition läßt ihn sehr schnell dahin
kommen, das Hauptproblem im Verhältnis des Wesens
des mal'ak zum Wesen Jahwes zu sehen. Die Frage,
die in direktem Zusammenhang mit der Gotteslehre
steht,[1] bestimmt sein weiteres Vorgehen in der Unterscheidung zwischen Stellen, die nach Ausweis des
Textes eine Identität oder aber eine Differenz beider Größen nahelegen.[2] Die exegetische Behandlung
des bibl. Textes erhebt vor allem den kerygmatischen
Aspekt.[3] RYBINSKI kommt zu dem Ergebnis, es handle
sich in allen Stellen um einen kreatürlichen Engel,
der Gott in bestimmten Situationen vertrete.[4] Diese Erkenntnis verteidigt er gegen "die neueren ra-
tionalistischen Exegeten"[5] und ihre Haupttheorien,
die Interpolationstheorie (STADE, LAGRANGE) und die
Erscheinungsformtheorie (HITZIG, MARTI, SMEND,
KAUTZSCH, PROCKSCH). Gegenüber beiden setzt er sich
ab, obwohl er selbst der Erscheinungsformtheorie zu-
neigt: "Auch unsere Theorie vom natürlichen Engel
kann Erscheinungstheorie genannt werden, aber nur
insofern, als der wirklich historische Engel nicht
sich selbst, sondern ausschließlich Jahwe vorstellen
sollte. Er ist ja dann auch eine gewisse Erscheinungsform Jahwes, ganz so, wie der Botschafter eine Erscheinungsform des Königs, der Legat die des Papstes
genannt werden kann".[6]

----

1 "So entsteht das große und für die Auffassung der
  Offenbarungsreligion nicht unwichtige Problem:
  Wie verhält sich der Mal'akh Jahwe zu Jahwe selbst?"
  ebd.9. RYBINSKI hat damit die Fragestellung bis heute maßgeblich beeinflußt.
2 ebd. 18f.
3 vgl. ebd. 19-47. Dabei verhindert die Skepsis gegenüber der aufkommenden Quellenkritik eine detaillierte Behandlung der Pentateuchstellen.
4 vgl. ebd. 47.
5 ebd. 48, wobei er DE WETTE, VATKE, BAUER, KUENEN,
  DUHM, WELLHAUSEN, SMEND, STADE, MARTI, BUDDE,
  KAUTZSCH, BARTON namentlich aufführt.
6 ebd. 60/61.

Der Ansatz RYBINSKIs ist dadurch belastet, daß er
den Begriff "Engel" mit all seinen theologischen
Implikationen übernimmt. Das vorwiegend systemati-
sche Interesse dokumentiert sich vor allem in der
Engführung der Untersuchung auf die Wesensfrage.
Diese Einengung ist aber methodisch nicht haltbar
und verhindert neben den bereits genannten Gründen
eine angemessene exegetische Untersuchung der
biblischen Belege.[1]

Vier Jahre nach RYBINSKI erscheint die Arbeit F.
STIERs,[2] die die Forschungsgeschichte bis heute
stark beeinflußte. Gegenüber der bisher vorherr-
schenden systematischen Fragestellung stellt STIER
seinen Ansatz als Versuch dar, "die M(al'ak)J(ahwe)-
frage in ihrem geschichtlichen Raum zu sehen und
aus ihm heraus zu beantworten",[3] wobei er den umgebenden altorientalischen Raum bewußt miteinbe-
zieht.

In der Gruppe der Belegstellen, die von einem Reden
des mal'ak berichten, ohne aber sein Sichtbarwerden
zu erwähnen (Gen 21,17ff; 22,11ff; 31,11), nimmt
STIER verkürzte Botenrede an, ohne jedoch eine In-
terpolation ausdrücklich auszuschließen.[4]
Sofern der Text von einem Erscheinen des mal'ak
spricht (Gen 16,7ff; Ex 3,2ff; Num 22,22ff; Ri 2,
1.4; 6,11ff; 13,3ff), ist dieser durchgängig als
kreatürlicher Engel zu fassen, obwohl jede einzelne
Stelle Sonderprobleme mit sich bringt.[5]
Seine Aufmerksamkeit richtet STIER vor allem auf
die einzelnen Funktionen, die mit dem mal'ak ver-

----

1 vgl. auch die Rezension von NÖTSCHER,F., ThR 29
  (1930) 278f.
2 Gott und sein Engel im AT.Münster 1934 (ATA XII,2)
3 aaO 8.
4 vgl. STIER aaO zu den einzelnen Stellen.
5 vgl. ebd. 25-39.

bunden werden, um so herauszufinden, ob "an allen
Stellen ein- und derselbe Engel gemeint" ist.[1]
Er stellt fest, daß der mal'ak als Führer an der
Spitze des israelitischen Volkes[2] oder aber als
Pestengel auftritt.[3] Diese Funktionen können nicht
ohne weiteres in Einklang mit der des mal'ak in
den Jakob-, David- und Eliageschichten sowie in Gen
24,7 gebracht werden.[4] Ein Schwerpunkt liegt in
der Vorstellung des mal'ak als himmlischem Wesir,
die sich in Ex 23,20f; Sach 1,8; 3,1ff zeigt.[5]
Dessen eschatologische Rolle ist belegbar in Jes
40,3; Mal 3,1, in den Testamenten der XII Patriarchen, in Dan 12,1ff, in der Assumptio Mosis 10 und
schließlich im Pastor Hermae.[6] Die Einschätzung
des mal'ak als himmlischem Wesir löst auch das
Problem des Menschensohns, der als endzeitlicher
Wesir zu begreifen ist.[7] Ausblicke auf die Umgebung des AT runden die Untersuchung ab.[8]
STIER kommt zu dem Ergebnis, daß die relativ schwa-
che Ausprägung der mal'ak-Vorstellung bedingt sei
durch das Einmalige der israelitischen Gottesvorstellung. Der Gott Israels dulde neben sich keine
"Mittelwesen".
"Aus solchen Gründen sehen wir in der auffällig
seltenen Erwähnung der Engel in den sog. vorexilischen Teilen des AT nicht ein Zeichen für deren
geringe Zahl und Rolle, sondern ein Zeugnis für den

----

1 ebd.48.
2 ebd. 48-55.
3 vgl. ebd. 55f.
4 vgl. ebd. 56-62.
5 vgl. ebd. 62-79. Parallelen hierzu finden sich
   1 Henoch 85-90, in der Noahapokalypse und im
   Jubiläenbuch. vgl. ebd. 79-82.
6 vgl. ebd. 83-96.
7 vgl. ebd. 96-126.
8 vgl. ebd. 130-145.

Kampf Jahwes gegen die Mittelwesen, die lebendige
Auswirkung jenes Zentraldogmas des alttestamentlichen Gottesglaubens: 'Höre, Israel, Jahwe ist un-
ser Gott, Jahwe allein' (Dt 6,4)".[1]

Die Untersuchung F. STIERs leistet einen wichtigen
Beitrag, befriedigt jedoch nicht ganz. Von RYBINSKI
unterscheidet ihn das stärkere Bemühen um den Text,
es fehlt jedoch noch eine detaillierte exegetische
Arbeit.[2] Diese tritt hinter dem Bemühen um eine umfassende Synthese zurück. Die Hervorhebung einer
zugrundeliegenden Vorstellung wird jedoch dem differenzierten Sachverhalt wohl nicht genügend gerecht. So sehr die Kennzeichnung des mal'ak an einigen Stellen an die Wesirvorstellung erinnert, so
scheint sie doch nicht für alle Belege geeignet.[3]
Ein weiterer methodischer Einwand gegen STIER ergibt sich daraus, daß bei der Behandlung der Stellen ihr jeweiliges Alter nicht genügend berücksichtigt wird. Belege, die zeitlich weit auseinander-
liegen, werden gleich gewichtet, ohne daß die Möglichkeit einer Entwicklung ernsthaft erwogen wird.[4]
Schließlich ist auch die Arbeit STIERs belastet
durch die unreflektierte Übernahme des Wortes
"Engel", das durch seinen Bedeutungsumfang notwendigerweise dogmatische Inhalte in die Untersuchung

----

1 ebd. 157/158
2 vgl. auch die Kritik von B. STEIN, Der Engel des
  Auszugs, Biblica 19 (1938) 286-307, bes. 286f.
3 Die Schwierigkeiten liegen auch hier wieder im
  Detail. Das Abheben einzelner Schichten läßt Akzente bemerken, die in der vorliegenden Textge-
  stalt des biblischen Textes verschüttet sind und
  die Stellen in anderem Licht erscheinen lassen.
4 vgl. bes. 61f.62-96. 146-158. An dieser Einschätzung vermag auch die Unterscheidung in vor-
  exilische und nachexilische Texte nichts zu ändern, weil sie sich nicht auswirkt.

einträgt.

Leitendes Interesse des Entwurfes von STIER, der die
mal'ak-Forschung bis heute maßgeblich beeinflußt hat,
ist es, den mal'ak in ein alttestamentliches Reli-
gionssystem einzubauen. Der mal'ak hat seinen festen
Platz in diesem System als Element der Gottesvorstellung des Alten Testaments.[1]

Damit hat STIER grundsätzlich erkannt, daß eine Wür-
digung des mal'ak nur möglich ist, wenn das Gottes-
bild mit berücksichtigt wird.

Für seine Zeit ist ihm eine bedeutende Synthese gelungen, die aber heute wegen des Fortschritts der atl.
Wissenschaft einer Prüfung bedarf.

F. STIERs bahnbrechender Entwurf reizt in der Folge
immer wieder Autoren zu eigenen Untersuchungen.

G. PHILIPS[2] verwendet die Arbeit STIERs noch nicht.
Er begnügt sich im wesentlichen - wohl auch bedingt
durch die Kürze des Beitrags - auf eine Bestandsauf-
nahme der einschlägigen Stellen.[3]

In seinem Beitrag "Zum Problem des 'Jahweengels'"
versucht W. BAUMGARTNER,[4] die Frage "einfach vom

----

1 vgl. auch die Kritik von NÖTSCHER,F., ThR 34 (1935)
  8-11.
2 PHILIPS,G., De Angelis in Antiquo Testamento. REcL
  31 (1939/40) 44-55.
3 Dabei unterscheidet er zwischen der Zeit vor dem
  Exil (ebd. 45-49) und einer nachexilischen Epoche
  (ebd. 49-52). Bemerkenswert scheint, daß PHILIPS
  den mal'ak jhwh absetzt von den Stellen, an denen
  das Wort mal'ak im Plural begegnet und in denen
  sich die Vorstellung des himmlischen Hofstaates
  zeige. Diesem himmlischen Hofstaat seien auch die
  Serafim einzuordnen. vgl. bes. 47f.
4 Der Aufsatz wurde erstmals veröffentlicht in SthU
  14 (1944) 98-102, hier zitiert nach BAUMGARTNER,W.
  Zum Alten Testament und seiner Umwelt. Ausgewähl-
  te Aufsätze. Leiden 1959, 240-246.

hebräischen Sprachgebrauch aus" anzugehen.[1]
Seine Überlegungen versteht er als Anstoß für die weitere Forschung und umreißt deswegen nur kurz die Breite des Problems. Scharf wendet er sich gegen die Auffassung vom mal'ak als "qualifiziertem Engel" und
fährt fort: "Die Singularform darf nicht anders verstanden werden als die entsprechende Pluralform, hinter der man ja auch nie eine besondere Engelgruppe
gesehen hat".[2] Bei der Erklärung des Gottesich des
mal'ak neigt er der Interpolationstheorie zu. Die Einfügung des mal'ak sei Ausdruck einer Entwicklung innerhalb der israelitisch-jüdischen Religion und ihrer
Gottesvorstellung, jedoch nicht als rein textge-
schichtlicher Prozeß zu fassen.[3]

1959 beschreibt H. GROSS[4] in kritischer Weiterführung
des Ansatzes von STIER eine "Entwicklungslinie in der
Engelvorstellung"[5] des Alten Testaments. Leitidee ist
dabei, den mal'ak nicht als Vorstellung in sich zu sehen, sondern ihn in den Bezug zu Gott zu stellen.[6]
Das durch den Polytheismus seiner Umwelt dauernd ge-
fährdete Israel faßte die Engel auf als "depotenzier-
te kreatürliche Wesen, über die Gott absolut verfügt".[7]

----

1 ebd. 241. BAUMGARTNER kommt unabhängig von STIER,
  dessen Arbeit ihm erst nachträglich bekannt geworden ist (vgl. ebd. 241), zu seinen Ergebnissen.
2 ebd. 243.
3 vgl. ebd. 245.
4 GROSS, H., Der Engel im Alten Testament. ALW 6/1
  (1959) 28-42.
5 vgl. ebd. 42.
6 vgl. ebd. 28f. GROSS weist ausdrücklich darauf hin,
  daß die biblischen Aussagen über dieses Problem
  nicht vorschnell für dogmatische Überlegungen herangezogen werden sollten.
7 ebd. 28 Anm 2.

Dennoch zeigt sich eine Entwicklung. In der Patriar-
chenzeit dient der mal'ak zur Überbrückung des
wachsenden Abstandes zwischen Gott und Mensch. Seine
Position ist nur sehr schwer positiv zu beschreiben.
Am besten ist, ihn als Erscheinungsform Jahwes anzusehen.[1]

Die Vorstellung ist das Ergebnis einer theologischen
Reflexion, die einem "Sammler der alten Überlieferungen"[2] zuzuschreiben ist. Die schützende und helfende
Funktion des mal'ak ist ein Element der Kontinuität
bis in die Königszeit hinein.[3] In nachexilischer
Zeit gehört der mal'ak zum Hofstaat Gottes, "in den
der irdischen Welt entrückten transzendenten Raum
Gottes".[4] Der Aufsatz bietet einige tragfähige Ansätze zu weiterer Arbeit:
- Der mal'ak ist nur im Bereich der Gottesvorstellung
und in seinem Bezug auf Gott richtig zu erfassen; da-
mit kommt seiner Funktion besondere Bedeutung zu.
- In den Patriarchengeschichten ist der mal'ak Ergeb-
nis einer theologischen Reflexion, die evtl. einen
Sammler der Überlieferungen verrät.
- Der mal'ak ist zu unterscheiden vom himmlischen Hof-
staat, und auch der Dolmetschengel ist nur als Spät-
stufe der mal'ak-Vorstellung zu verstehen.
Hinter diesen Ansatz fällt S. GRILL[5] weit zurück.
Seine Auflistung von Wörtern , die so etwas wie
"Engel" bezeichnen, läßt keine Reflexion über einen

----

1 vgl. ebd. 35. Damit wird die Repräsentations-,Iden-
  titäts- und Interpolationstheorie abgelehnt; die
  Logostheorie kommt zu Recht überhaupt nicht in den
  Blick.
2 vgl. ebd. 35.
3 vgl. ebd. 37.
4 ebd. 38.
5 GRILL, S.,Synonyme Engelnamen im Alten Testament.
  ThZ 18 (1962) 241-246.

möglichen Zusammenhang der unterschiedlichen Bezeichnungen und ihr Verhältnis zueinander oder über ihre
Herkunft aus (verschiedenen ?) Tradentenkreisen erkennen.

Auch E. BISHOP[1] bietet nur einen deskriptiven Abriß
der biblischen "Angelologie" und konstatiert eine Entwicklung von der Patriarchengeschichte zur Apokalyptik.[2]

Besonderen Wert auf die Beziehung zwischen Altem und
Neuem Testament legt M. TAKAHASHI.[3] Diese findet er
vor allem in der Korrespondenz zwischen der alttestamentlichen Angelologie und frühen christologischen
Aussagen des Neuen Testaments.[4] Damit nähert er sich
stark der Logostheorie.[5]

Ob Engel und Teufel existieren, darauf sucht J.QUINLAN
eine Antwort.[6] Der Abschnitt über die Engellehre des
AT - wobei der Ton auf Lehre liegt - erbringt für die
exegetische Arbeit keine neuen Gesichtspunkte.[7]

----

1 BISHOP, E., Angelology in Judaism, Islam and Chri-
  stianity. AThR 46 (1964) 142-154.
2 vgl. bes. 145-147. Offen bleibt aber, ob es sich
  um eine lineare Entwicklung handelt, ob es Stufen
  gibt und worin diese Entwicklung u.U. begründet ist.
3 TAKAHASHI, M., An Oriental's Approach to the Problems
  of Angelology. ZAW 78 (1966) 343-350.
4 vgl. ebd. 344.
5 Diese selbst lehnt er zwar ab (vgl. 344), kommt aber
  zumindest zu einer typologischen Sicht. Damit wird
  er jedoch m.E. beiden Problemkreisen nicht gerecht,
  zumal sich viele dogmatische Überlegungen in seine
  Gedanken mischen. vgl. etwa 343f, 346-348.
6 QUINLAN, J., Engelen en duivels. TTh 7 (1967) 43-62.
  vgl. ebd. 62 (summary): "This article raises the
  question whether angels and devils exist or not".
7 vgl. ebd. 49f.

Die 1969 an der Hebrew University Jerusalem vorgelegte Dissertation von A. ROFE "Israelite Belief in Angels in the Pre-Exilic Period as Evidenced by Biblical Tradition"[1] zeigt an einigen Kernstellen die Entwicklung der alttestamentlichen Angelologie auf. Die
Arbeit beschränkt sich nicht auf den Begriff mal'ak,
sondern bezieht auch andere in der Bibel vorkommende
Bezeichnungen für übermenschliche Wesen mit ein. Dabei kommt ROFE zu dem Ergebnis: "In the initial stage
of Biblical faith various divinities are believed in
and worshipped. At a later stage each of these divinities is either identified with the Lord,proclaimed
dead,or deposed to the status of an angel. ... The
next stage sees angelology denounced, since its pa-
gan origins are consciously recognized. The polemi-
cal attitude gains expression through the identifica-
tion of the angels with prophets and the revision or
reformulation of texts, aimed to obliterate all men-
tion of angels. The next stage witnesses the revival
of angelology,which is reflected in late 'angelologi-
cal' passages appended unto non-angelological des-
criptions of the same event".[2]
Soweit bei der begrenzten Einsichtmöglichkeit ein Urteil überhaupt möglich ist, überschätzt ROFE m.E. die
Bedeutung des ugaritischen und phönizischen Einflus-
ses.[3] Dennoch enthält die Arbeit viele gute Einzelbeobachtungen,[4] doch krankt sie - soweit dies zu sehen ist - daran, daß die von GROSS geforderte Einbindung in die Gottesvorstellung nicht genügend beachtet
wird.

----

1 Das Werk selbst (Ivrit) war mir nicht zugänglich,
  lediglich die (englische) Zusammenfassung. Eine
  eingehende Auseinandersetzung ist deswegen leider
  nicht möglich.
2 ebd. XXIII.
3 Dies gilt z.B. für die Beziehung zwischen dem Gott
  Reschef und dem "Verderberengel".
4 vgl. dazu zu den einzelnen Stellen.

Dieser Aufgabe stellt sich C. WESTERMANN.[1] Er will mit
seinem Beitrag, der sich an die breite Öffentlichkeit
wendet, die gängige Vorstellung von Engeln auf dem
biblischen Hintergrund hinterfragen und korrigieren.
Er lehrt Engel verstehen als Boten von Gott, die den
Abstand zwischen Gott und Mensch überbrücken. Hierauf
kommt es WESTERMANN besonders an; nicht aber auf Spekulationen über das Sein der Engel. Sein Ziel ist, anhand der biblischen Berichte dem Leser ein Gespür dafür zu geben, daß Gott Boten schickt. "Die Engelgeschich-
ten in der Bibel stellen uns nicht so sehr vor die Frage,
ob wir sie glauben oder nicht, als daß sie uns still-
schweigend auffordern, bereit zu sein für Gottes Boten
und Gottes Botschaften".[2] Dabei weist WESTERMANN auf
die mißverständliche Bezeichnung "Engel" hin, die als
Oberbegriff für ganz unterschiedliche Inhalte der Bibel
geprägt wurde.[3]
Innerhalb des AT ist nach WESTERMANN eine Entwicklung
festzustellen, die mit der wachsenden Transzendenz
Gottes einhergeht.[4] Mit dieser Arbeit, die sich nicht
in erster Linie an die theologische oder exegetische
Fachwelt wendet, ist es WESTERMANN dennoch gelungen,
die Forschung einen großen Schritt weiterzubringen.
Er relativiert die Frage nach dem Sein des mal'ak und
lenkt das Augenmerk auf seine Funktion, so daß die biblischen Erzählungen eine große Aktualität gewinnen.[5]

----

1 WESTERMANN, C., Gottes Engel brauchen keine Flügel.
  München/Hamburg 1965 (Siebenstern-Taschenbuch 52).
2 ebd. 127.
3 WESTERMANN bezieht sich hier auf die Unterscheidung
  zwischen Boten Gottes einerseits und himmlischen
  Wesen in Gottes Hofstaat andrerseits. vgl. ebd.
  20.126.
4 vgl. ebd. 121f.
5 Leider ist dieser Ansatz in den Veröffentlichungen
  bisher kaum weiter verfolgt worden.

R. NORTH[1] bezieht sich nur zum Teil auf das hier an-
stehende Thema. Im Mittelpunkt seines Beitrags stehen
Funktion und Auftreten des Propheten. Dieser ist als
Endpunkt einer Entwicklung anzusehen, die sich das
Wie des Sprechens Jahwes mit dem Menschen vorstellt.
Der mal'ak ist in diesem Prozeß eine Übergangsgrös-
se,[2] die NORTH am besten als zu E passend empfindet.[3]
Mit einem Bericht über die bisherigen Lösungsversuche
des anstehenden Problems begnügt sich F.M. SOLE.[4]
Im Gegensatz zu ihm versucht G.E.MENDENHALL,[5] die Vorstellung einzubinden in die altorientalische Lehre,
der König sei unsterblich und unsichtbar.[6] Der mal'ak
ist dann etwas oder jemand, der ein Eingreifen Gottes
sichtbar macht, ja sogar damit identifiziert wird.[7]
Insofern sind mal'ak und andere Ausdrücke (etwa עֲנָן)
austauschbar.[8]

Eine Auseinandersetzung mit der Logostheorie, die im
mal'ak den präexistenten Logos verkörpert sieht, bietet W.G. MacDONALD.[9]

----

1 NORTH, R., Angel-Prophet or Satan-Prophet? ZAW 82
  (1970) 31-67.
2 vgl. ebd. 34.
3 Einer Zuordnung allerdings versperrt er sich unter
  Hinweis darauf, daß die Vorkommen in J und E etwa
  gleichmäßig verteilt seien. vgl. bes. ebd. 33f:
  "Admittedly this convenient formulation is not borne
  out by statistical analysis of mal'ak occurrences".
4 SOLE, F.M., L'Angelo di Jahve'. Renovatio 6 (1971)
  531-538.
5 MENDENHALL, G.E., The Mask of Yahweh. in: ders., The
  Tenth Generation. The Origins of Biblical Tradition.
  Baltimore 1973, 32-68.
6 vgl. ebd. 32.
7 vgl. ebd. 60f: "It is a manifestation which is tied
  to time and place and the capabilities of human
  senses,but its effects can be recognized and felt
  elsewhere".
8 vgl. ebd. 60.
9 MacDONALD, W.G., Christology and "the Angel of the
  Lord". in: HAWTHORNE, G.F. (ed), Current Issues in
  Biblical andPatristic Interpretation. Grand Rapids/
  Michigan 1975, 324-335.

Er lehnt die seit der Zeit der Kirchenväter vertretene
These ab mit dem Hinweis: "Angelomorphic christophano-
logy is threatened by three main factors: the linguistic
phenomena, the cultural understanding of a patriarchal
and a monarchial mal'ak, and the theology of the NT".[1]

Zum Abschluß sei noch auf drei Arbeiten hingewiesen,
die sich in letzter Zeit ausführlich speziell mit dem
Thema der vorliegenden Arbeit befassen.

In einem Neuansatz versucht V. HIRTH[2] das Problem einer
Lösung näher zu führen. Er fühlt sich dem Ansatz W.
BAUMGARTNERs verpflichtet, die mal'ak-Problematik in
einem umfassenderen Rahmen zu sehen.[3] Dieser bietet
sich ihm in der alttestamentlichen Botenvorstellung,[4]
die die "Vielfalt der göttlichen Möglichkeiten, mit
dem Menschen in Verbindung zu treten, deutlich (macht)".[5]
HIRTH erkennt damit die Gefahr, die in der Verwendung
des Wortes "Engel" liegt. Nach einer Darstellung der
bisherigen Forschung und einer etymologischen Ableitung
von mal'ak lehnt HIRTH die Ansicht ab, die Verbindung
mal'ak jhwh determiniere den mal'ak so, daß von einer
jeweils identischen Größe ausgegangen werden müsse.[6]

----

1 ebd. 335.
2 HIRTH, V., "Gottes Boten im Alten Testament". Die
  alttestamentliche mal'ak-Vorstellung unter besonderer Berücksichtigung des mal'ak-Jahwe-Problems.
  Diss. Leipzig 1971.
3 vgl. W. BAUMGARTNER, Das Problem des Jahweengels.
  SThU 14 (1944) 97-102. vgl. auch oben S. 17f.
4 "Ein mal'ak Jahwe hat die verschiedensten Erschei-
  nungsformen, aber immer die gleiche Aufgabe: Er ist
  Bote und damit Diener Gottes". ebd. 10.
5 ebd. 10.
6 vgl. bes. 46f.

In der Umwelt Israels findet er "kein(en) direkte(n)
Zusammenhang zwischen den religiösen Vorstellungen
des alten Orient und der alttestamentlichen mal'ak-
Vorstellung".[1] Bei seiner Behandlung der alttestamentlichen Stellen teilt HIRTH diese nach dem Merkmal ein, ob Menschen, Naturkräfte oder himmlische
Wesen als Boten Gottes belegt sind.[2]

Als Menschen findet er Priester, Propheten, Kyros,
Haggai, Maleachi und allgemein einen Gottesmann in
der Funktion des mal'ak jhwh. Auch der König - und
speziell David - gehört in den Kreis der Betroffenen.[3] Die so bezeichneten Menschen bleiben zwar Menschen und werden nicht zu Zwischenwesen, sind aber
andrerseits "wirklich seine (Jahwes) autorisierte
Boten".[4] Israel als Boten Gottes ist nach HIRTH
Jes 42,19a belegt, den Naturkräften kommt das Amt
Ri 5,20; Ps 19 A; 104,3.4; 147,18; 148 zu. Auch der
Regenbogen Gen 9,8ff und der Tau Ri 7,36ff gehören
in die Reihe, die auch die Raben 1 Kön 17,3ff einschließt.[5]
Himmlische Wesen als Boten Gottes finden sich in den
meisten Belegstellen. Sie sind Beschützer des Einzelnen oder Israels,[6] können aber auch als Widersacher

----

1 ebd. 78. Damit wendet sich HIRTH ausdrücklich gegen
  CORNFELD, G., BOTTERWECK, G.J., (Hrsg.), Art.:
  Engel: Die Bibel und ihre Welt. Bergisch Gladbach
  1969 I 475-481, bes. 476.
2 vgl. ebd. 79.
3 Die Betrachtungsweise verhindert jedoch, daß HIRTH
  zwischen den Menschen unterscheidet, denen der
  'Titel' mal'ak (jhwh) zugesprochen wird und anderen, wo das nicht geschieht, obwohl diese gleiche
  Aufgaben erfüllen. (vgl. etwa Jesaja, Jeremia).
4 ebd. 96. Hier wirkt sich deutlich die inhaltliche
  Vorstellung aus, die sich mit dem Begriff Engel
  verbindet.
5 vgl. ebd. 100-105.
6 vgl. ebd. 107-134.

auftreten.[1] Boten Gottes bei dessen Offenbarungen sind
himmlische Wesen in Stellen, bei denen es sich "meist
um Gründungssagen von Heiligtümern von zum Teil bereits vorjahwistischer Herkunft (handelt) (Gen 22 -
Berg der Opferung Isaaks, Gen 28 - Bethel, Gen 32 -
Machanajim, 2. Sam. 24 = 1. Chr. 21 - Tempelplatz von
Jerusalem) oder um Sagen, die sich um andere heilige
Orte bildeten, wie die Quelle, an der ein mal'ak Jahwe
der Hagar erschien (Gen 16)".[2] In speziellen Funktionen
findet HIRTH himmlische Gottesboten bei Sacharja als
Wesir, als Deuteengel bei Sacharja, Ezechiel und Daniel,
als Bundesengel Mal 3,1, als Völkerengel in Daniel,
als Angesichtsengel bei Jesaja und als (allgemein) lob-
preisende Engel in den Psalmen.[3] Seine Untersuchungen
führen HIRTH zu folgendem Ergebnis:[4] Das zunächst rein
profane Wort mal'ak deckt eine breite Vorstellung ab,
die besagt, daß Gott Boten schickt, nicht aber eine
Aussage macht über das Wesen dieser Boten. Die als sehr
alt zu bezeichnende Vorstellung ist wegen des Auftretens
eines mal'ak bei der Jahwesierung von vorjahwistischen
Heiligtümern bereits in nomadischer Zeit wirksam zu denken.[5] Erst später wurde sie in die des himmlischen Hofstaates integriert. Dieser Vorgang ist spätestens zur
Zeit des Elohisten abgeschlossen.[6]

----

1 vgl. ebd. 135-140. HIRTH bezieht sich dabei auf Num
  22; 2 Sam 24 und 2 Kön 19,35 par, wozu er noch Gen
  19; Ex 12,23; Ez 9,2; Ps 78,49 und Spr 17,11 rechnet.
2 vgl. ebd. 152-181, hier 152. Zu den einzelnen Stellen
  vgl. die Behandlung unten. In gleichem Zusammenhang
  beschäftigt sich HIRTH auch kurz mit Ri 6; Ex 3,1ff
  und Gen 18.
3 vgl. ebd. 182-207.
4 vgl. ebd. 208-218; 240-244.
5 vgl. ebd. 212.
6 vgl. ebd. 214.

Den zunächst nur durch bestimmte Handlungsweisen unter-
scheidbaren himmlischen Boten Jahwes werden in nachexilischer Zeit speziellere Funktionen zugewiesen.[1]
Es bleibt aber ihr Auftreten "in menschlicher Gestalt
oder in einer anderen den Menschen wahrnehmbaren Weise".[2]

Die bisherige Engführung der mal'ak-Problematik erkannt
zu haben, ist das Verdienst V.HIRTHs. Dennoch kann auch
seine Untersuchung nicht voll befriedigen. Denn eine
Unterscheidung nach Trägern bzw. Überbringern der Botschaft (himmlische Wesen, Menschen, Naturkräfte) ist
zumindest bezüglich der Naturkräfte bedenklich, überbringen sie doch keine genaue Weisung Jahwes im Wort.
Hier scheint Hinweisfunktion und Botenfunktion nicht
genügend getrennt. Denn mit der Bezeichnung Bote ist
von vornherein eine _verstehbare_ Botschaft verbunden.
Insofern ist der Begriff auf Naturkräfte nur im über-
tragenen Sinn anzuwenden. Die Unterscheidung zwischen
Menschen und himmlischen Wesen trifft eine nicht sachlich begründete Vorentscheidung für die Zusammengehörigkeit und Zusammenstellung der Texte, die nicht aus der
Exegese als Ergebnis erwächst, sondern von außen heran-
getragen ist. HIRTH bemüht sich zwar, die Texte selbst
sprechen zu lassen, findet aber nicht zu einer vorur-
teilsfreien Auslegung.[3]
Die Betrachtung der Texte in dem vorgegebenen Raster
läßt kaum Raum, sie in ihrer je spezifischen Aussage
ohne Rücksicht auf die übrigen Texte zu werten und
auszuwerten. Die an den einzelnen Stellen gemachten
Beobachtungen beziehen sich vor allem auf inhaltliche

----

1 vgl. ebd. 215f.
2 ebd. 217.
3 Dies zeigt sich besonders in den Schwierigkeiten,
  die selbstgegebene Systematik aufrechtzuerhalten.
  vgl. etwa S. 94f mit 122; 135 mit 172ff.

Momente und vernachlässigen die Ansatzpunkte, die sich
etwa aus einer möglichen Erhellung des traditionsge-
schichtlichen Prozesses ergeben. Die zu schnell aufge-
legte Systematisierung verhindert, die Belegstellen in
ihrer je eigenen Aussage zu sehen und dann in Anschluß
an die Erhebung der Einzelbefunde ein Gesamtbild zu erstellen.[1]

Aus einem motivgeschichtlichen Ansatz beschäftigt sich
D. THOMPSON[2] mit den Engelerzählungen der Genesis.
Behandelt werden Gen 16.18.19.22.28. Für diese Texte
lassen sich folgende Feststellungen treffen:
Der mal'ak ist ein himmlischer Bote, zu dessen Aufgaben
die Ankündigung der Geburt eines Kindes, rettendes Eingreifen, Erprobung des Menschen und Bestrafung der Übel-
täter gehören.[3] Motivparallelen in der altorientalischen Literatur zeigen, daß der mal'ak der Genesis Funktionen übernimmt, die außerhalb der Bibel Göttern vor-
behalten sind.[4]
Die Anwendung eines 'Botenformulars'[5] mit den Elementen
Aussendung, Ankunft, Aufnahme und Ausrichten der Botschaft, wie es aus außerbiblischen Erzählungen erhoben
werden kann, trifft den hier berichteten Sachverhalt
nicht. Die Genesis-Botenerzählungen folgen vielmehr dem
Epiphanieformular[6] mit den Elementen auslösendes Moment,
hör- bzw. sichtbare Ankunft des Retters, Frage, Erklärung der Not, Trostspruch und Hilfe.[7] Sofern in den behandelten Erzählungen von der Geburt eines Kindes berichtet wird, finden sich auch Elemente des 'Geburts-
formulars'.[8]

----

1 vgl. auch zu den einzelnen Stellen.
2 THOMPSON, D., The Genesis Messenger Stories and
  Their Theological Significance. Diss. Tübingen 1972.
3 vgl. ebd. 206.
4 vgl. ebd. 214.
5 "messenger pattern" ebd. 216.
6 "epiphany-pattern" ebd. 216.
7 ebd. 216.
8 "birth pattern" ebd. 218.

Die Untersuchung zeigt einen Unterschied auf zwischen
der Verwendung des Begriffes mal'ak in der Genesis,
wo er die Stellung und Funktion eines Gottes einnimmt
und dem spätestens seit dem Exil belegbaren Glauben
an übermenschliche und himmlische Wesen. In der Konsequenz ergibt sich daraus die Annahme der Interpola-
tion von mal'ak in Gen 16.19.21.22,[1] wohingegen die
mal'akim in Gen 28 (E) ursprünglich Bestandteil der
Erzählung sind und dem himmlischen Hofstaat zugehören.
"Pre-exilic Israel, on the basis of Genesis stories
had no concept of 'angel' but the presence of the
common ancient Near Eastern concept of a messenger
of God in the pre-exilic E-text provided a basis for
the re-use of the word mal'ak, and the introduction
of the new concept angel, after the exile, and justi-
fied the postexilic interpolator in adding the word
mal'ak to the stories in Genesis 16.19.21 and 22".[2]
Dieses weittragende Ergebnis bedarf der kritischen
Überprüfung. Einmal abgesehen von der Tatsache, daß
noch nicht genügend Kriterien und Parallelen zur Ver-
fügung stehen, den Weg der Einzelmotive exakt zu beschreiben,[3] ergibt sich auch seitens der Exegese ein
Vorbehalt gegen die vorgeschlagene Methode. Denn die
analytische Betrachtung des Textes in seiner Schichtung und in seinem Wachstum kommt dabei zu kurz.[4]
Die Arbeit beschränkt sich im wesentlichen darauf,
textkritischen Fragen nachzugehen und vernachlässigt
die übrigen Gesichtspunkte der Textbetrachtung.[5]

----

1 vgl. ebd. 222f.
2 ebd. 223f.
3 vgl. ebd. 238f.
4 vgl. als Beispiel: die Schichtung von Gen 16 ebd.
  25f.
5 vgl. z.B. ebd. 14-26. Die Erläuterungen zu den Kapiteln sind bezeichnenderweise überschrieben mit
  "Notes to translation" (ebd. 14) und zeigen damit
  die Ausrichtung.

Von daher relativiert sich die Aussagekraft der erhobenen Momente. Die Beobachtungen zielen so sehr auf
den heutigen Text ab, daß der Verdacht aufkommt, er
allein sei als maßgeblich anzusehen. Schließlich ist
zu berücksichtigen, daß die Ergebnisse der sechs zu-
grundegelegten Abschnitte der Überprüfung anhand der
Untersuchung der übrigen Belegstellen im AT bedürfen.
Der wichtige Beitrag THOMPSONs liegt darin, eindeutig
gezeigt zu haben, daß es für die Ausgestaltung der
mal'ak-Vorstellung, wie sie im Glauben Israels begegnet, weder im sumerischen, akkadischen, hethitischen
Raum noch im ugaritischen oder ägyptischen Bereich
vergleichbare Parallelen gibt.

Die 1972 von J. URQUIZA in Wien eingereichte Dissertation "JAHWEH und sein MAL'AKH" befaßt sich in einem
ausführlichen ersten Teil mit einer detaillierten
Darstellung der bisherigen Forschung.[1]
Im zweiten Teil richtet URQUIZA sein Augenmerk auf das
Zueinander der Ausdrücke mal'ak - Jahwe - Elohim.
Dieses Problem geht er an, indem er nach Herausarbei-
ten der kleinen Einheiten auf literarkritischem Wege
die stilistischen Formen und den Inhalt der Einheit
untersucht. Als Ergebnis strebt er eine Systematik
der Rangfolge der genannten Begriffe an.[2] Letztlich
bedeutsam aber ist die Rangfolge im jetzt vorliegenden Wortlaut des (masoretischen) Textes.[3] Methodisch
stützt sich URQUIZA dabei auf die Arbeiten von ALONSO-
SCHÖKEL.[4]

----

1 vgl. ebd. 54-170.
2 vgl. ebd. 179f.
3 vgl. ebd. 180. "Wir werden sehen, daß die Abwechslung und die Rangordnung der Ausdrücke auch vor der
  Arbeit des letzten Erzählers in einzelnen Quellen
  irgendwie vorhanden ist: allerdings wurde diese
  Rangordnung entscheidend und endgültig vom letzten
  Redaktor durchgeführt". ebd. 180 Anm 34.
4 vgl. ebd. 187.

Die Untersuchung führt er an Ex 3,1-7;[1] Ri 6,11-24;[2]
Ex 13,17-14,31[3] exemplarisch durch und zeigt schematisch die Struktur von Gen 16,7-14; 18-19; 22,1-18;
Num 22,22-35; 23,4-5; Ri 2; 2 Sam 24; 1 Kön 19,5-14;
2 Kön 1,9-18; 1 Chr 21,7-18; Jes 63,8-9; Sach 1,8-13
auf.[4] Als Ergebnis stellt URQUIZA eine stilistische
Rangordnung der Ausdrücke fest (Naturelemente - mal'ak-
Jhwh - Jahwe): Sie werden in klimaktischer Anordnung
verwendet und so klärt sich die Abwechslung im Ausdruck
auf stilistischer Ebene.[5] Das metaphysische Problem
des Verhältnisses von mal'ak zu Jahwe bleibt offen.[6]
Es ist nicht Aufgabe des Kapitels, sich ausführlich
mit den vorgelegten Stellenanalysen zu beschäftigen.[7]
Gegen die Methode als ganze allerdings ergeben sich
gewichtige Einwände. Zunächst befremdet, daß aus einer
Analyse dreier Stellen auf alle Belege geschlossen
wird, und zwar ohne detailliert vorgetragene Untersuchung. Nicht beachtet wird dabei der unterschiedliche
Hintergrund, das unterschiedliche Alter und damit das
unterschiedliche Aussagegewicht der einzelnen Belege.
Zudem scheint bedenklich, daß die Methode vom Ansatz
her zu sehr auf den letzten Redaktor ausgerichtet ist[8]
und sich stark vom Inhalt bestimmen läßt.[9]

----

1 ebd. 195-219.
2 ebd. 220-244.
3 ebd. 245-272.
4 ebd. 273-279. Bei den letzteren Stellen ermöglichen
  die zu knappen Ausführungen URQUIZAs leider keine
  Diskussion.
5 Die Ausdrücke "Männer", "Mal'ak Elohim" und "Elohim"
  kennzeichnen Zwischenstufen. vgl. ebd. 282.
6 vgl. ebd. 284.
7 vgl. dazu die eigenen Versuche.
8 vgl. etwa 205.232f.256.
9 vgl. bes. 273: "Jetzt werden schematisch noch einige
  Beispiele gezeigt, die man mit derselben Methode un-
  tersuchen könnte(!) wie die drei anderen. Man käme
  wahrscheinlich (!) zum selben Ergebnis. Die Struktur
  der Rangordnung der Ausdrücke und damit (!) auch die
  Struktur des Inhalts sollen ganz kurz gezeigt werden".
  Ein solches Vorgehen erschwert eine sachliche Auseinandersetzung ungemein.

Die Ausgangslage stellt sich nach diesem Überblick so
dar:
Die traditionelle mal'ak-Jahwe-Frage entzündete sich
am dogmatischen Interesse des (Wesens-) Verhältnisses zwischen Jahwe und mal'ak angesichts der Tatsache,
daß das AT teils beide Größen identisch zu setzen,
teils streng zu trennen scheint. Doch keine der vorgetragenen Theorien zur Lösung der Frage konnte befriedigen, weil sich immer wieder Stellen gegen eine einheitliche Interpretation sperrten. Es wurden Teiler-
gebnisse erzielt, aber eine alle Belege umfassende
Synthese fehlt bisher. Die vorgeschlagenen Theorien
waren zu starr, um den unterschiedlichen Stellen gerecht zu werden. Ein weiterer Grund ist sicherlich,
daß die einzelnen Vorkommen in ihrer je spezifischen
Eigenart zu wenig beachtet wurden. Die Ergebnisse
der exegetischen Arbeit an den Einzelstellen wurde
zu wenig miteinbezogen, es dominierte der Hang zur
Systematisierung. Für den Fortgang der Untersuchung
ergibt sich daraus als methodische Konsequenz: Die
einzelnen Belegstellen sind je für sich zu behandeln
ohne Rücksicht auf eine irgendwie geartete Theorie.
Erst nach Vorliegen der Einzelergebnisse ist zu versuchen, aus diesen Bausteinen eine Synthese zu ent-
wickeln.

II. KAPITEL

DIE VORSTELLUNG VOM MAL'AK

IN DEN VÄTERERZÄHLUNGEN

1. Gen 16,1-16

Gen 16[1] schließt im heutigen Zusammenhang an den Bundesschluß Gottes mit Abraham (Gen 15) an. Die Zusage dieses Kapitels wirkt in Gen 16 nach. Unmittelbarer Ansatzpunkt ist dabei Gen 15,4 (J).[2] Dieser Anschluß weist Gen 16 eine Position im Gesamt der Abrahamerzählungen zu, die im Folgenden zu beachten ist.[3]

Das Kapitel ist mehrfach überarbeitet worden, zuletzt wohl durch P.[4] Die Zuweisung der einzelnen Verse zu Schichten ist jedoch so unterschiedlich, daß eine nähere Prüfung notwendig erscheint.

V 1 V 1b wird allgemein J zugeschrieben,[5] V 1a dagegen als P - Erweiterung angesehen.[6] Die unterschiedliche Zuweisung beider Halbverse ergibt jedoch die Schwierigkeit, daß jetzt zu Beginn von V 1b ולה beziehungslos den Sinnabschnitt einleitet. Gegenüber der von GUNKEL bevorzugten Beziehung des Wortes auf Gen 11,30[7] ist wohl der Lösung KILIANs der Vorzug zu geben,

----

1 vgl. NEFF, R.W., The Annunciation in the Birth Narrative of Ishmael. BR 17 (1972) 51-60.
2 Zur Diskussion um Gen 15 vgl. LOHFINK, N., Die Landverheißung als Eid. Stuttgart 1967 (SBS 28) zu V 4 ebd. 43. vgl. auch vRAD, Genesis 140-147, neuestens auch WESTERMANN, C., Genesis 12-50. Darmstadt 1975, bes. 35-39 sowie ZIMMERLI, W., 1. Mose 12-25. Abraham. Zürich 1976, bes. 59-64.
3 vgl. auch SCHMID, H., Ismael im Alten Testament und im Koran. Jud. 32 (1976) 76-81. 119-129.
4 vgl. GUNKEL, Genesis 184, PROCKSCH, Genesis 113, KILIAN, Abrahamsüberlieferungen 94f, vRAD, Genesis 148, ZIMMERLI, 1. Mose 59-64. McEVENUE, S.E., A Comparison of Narrative Styles in the Hagar Stories. Semeia 3 (1975) 64-80 stützt sich im wesentlichen auf die vorgenannten Autoren (vgl. ausdrücklich ebd. 65).
5 vgl. GUNKEL, Genesis 184, KILIAN aaO 95 gegen PROCKSCH aaO 113, der den ganzen V 1 P zuschreibt, dann allerdings einen Übergang suchen muß.
6 vgl. GUNKEL, Genesis 184, KILIAN aaO 74.
7 vgl. aaO 184.

der statt ולה in der von P vorgefundenen Fassung ולשרי
vermutet.[1] V 2 gilt als jahwistisch;[2] V 3 ist als P-
Einschub gekennzeichnet,[3] während in VV 4-6 wieder
J begegnet.[4]
Nach V 6 ist ein Einschnitt anzusetzen. Die VV 1-2.
4-6 werden in der Regel als Exposition für die nachfolgende Begegnung Hagars mit dem mal'ak gewertet.[5]
Bereits GUNKEL[6] wies jedoch darauf hin, daß eine
Rückkehr Hagars in der ursprünglichen Fassung äußerst
unwahrscheinlich sei. Dieser Zug aber kommt erst durch
die Begegnung mit dem mal'ak in die Erzählung. Deswegen ist zu fragen, ob nicht V 6 möglicherweise die
ursprüngliche Erzählung abschloß.
Hierfür sprechen folgende Beobachtungen:
- Löst man sich von der vertrauten Sicht und betrachtet die VV 1-2.4-6 für sich, ergibt sich ein Erzählzusammenhang mit abgeschlossenem Spannungsbogen.[7]
V 6 führt auf die Situation des Anfangs zurück, nämlich auf die Kinderlosigkeit Abrahams. Die Erzählung
ist gegliedert durch zwei Reden, die das Geschehen an
einem wichtigen Wendepunkt unterbrechen. Sie sind
nicht zu ersetzen, weil es sich jeweils um die for-
melle Übertragung der Verfügungsgewalt handelt.

----

1 Kein Kriterium für eine Quellenscheidung ist die
  im Unterschied zu Gen 21 gebrauchte Bezeichnung
  שפחה für Hagar. Im Gegensatz zu אמה bezeichnet
  der Begriff eine anders geartete rechtliche Stellung. vgl. JEPSEN, A., Amah und Schiphchah. VT 8
  (1958) 293-297.
2 vgl. KILIAN aaO 74.95; GUNKEL, Genesis 185;
  PROCKSCH, Genesis 113, vRAD, Genesis 148.
3 vgl. GUNKEL, Genesis 264; PROCKSCH, Genesis 499;
  KILIAN aaO 95; vRAD, Genesis 148.
4 vgl. GUNKEL, Genesis 185f; KILIAN aaO 95; vRAD,
  Genesis 149.
5 vgl. auch NEFF aaO 57.
6 Genesis 190
7 gegen vRAD, Genesis 149.

- Nach V 6 ist nicht mehr Abraham Mittelpunkt der Erzählung, sondern Hagar. War im ersten Teil die Kinderlosigkeit Abrahams das leitende Motiv für den Hand-
lungsfortschritt, tritt es im weiteren Verlauf des
Kapitels nicht mehr auf.

- V 7 verlegt den Ort der Handlung von Abraham fort,[1]
obwohl doch von Interesse des Erzählers her eine Reaktion Abrahams erwartet werden muß.[2] Die folgende Szene
beschäftigt sich mit dem Schicksal Hagars und ihres
Kindes,[3] wobei Subjekt der Handlung der mal'ak jhwh
ist.[4]

- Im Abschnitt V 7ff häufen sich die Parallelen zu anderen, mit der elohistischen Schicht in Verbindung zu
bringenden Belegstellen.[5]

- Die Elemente der Begegnung Hagars mit dem mal'ak haben ihre inhaltliche und formale Parallele in der Begegnung des Elija mit Gott (1 Kön 19).[6]

----

1 Dieser ist wohl in Mamre zu denken (mit vRAD, Genesis 149).
2 Als Anschluß für V 6 käme im jahwistischen Bereich
  Gen 18 in Frage, ein Kapitel, das ja Hagar mit keinem Wort erwähnt. Vielleicht setzt es voraus, daß
  Hagar nicht mehr bei Abraham ist. Damit bekommt aber
  die Sohnesverheißung Gen 18,9-16 einen besonderen
  Stellenwert.
3 In diesem Teil begegnet der Name Abraham nicht.
4 Aus dem Bestandteil יהוה der Wortverbindung ist kein
  quellenkritisches Moment abzuleiten (gegen GUNKEL,
  Genesis 184), weil die Verbindung beider Worte auch
  durch das häufige Vorkommen als sehr fest einzuschät-
  zen ist.
5 Dies bezieht sich besonders auf inhaltliche Kriterien,
  etwa auf Auftreten und Funktion des mal'ak, z.T. aber
  auch auf die Terminologie. vgl. auch zu V 7.
6 vgl. auch dort. Gen 16,7 (par.Gen 21,15f) korrespondiert mit 1 Kön 19,4f, der Begriff דרך spielt eine
  große Rolle (vgl. Gen 16,7). Besonders aber ist hinzuweisen auf den parallelen Aufbau der Begegnungs-
  szene.

Gen 16		1 Kön 19	
Anrede des mal'ak	(V 8)	Anrede Gottes	(V 13b)
Antwort Hagars	(V 9)	Antwort Elijas	(V 14)
Aufforderung zu Umkehr		Aufforderung zu Umkehr	
und Auftrag	(V 9)	und Auftrag	(V 15f)
Verheißung	(V 10)	Verheißung	(V 17f)

Mit V 7 setzt ein neuer Abschnitt ein, der den Ort
verändert und den mal'ak als handelnde Person einführt. V 7a wird allgemein J zugerechnet.[1] Hiergegen
spricht jedoch der Terminus מצא , der überwiegend in
späteren Texten des Alten Testaments belegt ist.[2]
V 7b führt V 7a fort, wird aber von GUNKEL[3] als sekundär eingestuft, weil die Ortsangabe erst nach
V 14 sinnvoll erscheine.[4]
Diese Beurteilung erscheint verständlich, wenn V 7a
als Fortführung der VV 1-2.4-6 angesehen wird. Da
aber die ursprüngliche Erzählung mit V 6 schließt,
erscheint eine Ortsangabe an dieser Stelle durchaus
sinnvoll, zumal sie mit der Ortsangabe V 14 vereinbar ist.[5]

VV 8.9 sind als Einheit zu fassen. Ein Bruch zwischen
ihnen und V 7 ist nicht festzustellen. Wegen der Parallelität zur E-Überlieferung rechnet GUNKEL[6] sie
zum Grundstock der Erzählung, während KILIAN[7] gerade
diese Beobachtung zum Anlaß nimmt, beide Verse R[JE]
zuzuschreiben.[8]

----

1 vgl. z.B. GUNKEL, Genesis 186, KILIAN aaO 95.
2 vgl. LISOWSKY, Handkonkordanz 846-850; GERLEMAN,
  G., Art. מצא - ms' -finden: THAT I 922-925; KÜMPEL,
  R., Die Berufung Israels. Ein Beitrag zur Theologie
  Hoseas. Diss. Bonn 1973, 22-31.
3 vgl. Genesis 186.
4 KILIAN aaO 95 stimmt GUNKEL bezüglich des sekundären
  Charakters zu, besteht aber auf vorpriesterlicher
  Herkunft.
5 vgl. dort. Zu den Ortsangaben überhaupt vgl. THOMPSON,
  D., The Genesis Messenger Stories and Their Theological Significance. Diss. Tübingen 1972, 21-26.
6 aaO 184
7 aaO 77
8 KILIAN begründet seine Meinung damit, der Redaktor
  habe die Einfügung der (elohistischen) Vertreibung
  Hagars Gen 21 ermöglichen wollen. Zudem begegne im
  vorhergehenden Grundbestand (VV 1-2.4-6.7a) nie "die
  unmittelbare Verbindung von Stand und Name, ... während V.8 gleich zweimal eine solche Verbindung bringt"
  (aaO 76f). Diese Verbindung steht jedoch auch V 3 (P).
  Die Beobachtung kann aber nicht zur Zuweisung der VV
  8.9 zu P genutzt werden, weil ebensogut eine umgekehrte Abhängigkeit möglich ist (vgl. auch KÜMPEL aaO 23).

V 10 wird als sekundär angesehen.[1] Grund ist neben dem
neuerlichen Einsatz mit ויאמר לה מלאך יהוה , daß die
Verheißung hier noch nicht sinnvoll und gegenüber der
individuellen Zusage V 12 farblos sei. Die terminologische Übereinstimmung mit Gen 22,17 und eine sachliche Übereinstimmung mit dem ebenfalls als sekundär
eingeschätzten Vers Gen 21,13 läßt KILIAN V 10 später
als VV 8.9 ansetzen.[2] Diese Argumentation scheint für
eine eindeutige Schichtenzuweisung nicht ausreichend.
Denn die terminologische Übereinstimmung mit Gen 22,17
bezieht sich lediglich auf die Verbform und ihre Verbindung mit זרע . Die sachliche Übereinstimmung mit
Gen 21,13 ist die Verheißung der Volkwerdung; sie wird
terminologisch abweichend ausgedrückt.[3]
V 10 wäre der einzige Zusatz in Gen 16, der dem von
KILIAN vermuteten nachelohistischen Redaktor zuzuweisen wäre. Gegen diesen Ansatz spricht, daß V 10 in V 9
motiviert ist, weil die Verheißung dazu dient, Hagar
die Befolgung der Weisung des mal'ak zu erleichtern.
Zudem ist die Verheißung der Volkwerdung für Ismael
in Gen 16 nicht anderweitig belegt.[4] Der neuerliche
Einsatz dient dazu, die Verheißung an Ismael als wirk-
sames Wort zu bekräftigen, so daß nunmehr nichts im
Weg steht, V 10 als Fortsetzung von VV 8.9 zu fassen.[5]
Hinzu kommt, daß sich eine sachliche Differenz zu der
Verheißung VV 11aβb.12 ergibt.[6]

----

1 vgl. KILIAN aaO 77/78.
2 "nachelohistischer Redaktor von Gen 22" ebd. 77/78.
3 Die Übereinstimmung im Motiv der unzähligen Nach-
  kommenschaft verweist m.E. eher nach Gen 15,5 (E).
  vgl. vRAD, Genesis 142; EISSFELDT, Hexateuchsynopse
  23+.
4 Die unterschiedliche Terminologie der Parallele
  läßt sich auch nicht allein dadurch erklären, daß
  Gen 16,10 Hagar, Gen 21,13 jedoch Abraham angesprochen ist.
5 gegen KILIAN aaO 77/78.95.
6 Zur Bedeutung dieser Beobachtung vgl. unten S. 41
  mit Anm. 3.

<u>V 11</u> führt in seinem ersten Teil (V 11a) nach KILIAN[1]
V 7a weiter. Die V 11b gegebene Ätiologie des Namens
Ismael läßt den Schluß zu, daß es sich usprünglich um
die Rede eines El gehandelt hat.[2] Gegen diese Auffassung hat M. DAHOOD Stellung genommen.[3] Er liest V 11b
שמעי statt שמע (MT), wertet עניך als alte Verbform
und deutet אל als Gottesnamen אל . Durch diese Veränderungen erhält er "zwei ausbalancierte Kola mit je
fünf Silben und zwei Hebungen, die poetische Balance
zwischen yqtl- und qtl-Verbformen".[4] Den Spruch wertet
er als Beleg für den auch anderweitig gefundenen Doppel-
namen Jahwe - El und findet das poetische Aufbrechen
einer stereotypen Formulierung mit dem Ziel, beide
Vershälften eng miteinander zu verbinden.[5] Demnach wäre zu übersetzen: Denn es hörte Jahwe, El antwortete
dir. Der zunächst überzeugend vorgetragene Vorschlag
hat jedoch m.E. eine grundlegende Schwäche. Er erklärt nicht, warum der Name Ismael dann <u>El</u> als theo-
phores Element enthält, und nicht <u>Jahwe.</u> Letzteres

----

1 aaO 78. Dieser Schluß scheint unlogisch, da der Einschnitt zwischen V 7a und V 11a größer ist als zwischen V 7 und V 8.
2 vgl. KILIAN aaO 78. Daß die Rede einem mal'ak in
  den Mund gelegt sei, markiere überlieferungsge-
  schichtlich ein spätes Stadium.
3 DAHOOD, M., The Name y i š m ā ‹›ē l in Genesis 16,11.
  Bib. 49 (1968) 87-88.
4 aaO 88. "two balanced cola each with five syllables
  and two accents the poetic balance between yqtl and
  qtl verb forms".
5 "The repointing of MT 'el to ‗'ēl, 'EL', uncovers the
  composite divine name <u>yhwh 'ēl</u> that has recently
  been identified in eight new passages, as well as
  the poetic device known as the breakup of stereotyped
  phrases. Ugaritic and Biblical poets often separate
  composite linguistic stereotypes into their compo-
  nents, placing one in the first half of the verse and
  the other in the second, with the result that both
  halves become more tightly interlocked" ebd. 88. Um
  welche neuen Texte es sich dabei aber handelt, sagt
  DAHOOD nicht.

wäre doch wegen der Verbindung der Verbform von שמע
mit Jahwe eher anzunehmen.[1]

V 12 bildet mit V 11aßb zusammen eine alte ismaeliti-
sche Ätiologie.[2] Gleiches gilt für die **VV 13.14a**.[3]
Die textkritischen Schwierigkeiten von V 13b[4] hat zuletzt H. SEEBASS aufgegriffen.[5] Er liest anstatt הלם
das Wort לחיים und erhält als Sinn: War es nicht zum
Leben, daß ich hinter dem herschaute, der mich auser-
sehen hat?[6] V 14b ist eine alte Ortsangabe, die zusammenzusehen ist mit den vorhergehenden ismaelitischen
Ätiologien, nicht jedoch zur jahwistischen Abraham -
Hagar - Erzählung gehört.[7]

VV 15.16 sind wegen der Namengebung durch Abraham und

----

1 Die Frage scheint deswegen immer noch nicht befriedigend gelöst. Als Möglichkeit wäre ins Auge zu fassen, daß die Vorstellung, daß Jahwe das Klagegeschrei
  des Menschen hört, ein so fester Topos war, daß er
  hier eingetragen wurde.
2 mit KILIAN aaO 95.
3 vgl. ebd. 95.
4 vgl. den Überblick bei KILIAN aaO 81.
5 SEEBASS, H., Zum Text von Genesis XVI 13b. VT 21
  (1971) 254-256.
6 vgl. ebd. 255. Als Gründe führt SEEBASS an:
  - es gibt keine graphischen Schwierigkeiten,
  - das aus dogmatischen Gründen der Verhüllung Got-
    tes eingefügte אחרי darf nicht geändert werden,
  - ראה kann die Bedeutung "ersehen, erwählen" haben,
  - es liegt eine Volksetymologie vor: Brunnen dessen,
    der mich zum Leben ausersehen hat.
  Die LXX-Abweichung καί γαρ ἐνώπιον εἶδον ὀφθέντα μου
  führt SEEBASS auf die Existenz einer Randlesart zurück (vgl. ebd. 256).
7 gegen KILIAN aaO 83.95. Das Argument, der Halbvers
  sei besser mit dem Text verbunden als die Angabe
  V 7b und deshalb als älter einzustufen (KILIAN aaO
  83), setzt voraus, daß beide Ortsangaben sich ausschließen. Dies ist jedoch nicht der Fall. Die
  Ortsangabe V 7b ist so unbestimmt gefaßt, daß die
  Ortsangabe V 14b als nähere Eingrenzung verstanden
  werden kann.

der genauen Einordnung in seine Chronologie als Zusatz von P zu charakterisieren.[1]

Das Wachsen der Hagarerzählung ist demnach so vorzu-
stellen:
VV 1-2.4-6 enthalten die jahwistische Hagarerzählung.
Sie ist eigentlich eine Abrahamerzählung. Er steht im
Mittelpunkt und ihr Hauptkennzeichen ist das Scheitern seiner Bemühungen, das Eintreffen der Verheißung
von Gen 15 zu erzwingen. Mit V 6 kehrt die Erzählung
zum Ausgangspunkt zurück, nämlich zur Kinderlosigkeit
Abrahams.
Neben dieser jahwistischen Hagarerzählung bestanden
die alten ismaelitischen Ätiologien VV 11aßb.12 und
VV 13.14, die bereits in vorisraelitischer Zeit zu-
sammengefügt wurden und von der Erscheinung eines El
an die Ahnfrau (Hagar ?) berichteten.[2] Als eigenständige Einheit könnten sie auch dem Jahwisten bekannt
gewesen sein. Diese Ätiologien wurden durch einen Bearbeiter mit der jahwistischen Hagarerzählung durch
die VV 7-11aα verbunden. Daß Hagar die Stammutter der
Ismaeliten war (oder wurde ?), ermöglichte, daß sich
auch die Ismaeliten auf Abraham zurückführten. Ziel
der verbindenden Verse ist es, Hagar zu Abraham zu-
rückzubringen und damit die Einfügung von Gen 21 zu
ermöglichen.[3]
Für die Datierung der Bearbeitung ergibt sich als untere Grenze die priesterschriftliche Schicht der

----

1 mit KILIAN aaO 84-86.94f.
2 mit KILIAN aaO 84-86.94f. Trotz der Arbeit DAHOODs
  (vgl. oben S. 39) scheint das Urteil KILIANs aaO
  84 noch nicht widerlegt, daß ohne El die VV 11-14
  nicht mehr sinnvoll möglich sind.
3 Damit erklärt sich auch die sachliche Differenz
  zwischen V 10 und V 11f. Denn V 10 ist aus bekann-
  tem Material vom Bearbeiter gebildet, während V 11f
  vorgegeben war. Zudem findet dadurch der neue Einsatz V 11 seine Erklärung, weil er tatsächlich eine
  Bruchstelle markiert.

VV 1a.3.15f, die die Erzählung in die Chronologie
Abrahams einreihen. Eine genauere Festlegung erlaubt
die Beobachtung der Rücksicht auf Gen 21 und die Parallelität zu 1 Kön 19, die sich zusammen am ehesten
mit einer elohistischen Herkunft der verbindenden
Verse von Gen 16 in Einklang bringen lassen.[1] Dieses
Ergebnis zwingt zu der Annahme, E habe bereits einen
mal'ak jhwh gekannt und verwendet.[2]

Der mal'ak fehlt in den alten ismaelitischen Traditionen ebenso wie in der jahwistischen Erzählung.[3] Belegstellen finden sich ausschließlich in Versen, die
beide Bereiche verknüpfen und bei denen sich elohistische Herkunft nahelegt. Dieser Schicht ist dann
auch die Korrektur V 13b zuzuschreiben, die nur ein
Sehen "hinter der Gottheit her" kennt und damit wohl
deutlich anspielt auf Ex 33,20 (E).[4] Damit ist der
mal'ak als Teil der elohistischen Bearbeitung identifiziert.
Seine Funktion läßt sich doppelt beschreiben: Einmal
'erwählt' er[5] Hagar, als sie von Abraham getrennt ist,
zum anderen rettet er sie aus (Todes-)Not und kündigt
ihr die Geburt eines Sohnes an.[6] Der mal'ak überbringt Hagar eine Weisung, die mit einer Verheißung
verbunden ist.

----

1 Gegen diese Ansetzung scheint zunächst die Nennung
  des Gottesnamens Jahwe VV 11b.13 zu sprechen. Doch
  gehören diese Verse nicht zur Bearbeitung, sondern
  zu der dem Elohisten vorgegebenen ismaelitischen
  Ätiologie, die ja bezeichnenderweise nicht von einer
  Rückkehr Hagars spricht.
2 Die Wortverbindung erscheint so eng, daß gegen diesen Schluß auch nicht argumentiert werden kann, E
  verwende den Jahwe-Namen nicht vor Ex 3. vgl. auch
  zu Gen 21.
3 vgl. die abweichende Sicht von HIRTH aaO 153-155.
4 vgl. auch SEEBASS aaO 255.
5 zu נצא vgl. KÜMPEL aaO 22-31 sowie oben z.St.
6 Der Zug der Rettung wird Gen 21 dramatisch ge-
  steigert.

Von seinem Auftreten und seiner Gestalt berichtet der
Text nichts. Sobald der mal'ak seinen Auftrag ausge-
führt hat, tritt er aus dem Gesichtskreis der Erzäh-
lung heraus.[1]
Auffällig ist die positive Zeichnung seiner Gestalt.
Von dem Verhalten Hagars ihrer Herrin gegenüber, das
ja nach Ausweis des Textes mit ein Grund für die har-
te Behandlung durch Sara war, erwähnt er in seiner
Rede nichts. Das Wort des mal'ak ist nicht richtendes
Wort, sondern rettendes und wegweisendes Wort, das
Hagar in ihrer verzweifelten Lage eine neue Zukunft
eröffnet.

----

1 Die Schreckensreaktion Hagars muß nicht auf die
  Begegnung mit dem mal'ak bezogen werden, sondern
  könnte auch ein Zug der vorgegebenen El-Erscheinung sein.

2. Gen 19,1-29

In Gen 19,1-29[1] begegnet der Ausdruck mal'ak VV 1.15. Gegenüber dem ursprünglichen Text ist er wohl sekundär und hat ein אנשׁים ersetzt.[2] Als Schicht für eine Zuordnung kommt entweder die (jahwistische) Singularschicht oder die nachjahwistische Redaktion in Frage.[3]

----

1 Zur Erzählung und ihrer Verbindung mit Gen 18 vgl. vRAD, Genesis 170-175, bes. 170f; SPEISER, Genesis 130f; ZIMMERLI, 1. Mose 85-93, bes. 86; KILIAN, Abrahamsüberlieferungen 112-147. Auch wenn das Verhältnis beider Kapitel nicht vollständig gleich beurteilt wird, ist doch als gemeinsame Sicht festzuhalten, daß in Gen 19,1-29 eine eigenständige Erzählung vorliegt.

2 mit KILIAN aaO 112f.119, dessen Analyse des Kapitels bis heute nicht ernsthaft in Frage gestellt wurde. Zu ähnlichen Ergebnissen kommt ZIMMERLI, 1. Mose 86. KILIAN hat seine Analyse wiederholt in seinem Aufsatz "Zur Überlieferungsgeschichte Lots". BZ(NS)14 (1970) 23-35, in dem er sich aber auf die Argumentation in seinem vorgenannten Werk bezieht.
Nach seinen Untersuchungen, die hier zugrundegelegt werden (vgl. Abrahamsüberlieferungen 130f), lassen sich in Gen 19 folgende Schichten unterscheiden: Eine alte vorliterarische (Plural-)Schicht VV 1 (mit: "drei Männer" anstelle von "die beiden Boten"). 2f. 4a$^+$. 5-8.9abα $^+$. 10f.12aα + "Schwiegersohn". 12b.13a.14aα .14aβ^+. 14b.15$^+$ (ohne: "die Boten"). 16aα b.17aα $^+\beta$ γb. 18.20$^+$.22b.23a.24f$^+$ (nicht in heutiger Gestalt). 26. 30-38 wurde mit der jahwistischen Singular-Schicht VV 13bα . 14aβ. 17aα .19.21. 22aα .23b (?).24.25$^+$. 27.28$^+$ verbunden. Hierhin gehören vielleicht V 1 "zwei (Boten?)" und V 15 "die Boten (?)". Einem nachjahwistischen Redaktor gehören an die VV 4b.12aβ^+ (ohne: "Schwiegersohn"). 13bβ. 22a$\beta\gamma$. Auf ihn könnten auch die "Boten" VV 1.15 zurückgehen. Nicht recht einzuordnen sind einige Ausdrücke VV 4$^+$.9bβ.16aβ.20$^+$.24$^+$.25$^+$.28$^+$. Zu P gehört V 29.

3 vgl. vorhergehende Anmerkung. Eine nähere Bestimmung dessen, was er unter 'nachjahwistisch' versteht, gibt KILIAN hier nicht. Doch scheint er selbst der Auffassung zuzuneigen, die mal'akim seien dem Jahwisten zuzuschreiben (vgl. ebd. 113).

In jedem Fall setzt die Bezeichnung der beiden Männer als Boten die Aufspaltung der drei Besucher von
Gen 18 voraus.[1] Diese aber wird erst notwendig durch
das Gespräch Jahwes mit Abraham, das selbst nur mit
Bedenken J zugeschrieben wird.[2] Doch selbst wenn diese Zuweisung richtig ist, erklärt sie die Zweizahl
in Gen 19, nicht aber die Bezeichnung mal'ak. Gegen
sie als jahwistischen Ausdruck spricht, daß Gen 19,1.
15 die einzige Stelle wäre, an der Boten von Gott im
jahwistischen Kontext begegnen.[3] Deshalb ist eine Zuordnung zur nachjahwistischen Redaktionsschicht zu
prüfen. In diesem Falle müßte der Begriff mal'ak vereinbar sein mit der Tendenz der diesem Redaktor aus
anderen Gründen zugeschriebenen Zusätze. Diese sind
deswegen näher zu betrachten.

- V 4 bezieht der Zusatz ausdrücklich alle Bewohner
Sodoms mit ein. Es zeigt sich die Tendenz, das Vergehen der Sodomiter zu steigern und damit das Straf-
maß auch in diesem Umfang zu rechtfertigen.[4]
- V 12aß zielt darauf ab, die gesamte Familie Lots,
sogar seinen Besitz zu retten. Damit wird die Familie
des gerechten Lot den Bewohnern Sodoms gegenübergestellt. Sie wird aus dem Untergang gerettet.
- V 13bß verdeutlicht, daß die Zerstörung der Stadt
nicht Sache der Männer, sondern Sache Jahwes ist.
Hierin zeigt sich eine ausgleichende Tendenz. Der
Verfasser "kann nicht mit J identisch sein"[5], sondern
ist nach ihm anzusetzen.

----

1 vgl. ebd. 113.
2 vgl. KILIAN ebd. 110, vRAD,Genesis 168f.
3 vgl. die Ausführungen zu den übrigen Belegstellen.
  Daß in Gen 19 die Wortverbindung mal'ak jhwh nicht
  vorkommt, könnte in die gleiche Richtung weisen.
4 Damit wird letztlich auch Gen 18,32 bestätigt.
5 KILIAN ebd. 117.

- V 22aβγ macht das Hereinbrechen des Strafgerichts
über Sodom von der Rettung Lots abhängig. Mit KILIAN[1]
lassen sich Verbindungen ziehen zu V 13bβ.

Die Tendenz der Erweiterungen läßt insgesamt das Bemühen des Redaktors erkennen, die vollständige Ver-
dorbenheit Sodoms als Grundlage des Strafgerichts Jahwes deutlich zu machen. Den Bewohnern Sodoms stellt er
Lot und seine Familie gegenüber, die als Gerechte[2] gerettet werden.

Für Lot und seine Familie werden die von Gott gesandten Männer damit zu Boten, die ihn retten.[3] Sie
sind für ihn eindeutig Heilgestalten, auch wenn sie
Sodom den (verdienten) Untergang bringen.

Aus all diesen Beobachtungen läßt sich kein endgülti-
ger Schluß ziehen. Wollte man allerdings die Boten
zur jahwistischen Schicht ziehen, müßte man erklären,
warum VV 5.10.12.16 weiterhin אנשים steht. Geändert
ist der Ausdruck lediglich VV 1.15. Diese Änderung ist
wohl eher im Zuge einer nachträglichen Überarbeitung
zu erklären, handelt es sich doch an beiden Stellen
um wichtige Augenblicke im Ablauf des Geschehens:
V 1 begegnen die mal'akim Lot unter dem Stadttor Sodoms, wo er ihnen die gebotene Gastfreundschaft erweist und damit die Voraussetzung seiner Rettung
schafft. V 15 drängen die Boten Lot zur Eile, um ihn
nicht zuletzt noch zu gefährden.

----

1 ebd. 122
2 vgl. KILIAN, Überlieferungsgeschichte 29: "Der Lot
  der Sodomtradition erscheint in Gn 19 als ein in
  Sodom wohnender Gerechter, als leuchtendes Beispiel
  orientalischer Gastfreundschaft und als entschlos-
  sener Hüter des Gastrechts".
3 Einer zu einseitig positiven Sicht Lots wehrt aber
  V 29 (P), indem er die Rettung Lots als Verdienst
  Abrahams herausstellt.

Das Motiv der Rettung aus akuter Todesgefahr im Zusammenhang mit dem Auftreten eines mal'ak verbindet
Gen 19 mit Gen 16.21.22. Dort ist der mal'ak der elohistischen Schicht zuzuordnen.[1] Die Gleichheit der
Vorstellung läßt auch für Gen 19,1.15 an einen gleichen Hintergrund denken. Auf diesem Hintergrund wären auch die Erweiterungen mit ihrer Tendenz verständlich.

Die Vermutung spricht demnach für eine nachjahwistische Einfügung des Ausdrucks mal'ak.[2] Das gezeigte
Bild des mal'ak deckt sich dabei mit dem anderer Texte.
Zweifellos sind die mal'akim von Jahwe unterschieden
gedacht.[3] Ihre Aufgabe ist es, Sodom zu zerstören
(V 13) und Lot zu retten (V 15.17), wobei die Zerstörung letztendlich auf Jahwe selbst zurückgeführt wird
und den mal'akim ausschließlich die Aufgabe bleibt,
die Gerechten zu retten und so den Auftrag Jahwes aus-
zuführen.[4]

----

1 vgl. zu den genannten Stellen.
2 Die Kriterien reichen aber nicht aus, diesen nachjahwistischen Redaktor etwa als elohistisch eindeutig zu bestimmen.
3 vgl. dazu eingehend KILIAN, Abrahamsüberlieferungen
  184-189, bes. 189.
4 Bemerkenswert ist, daß die Reduktion des Auftrages
  durch dieselbe Schicht erfolgt, die den Ausdruck
  mal'ak einfügt. Vielleicht kann man daraus schliessen, daß es dem Redaktor undenkbar schien, von
  mal'akim gehe Unheil aus.
  Die Pluralform ist kein Argument für eine Differenz
  mit anderen Belegstellen, weil sie durch die Vorlage, die von (mehreren) Männern sprach, vorgegeben
  war. Nur Spekulation kann bleiben, ob vielleicht
  der Singular VV 17f.21f dadurch bedingt ist, daß dem
  Redaktor die Vorstellung eines mal'ak so geläufig
  war, daß er den Plural VV 1.15 außer Acht ließ,
  oder ob, wie KILIAN ebd. 121 vermutet, "J im Eifer
  des Gefechts der Jahwesierung der drei Männer seiner Vorlage in seine Situation von 18,3.10-15.20f.
  zurückgefallen ist, ohne daß ihm dies voll bewußt
  geworden wäre. J ist hier, ob bewußt oder unbewußt,
  das Opfer seiner eigenen Konzeption der drei Männer
  geworden".

3. Gen 21,1-20

Die Erzählung Gen 21,1-20 gilt als elohistischer
Parallelbericht zur Vertreibung Hagars Gen 16.[1]
Das Kapitel steht im heutigen Kontext in Anschluß
an die Erzählung der Gefährdung der Ahnfrau durch
den König Abimelek von Gerar (Gen 20, E). Eine direkte Verbindung ist nicht festzustellen.
Die Verse 1-7 sind als Einleitung zu fassen.
An V 1 ist auffallend, daß V 1b nur mit anderen
Worten wiederholt, was V 1a bereits gesagt hat.
Er führt aber nicht weiter. Dies ist für KILIAN
ein Grund, eine Dublette anzunehmen und unter Hinweis auf die Verklammerung von 1b und V 6a durch
das Wort עשה den V 1b E zuzuschreiben und V 1a als
jahwistisch aufzufassen.[2] Eine Betrachtung der Satzstruktur läßt jedoch Zweifel an der vorgeschlagenen
Zuweisung aufkommen. In beiden Vershälften steht eindeutig belegt יהוה und nichts deutet - textlich gesehen - auf eine Überarbeitung hin. Weiter scheint nicht
einsichtig, daß jemand nach dem Elohisten ein ursprünglich vorhandenes אלהים in יהוה umgeändert hätte.[3]
Zudem ist in V 1 die charakteristische Folge x-qtl -
yqtl-x gegeben. Auch die sorgfältige Abwechslung im
Ausdruck spricht gegen eine vorschnelle Trennung beider Vershälften.[4]

----

1 Grundlage für die folgenden Ausführungen sind die
  bis heute nicht ernsthaft in Frage gestellten Überlegungen von KILIAN, Abrahamsüberlieferungen, bes.
  228-249. Ältere Literatur wird nur in Ausnahmefäl-
  len zitiert. vgl. jetzt auch ZIMMERLI aaO 100-104.
2 vgl. KILIAN aaO 228. Das macht aber notwendig, daß
  er in V 1b ursprüngliches אלהים voraussetzt.
  Ebenso setzt er voraus, daß in V 1 J und E vertreten sein müssen, wenn man V 1b nicht als redaktionellen Zusatz bestimmen kann (vgl. ebd. 228).
3 Solange nicht gesagt werden kann, welche Schicht
  dafür in Frage kommt, ist dieser Lösung Skepsis
  entgegenzubringen.
4 vgl. ויהוה פקד את שרה כאשר אמר   (V 1a)
       ויעש יהוה לשרה כאשר דבר   (V 1b).

Einen weiteren Hinweis bietet die Benennung der Frau
als Sara (שרה).[1]

Aus diesen Gründen ist eher anzunehmen, daß V 1b
nicht Dublette zu V 1a ist, sondern steigernde Variation.[2] Als nächster Ansatzpunkt für V 1 kommt
Gen 18,15 (J) in Betracht. Eine Verknüpfung mit diesem Vers erscheint sehr sinnvoll,[3] weil gerade dort
die Zweifel Saras an der Erfüllung der göttlichen Verheißung laut werden. Außerdem steht Sara Gen 18,10-15
im Mittelpunkt des Geschehens, wozu gut paßt, daß
Gen 21,1 von einer Verheißung an s i e spricht.[4]

----

1 Diese Bezeichnung ist nach Gen 17,15 (P) durchgängig festzustellen, während sie vor dieser Schlüssel-
  stelle ausschließlich in der Form שרי begegnet.
  Dieser Befund, der schichtenunabhängig ist, läßt
  vermuten, daß P vor und nach Gen 17,15 alle Vorkommen überarbeitete und vereinheitlichte. Nach
  MANDELKERN , Konkordanz 1518 verteilen sich die Vorkommen folgendermaßen:
  שרה Gen 17,15.17.19.21; 18.6.9.13.15; 20, 2.14.18;
  21,1.2.3.6.7.9.12; 23,1.2.19; 24,36.67; 25,12; 49,31;
  Jes 51,2.
  ושרה Gen 18,10.11; 25,10. לשרה Gen 18,10.11; 21,1;
  23,2.ולשרה Gen 18,14; 20,16.
  שרי begegnet dagegen Gen 11,29.30.31; 12,5.11.17;
  16,1 (ושרי); 16,2 (2x).3.5.6.8; 17,15.
2 Dies erscheint hier auch aus inhaltlichen Gründen
  sinnvoll, weil ja mit der Geburt Isaaks die Erfüllung der Zusage Jahwes an Abraham ermöglicht und
  gleichzeitig eingeleitet wird.
3 Ein Anschluß an Gen 17,17.19 (P) erscheint weit her-
  geholt. Eine Zuweisung von V 1 zu P, die sich daraus
  ergäbe, hat als Argument gegen sich die Verwendung
  des Gottesnamens Jahwe und ist deshalb nicht zu vermuten. Allerdings begegnet פקד meist im P - Kontext,
  und das Argument, P verwende den Jahwenamen nicht
  vor Ex 6, scheint zumindest durch Gen 17,1, möglicherweise auch durch Gen 5,29; 7,1.5.16; 8,20.21 in
  Frage gestellt.
4 Daran ändert auch die Tatsache nichts, daß Sara an
  der genannten Stelle nicht direkte Empfängerin des
  Verheißungswortes ist.

Demzufolge steht nichts im Weg, den ganzen V 1 J zuzuweisen. V 2 gehört in seiner ersten Hälfte ebenfalls zu J, während VV 2b-5 allgemein P zugewiesen werden.[1] V 6 läßt sich nicht leicht zuordnen. Wahrschein-
lichkeitsgründe sprechen jedoch für eine Zuordnung zu
E.[2] V 7 ist am wahrscheinlichsten als jahwistisch anzusehen, obwohl das Vorkommen von לזקניו nicht mehr
als sicheres Kennzeichen für eine J-Zugehörigkeit gewertet werden kann.[3] V 8 leitet die E - Erzählung ein,
die von der Vertreibung Hagars erzählt und sich bis
V 21 hinzieht.[4] Sie ist in sich nicht einheitlich, sondern in der heute vorliegenden Form das Ergebnis von
Bearbeitungen.

Der Grundstock ist in den VV 17-20 greifbar und lediglich in V 17 durch einige Erweiterungen verändert worden.[5] Kennzeichen dieses Grundstockes sind:[6] der kon-
stante Gebrauch von נער sowie die Züge, "daß die Wüste
keinen Namen trägt (v. 20) und daß das Kind weinte (v. 17)
und nicht Hagar (v. 16)".[7]

----

1 Kriterien für die Zuweisung sind: das hohe Alter Abrahams, das in V 2a erwähnt wird, ist mit Gen 18,11-13
  (J) in Verbindung zu bringen. Für eine Zuweisung der
  VV 2b-5 zu P sprechen: V 3: Namengebung durch den Vater, Genauigkeit der Angabe; V 4: Rückbezug auf Gen
  17,12, Gottesname אלהים . V 5: Datierung und Bemerkung מאת שנה . vgl. bereits GUNKEL aaO 272.
2 Trotz einiger Schwierigkeiten entscheidet sich auch
  KILIAN aaO 229f für diese Zuordnung, weil es möglich
  ist, beide Halbverse aufeinander zu beziehen und als
  Anspielung auf den Namen Isaak zu fassen. Hinzu kommt,
  daß beide Halbverse "die Situation nach der Geburt
  Isaaks berücksichtigen, während 17,17 und 18,9-15 der
  Situation der Verheißung, also der Zeit vor der Geburt
  Isaaks entsprechen" (ebd. 230).
3 vgl. KILIAN aaO 230. Nachdem aber eine andere Zuweisung nicht wahrscheinlicher gemacht werden kann, ist
  an der Zuordnung zu J festzuhalten.
4 vgl. KILIAN aaO 231.
5 Zur Begründung vgl. KILIAN aaO 236. Als Zusätze sind
  anzusprechen: "Bote Gottes ... vom Himmel her und
  sprach zu ihr: Was ist dir, Hagar? ... da, wo er ist"
  vgl. ebd. 236.
6 KILIAN aaO 236.
7 ebd. 236.

Eine erste Erweiterung, die aber mit VV 17-20 eng verbunden ist,[1] wird in VV 10.14[+].15.16aαbβ.18a.19bα[+].21
greifbar.[2]
Die zweite Überarbeitung erfolgte durch E. Ihr sind
die VV 9.11.12.13.14[+].16aβ γb α. 17[+] zuzuweisen.[3]
Die Grundschicht lautet demnach:[4]

V 17[+] Gott hörte die Stimme des Knaben und ... rief:
   ... Fürchte dich nicht, denn Gott hat die Stimme
   des Knaben gehört. ...

V 18[+] ... Ich will ihn zu einem großen Volke machen.

V 19 Und Gott öffnete ihr die Augen; da sah sie einen
   Wasserbrunnen. Da ging sie hin ... und gab dem
   Knaben zu trinken.

V 20 Und Gott war mit dem Knaben, er wuchs auf, wohnte
   in der Wüste und wurde ein Bogenschütze.

Vergleicht man diesen Grundbestand mit den Ismaelsprü-
chen von Gen 16, ergeben sich gemeinsame, aber auch unterschiedliche Züge. "Gemeinsam ist beiden Partien:
die mehr oder minder deutliche Erklärung des Namens
Ismael; ein tröstender Zuspruch für die Mutter; ein Spruch
über die Zukunft Ismaels; ein ראה -Moment (את ויפקח אלהים
עיניה ותרא) 21,19; 16,13aβb.14a; das Vorkommen eines
Brunnens".[5]
Unterschiede lassen sich feststellen in der Erklärung
des Namens Ismael, in Form und Ausdruckstärke der Verheißung, in der Bezeichnung des Brunnens und in der

----

1 Die gemeinsamen Elemente bietet KILIAN aaO 239.
2 Erst von dieser isolierten Erweiterungsschicht aus
  wird deutlich, daß Elemente, die zunächst nicht stö-
  ren, sekundär in die Ismaeltraditionen eingetragen
  sind. Dies gilt für ותמלא את חמת מים 19b und für
  V 18a (zur Begründung vgl. KILIAN aaO 240/41), die
  im Bereich der Grundschicht liegen.
3 vgl. KILIAN aaO 246.
4 Übersetzung nach KILIAN aaO 249.
5 KILIAN aaO 236/237.

Gottesvorstellung.[1]

Die Übereinstimmungen zwingen zu der Annahme einer gemeinsamen Ismaeltradition; die Unterschiede erweisen
die Sprüche von Gen 16 als älter.[2] Beiden Traditionen
ist zudem gemeinsam, daß in ihnen der mal'ak nicht
begegnet; die Gottheit handelt selbst.

Die erste Erweiterungsschicht gestaltet die Ismael-
sprüche zu einer vollen Erzählung aus und interpretiert sie, ein Zug, der Gen 16 fremd ist.[3] Diese
Schicht bedient sich vor allem des Mittels der Rah-
mung mit besonderer Ausgestaltung der die Sprüche
einleitenden Erzählung.

Die zweite Erweiterungsschicht (E) bemüht sich, Abraham als gottgehorsamen Menschen darzustellen, sie
führt den mal'ak ein, lokalisiert das Geschehen in

----

1 " Als Unterschiede sind festzustellen: Gen 16 erklärt den Namen Ismael als Hören der Klage der
   Mutter - Gen 21 erklärt ihn als Hören der Stimme des Kindes; 16,12 ist eine 'zukünftige' farbige,
   kräftige Schilderung des Beduinenlebens - 21,18b dagegen eine blasse und allgemeine Verheißung und
   nur in 21,20 klingt das Beduinenmotiv, aber schon
   nicht mehr als Verheißung, an; in 16,14a handelt es
   sich um einen ganz bestimmten Brunnen, der durch
   eine Theophanie geheiligt ist - in 21,19 um irgendeinen Brunnen, der nur insofern von Bedeutung ist,
   als Gott ihn Hagar sehen läßt und sie ihm Wasser für
   das Kind entnehmen kann; in 16,13f. handelt es sich
   um einen ganz bestimmten Gott, ראי אל - in 21,19 um
   אלהים   bzw. in vorelohistischer Zeit vielleicht um
   einen nicht näher bestimmten אל".
   KILIAN aaO 237. Zum letzteren vgl. das zu Gen 16,13
   Gesagte.
2 vgl. KILIAN aaO 237.
3 vgl. ebd. 244/245. Der Unterschied wird besonders daran deutlich, daß die Erzählung aus Elementen der
   vorgegebenen Ismaeltradition aufgebaut ist, während
   sich Gen 16 zwei Schwerpunkte feststellen lassen:
   nämlich im ersten Teil Sara und im zweiten Teil Hagar. So KILIAN aaO 244. vgl. jedoch die Ausführungen
   zu Gen 16.

Beerscheba und verstärkt den "allenthalben festge-
stellte(n) warme(n) und menschliche(n) Grundton der
Erzählung",[1] allerdings auf Kosten der "Unerbittlich-
keit und Folgerichtigkeit"[2] der Erzählung von Gen 16.[3]
Für den mal'ak ergibt sich eine eindeutige Zuordnung
zur elohistischen Schicht.[4] In ihm drückt sich das
"theologische Vorverständnis des Elohisten" aus.[5]
In einer dritten Überarbeitung (P) kamen die VV 2b-5
hinzu.[6]

Erst die zweite Überarbeitungsschicht (E) verwendet
den mal'ak und verschleiert damit die direkte Gottesrede, ohne aber die wichtige Verheißung V 18b (Ich-
Form) zu ändern. Offensichtlich handelt es sich um
eine Korrektur, die zum Ziel hat, die in der vorelohistischen Schicht noch bekannte Begegnung Hagars mit
der Gottheit am Brunnen abzuschwächen. Diese wird dadurch zu einer mal'ak - Begegnung, ohne daß aber die
Ismael gegebene Verheißung geschmälert wird. In der
gleichen Schicht ist die Verheißung Abraham bereits
durch Elohim vorab mitgeteilt (V 12f).[7]

----

1 KILIAN aaO 246.
2 ebd. 246.
3 vgl. aber die von KILIAN abweichende Meinung zu
  Gen 16 oben S. 41.
4 vgl. KILIAN aaO 234 und 242. In der synoptischen Darstellung des Textes von Gen 21,9-21 (ebd. 248f) erscheint das Textstück ohne ersichtlichen Grund und
  entgegen den ausdrücklichen Aussagen der Analyse in
  der Spalte "vorelohistische Erzählung".
5 KILIAN ebd. 246. Außer der Feststellung, daß der
  Elohist "v.17 nicht Gott, sondern den Boten Gottes
  sprechen läßt und auch diesen noch vom Himmel her"
  (ebd. 246), füllt KILIAN diesen Begriff jedoch nicht
  mit Inhalt.
6 Zur Begründung vgl. oben S.50 Anm 1.
7 Die Verheißungen V 13 und V 18b stimmen - von situa-
  tionsbedingten Änderungen abgesehen - wörtlich überein. Dies ist aber kein Kriterium für die Zuweisung
  von V 18 zu E, weil ebensogut die umgekehrte Abhängigkeit bestehen kann, nach der E Material aus der
  ihm vorliegenden Erzählung nahm, um V 13 zu formulieren.

Aufgabe des mal'ak, den der Text deutlich von Gott
unterscheidet, ist es, Hagar und ihr Kind aus der
aktuellen Todesnot zu retten. Der Zug ist gegenüber
Gen 16 deutlich stärker. Er ist verbunden mit einer
Verheißung an Ismael, die wegen der Ich-Form als Gotteswort erkennbar ist und die der mal'ak Hagar übermittelt. Gen 21 verbindet mit Gen 16, daß der mal'ak
durch die elohistische Schicht eingeführt wird. Beiden Kapiteln ist zudem gemeinsam, daß als möglicher
Grund für die Verwendung des mal'ak-Motivs die Rücksicht auf Ex 33,20 (E) in Frage kommt. Die Unmittelbarkeit der vorelohistischen Gottesbegegnung wird dadurch zwar abgeschwächt, aber die begegnenden Menschen
werden in gewisser Weise vor dem verzehrenden Gott ge-
schützt. An der Wirksamkeit des Gottes w o r t e s
aber ändert sich nichts.
Abweichend von Gen 16 wird der mal'ak in Gen 21 mit
dem Gottesnamen Elohim verbunden. Der Unterschied ist
jedoch hinreichend durch den Hinweis zu klären, daß
E in Gen 16 eine Vorlage bearbeitete, die den Gottesnamen Jahwe verwendete. Für Gen 21 trifft das nicht
zu. Damit ergibt sich trotz des formalen Unterschie-
des ein einheitliches Bild des mal'ak.

4. Gen 22

Über Gen 22, 1-19 sind in letzter Zeit zwei stark voneinander abweichende Arbeiten vorgelegt worden.[1] Beide Analysen kommen trotz ihres unterschiedlichen Ansatzes zu dem Ergebnis, daß die VV 15-18 als nachelohistischer Zusatz anzusehen sind.[2] Das gleiche gilt
für den Namen Morija V 2.[3] Übereinstimmung besteht weiter darin, daß die VV 1a.2a[+] (יצחק את אהבת אשר יחידך את).
3b[+] (עלה עצי ויבקע und האלהים לך אמר אשר). 9a[+] (אמר אשר
האלהים לו). 11a[+] (השמים מן). 19aßb Zusätze zum

----

1 REVENTLOW, H. Graf von, Opfere deinen Sohn. Neukirchen
1968 (BSt 53) und KILIAN, R., Die vorpriesterlichen
Abrahamsüberlieferungen. Bonn 1966 (BBB 24) 263-278,
überarbeitet und erweitert in ders., Isaaks Opferung.
Stuttgart 1970 (SBS 44). Die Arbeit von vRAD,G., Das
Opfer des Abraham. München 1971 führt bezüglich der
Schichtenklärung nicht weiter. COATS, G.W., Abraham's
Sacrifice of Faith. A Form-Critical Study of Genesis 22
Interp. 27 (1973) 389-400 geht bewußt von der heutigen Form der Erzählung aus und postuliert in Berufung
auf GUNKEL eine Vorform, die sich auf die Opferung
eines Kindes bezogen habe, bringt jedoch keine eigene,
detaillierte Auseinandersetzung (vgl. ebd. 396.398).
Die Arbeit ist für die vorliegende Untersuchung deshalb von sekundärem Interesse. Ähnlich gelagert ist
der Beitrag von LACK, R., Le sacrifice d'Isaac -
Analyse structurale de la couche élohiste dans Gn 22.
Bib. 56 (1975) 1-12, der seine Strukturanalyse bewußt
auf den von KILIAN postulierten elohistischen Text
stützt ("nous nous en tenons à la version élohiste telle
que R. KILIAN a tenté de la restituer". ebd.6).
Über die Ergebnisse von KILIAN und REVENTLOW geht
auch HERNANDO, E., La figura de Abraham en la tra-
ducíon elohista. Lum. 22 (1973) 31-53 bes. 41-44
nicht hinaus. vgl. auch HIRTH aaO 161-163, ZIMMERLI,
1. Mose 108-115.
Als Ausgangsbasis für die folgende Untersuchung bleiben damit die eingangs genannten Studien von KILIAN
und REVENTLOW.
2 vgl. REVENTLOW aaO 25/26, KILIAN, Isaak 27.
3 vgl. KILIAN ebd. 32-37, REVENTLOW aaO 50.51. Welche
ursprünglichen Worte aber der Name verdrängt haben
könnte, darüber besteht keine Einigkeit.
vgl. dazu unten S.58f.

ursprünglichen, vorelohistischen Text sind.[1]
Keine Übereinstimmung allerdings herrscht über diesen
Text selbst. KILIAN sieht ihn zusammengewachsen aus
zwei ursprünglich selbständigen Traditionen oder Motiven: einem Wallfahrtsmotiv[2] und einem Kultstiftungs-
motiv.[3] Danach rechnet er mit einer vierstufigen Entwicklung der Überlieferung mit den Stationen:Erzählung
von der Rettung des zum Opfer bestimmten Sohnes (vor-
elohistisch), Adaption an die Abrahamsgestalt (vorelo-
histisch), Aufgreifen durch den Elohisten, Neulokali-
sierung und Erweiterung durch einen nachelohistischen
Redaktor.[4]
REVENTLOW sieht demgegenüber eine "volkstümliche Erzählung" als ursprünglichen Text.[5] Diese erhält er, indem er im wesentlichen stilistische Überlegungen an-
stellt.[6]
Im Folgenden sind die Argumente beider Autoren abzuwä-
gen, um eine tragfähige Basis für die spezielle Frage
nach dem mal'ak jhwh in der Erzählung zu gewinnen.

----

1 Beide Autoren stimmen in dieser Beurteilung überein,
  und das trotz ihres unterschiedlichen Vorgehens.
  Die Kennzeichnung als Zusätze zur vorelohistischen
  Erzählung schließt bei den genannten Versteilen ein,
  daß sie dem Elohisten zugerechnet werden dürfen.
  Auch darin herrscht Übereinstimmung.
2 VV 3[+]. 4.5[+].9[+].14a[+].19aα.
3 VV 5[+] (nur: und das Kind). 9[+]. 10b.11aα.12a.13[+]. vgl.
  KILIAN, Abrahamsüberlieferungen 278. Demgegenüber
  schwächt er in der Überarbeitung seine Position ab:
  "Die älteste noch erreichbare Traditionsstufe war
  einst eine kultätiologische Erzählung, die erzählerisch aus zwei bzw. drei Motiven bestand, aus einem
  Wallfahrts- und einem Auslösemotiv sowie einer etymologischen Namengebung. Doch dominierte das ätiologi-
  sche Motiv". KILIAN, Isaak 124.
4 vgl. ebd. 124f.
5 V 1[+].2[+].3[+].4.6.7.8.9[+].10.11[+].12.13.14. Der Name Isaak
  ist der Grundschicht nicht ursprünglich, sondern
  wurde später hinzugefügt. vgl. REVENTLOW aaO 52f.
6 vgl. ebd. 40-43.

V 1: Daß V 1a einer späteren Überarbeitungsschicht angehört, ist unbestritten.[1] V 1b leitet nach REVENTLOW
die ursprüngliche Erzählung ein. Grund für diese Beurteilung ist die "stilistische Eigentümlichkeit, die
noch mehrfach im weiteren Zusammenhang wiederkehrt: Das
Mittel des Dialogs, das die Handlung in Gang setzt
(V. 1f.), sie an einem kritischen Punkt weitertreibt
(V. 7f.) und schließlich die entscheidende Wende herbei-
führt (V. 11f.). ... Da in V. 11f. der Höhepunkt der
Handlung in dieser Form gestaltet ist, geht es nicht an,
in den Versen, die sie enthalten, erst das Werk des
literarischen Endverfassers zu sehen (gegen KILIAN)".[2]
Außerdem würde ohne V 1b das Ganze seiner Exposition
beraubt, und ein solcher Beginn sei zudem durch die
Ähnlichkeit mit dem Gen 12,1 zu belegen.[3]
Gegenargument KILIANs ist die organische Fortsetzung
von V 1a durch V 1b sowie die Tatsache, daß die Antwort "Hier bin ich" oft bei E belegt sei. Zusätzlich
sei in V 2 ein sicheres E - Element erkennbar[4] und
V 1b zur Fortführung der Handlung nicht unbedingt er-
forderlich.[5]
Die Argumentation REVENTLOWs schließt nicht notwendig
die Ursprünglichkeit von V 1b ein. Ein Anfang der Handlung durch eine unvermittelt einsetzende Gottesrede in
Befehlsform ergibt sich auch, wenn V 2a als Beginn der
Erzählung gefaßt wird. Die Parallelen zu Gen 12,1
sind dann noch deutlicher. Denn Gen 12 kennt keine Antwort Abrahams, sondern nur die Ausführung der göttlichen Weisung.[6]

----

1 vgl. oben S. 55.
2 REVENTLOW aaO 43.
3 vgl. REVENTLOW ebd. 43.50.
4 vgl. KILIAN, Isaak 72f.
5 vgl. ebd. 80.
6 Sofern demnach die Untersuchung der Redeeinleitungen
  VV 7.11 keine gegenteiligen Argumente ergibt, steht
  nichts im Wege, in diesem Punkt der Argumentation
  KILIANs zu folgen.

Da aber von einer Einleitung verlangt werden muß, daß
sie die beteiligten Personen nennt, müßte dann V 2a
ursprünglich die beiden Namen Gott und Abraham enthalten haben. Im Zuge der Umformung der Einleitungsverse
wäre dann die Nennung der beteiligten Personen aus
V 2a in V 1 verlegt worden.

In V 2 ist יצחק את אהבת אשר יחידך את elohistischer
Zusatz. Außerdem ist Morija sekundär.[1] Die Zuweisung
des ganzen Verses zu E bei KILIAN scheint jedoch nur
schwer begründbar zu sein.[2] Die Parallelität zu Gen
12,1 bietet demgegenüber die bessere Erklärung.[3] Die
Vermutung REVENTLOWs, das Wort Morija habe einen Ausdruck verdrängt, in dem das Wort ראה eingeführt worden
sei, wird sowohl der Forderung gerecht, daß eine text-
liche Grundlage für den Namen Morija gegeben ist wie
auch der Tatsache, daß ארץ in diesem Zusammenhang sinnvoll erscheint und eine komplizierte Deutung überflüssig wird. Es ist deswegen daran festzuhalten, daß V 2[+]
zur vorelohistischen Schicht der Erzählung gehört.[4]
Gegen die Zuweisung von על אחד ההרים אשר אמר אליך
zu einem nachelohistischen Redaktor[5] ist einzuwenden,
daß die Beziehung zwischen 2 Chr 3,1a und Gen 22,2
nicht von vornherein einschließt, daß die Vorstellung
eines Berges als Ort Morija in Gen 22,2 von 2 Chr 3,1a
eingetragen ist. Ebensogut ist eine umgekehrte Beziehung denkbar, daß nämlich das Geschehen von Gen 22 ursprünglich mit einem Berg verbunden war und dadurch

----

1 vgl. oben S. 55.
2 Dies gilt besonders für das Argument, daß der Elohist die Stelle El-Jir-ae (zu diesem Ortsnamen
  vgl. unten) nicht mehr gekannt habe und deswegen
  den Namen als Land habe verstehen können. vgl.
  KILIAN, Isaak 73f.
3 vgl. REVENTLOW aaO 49-51.
4 Damit erübrigt sich auch die von KILIAN aufgewor-
  fene Frage nach dem Anfang der Kultätiologie. V 2
  brauchte keinen Bestandteil der Kultätiologie zu
  verdrängen. gegen KILIAN ebd. 73f. Gegen eine Zuweisung zu E spricht auch das nachklingende נא-
  beim 1. Imperativ.
5 KILIAN ebd. 31f.

die Übertragung auf dem Tempelberg erst ermöglicht
wurde.[1] Hinzu kommt, daß eine Näherbestimmung des
Ortes gefordert werden muß, sobald ארץ als ursprünglich angesehen wird. Weiterhin zu beachten ist der
von REVENTLOW bemerkte "Parallelismus zwischen den
beiden unbestimmten Zielbestimmungen mit der charak-
teristischen Variation der verwendeten Ausdrücke:
'Land' - 'Berge', 'zeigen' - 'nennen'".[2]

V 3 sind die Stücke ויבקץ עצי עלה und אשר אמר לו
האלהים sekundär,[3] dazu wohl der Name Isaak.
Dies gilt für alle Belegstellen innerhalb der Erzählung Gen 22,1-19.[4] Ein Urteil, ob auch die Knechte
V 3 als Zusatz anzusehen sind, hängt von der Einschätzung von V 5 ab und ist erst in diesem Zusammenhang möglich.[5]

V 4 gehört zur Grundschicht.[6]

V 5 rechnet KILIAN[7] ebenfalls zur vorelohistischen
Erzählung. REVENTLOW argumentiert dagegen, daß V 5
dem ursprünglichen Zusammenhang fremd ist, weil der

----

1 Gerade die Ursprünglichkeit dieses Verses spricht
  für eine relativ leichte Übertragbarkeit auf den
  Tempelberg; besonders, weil in späterer Zeit der
  Jerusalemer Tempel der Ort war, an dem man Jahwe
  begegnen konnte, d.h. der Name Morija in seiner
  Zusammensetzung aus den Komponenten מ (locale) +
  ראה + Gottesname als Anspielung oder sogar Chiffre
  für den Tempel(berg) verstanden werden konnte.
  Der von KILIAN beobachtete Unterschied אמר אל V2
  und אמר ל VV 3.9 sollte nicht überstrapaziert
  werden, weil auch KILIAN selbst keine Bedenken
  hat, trotz אמר אל V 1b E zuzurechnen und nicht
  einer nachelohistischen Redaktion. Vielleicht findet sich V 2 noch ein Rest der ursprünglichen Einleitung, die dann parallel zu Gen 12,1 אמר אל
  gehabt hätte.
2 REVENTLOW aaO 51.
3 vgl. oben S. 55.
4 vgl. oben S. 55.
5 Aus V 3 allein ergibt sich jedenfalls kein Hinweis
  auf einen sekundären Charakter.
6 vgl. KILIAN, Isaak 78, REVENTLOW aaO 52.
7 ebd.78.

V 5 postulierte glückliche Ausgang den Erwartungen
Abrahams ja gerade widerspreche. Weiterhin werde
Isaak terminologisch nicht von den Knechten unter-
schieden.[1] Ein zusätzliches Argument gewinnt REVENT-
LOW aus dem erzählerischen "Gesetz der Zweiheit".[2]
Deswegen weist er V 5 einem Ergänzer zu, den er aber
nicht näher bestimmt. Die von KILIAN postulierte Wall-
fahrtstradition lehnt er als inhaltsleer ab.[3]
Bei seiner Argumentation, die nur die 1. p.pl. נלכה
dem Elohisten zuschreibt, nimmt KILIAN eine gering-
fügige Textkorrektur als wahrscheinlich an.[4]
Bereits dies stimmt gegen seinen Vorschlag bedenklich.
Berücksichtigt man, daß V 19aß.b von KILIAN und REVENT-
LOW übereinstimmend als elohistisch angesehen wird,
daß weiter VV 15-18 als nachelohistischer Zusatz eingestuft werden, dann steht V 19aα recht isoliert am
Schluß der Erzählung und das Argument KILIANs, die
Situation von V 5 entspreche genau der von V 19aα
kann ebensogut gegen ihn gewendet werden. Dann wären
beide Verse einer Erweiterung zuzuweisen. Ausschlaggebend dafür, V 5 als sekundär zu fassen, ist, daß
die Rede Abrahams nicht weiterführt und als retardierendes Moment einzustufen ist. Mit der bisher zu be-
obachtenden Zielstrebigkeit der Grundschicht läßt sich
dieser Zug kaum vereinbaren. Nachdem die Grundschicht

----

1 V 12 begegnet die gleiche Terminologie wieder, ist
  aber nach REVENTLOW aaO 47f dort sachlich gefordert.
2 vgl. aaO 56. Das Gesetz der Zweiheit besagt, daß in
  einer volkstümlichen Erzählung immer nur zwei Personen gleichzeitig handelnd auftreten und vor Einführung einer weiteren Person eine der bisherigen Hand-
  lungsträger abgelöst werden muß.
3 ebd. 47f.
4 vgl. KILIAN, Isaak 79. Ob die Umwandlung der Pluralform Abraham von dem Vorwurf der Verschleierung frei-
  machen kann, bleibe dahingestellt. Dann ist aber zu
  fragen, ob E mit seiner Textkorrektur diese Verschleierung beabsichtigt, in Kauf genommen oder aber
  gar nicht bemerkt haben sollte.

auch in VV 2.3 keine Rede Abrahams kennt, ist V 5
einer Erweiterungsschicht zuzuweisen. Wegen der Nähe
und engen Verbindung mit V 19 kommt als Schicht E in
Frage. Ist aber V 5 sekundär, erscheinen auch die
Knechte VV 3.19 als sekundär. Als Konsequenz ergibt
sich daraus die Einheitlichkeit von V 19 und es ent-
fällt jeder Grund, V 19aα zur Grundschicht zu rechnen.
Wegen der einheitlichen Terminologie sind die VV 6-8
als Einheit zu betrachten. Formal sprechen Auftakt
der Rede V 7, die Betonung des Vater-Sohn-Verhält-
nisses und die 3. p.pl. in וילכו für eine Zuweisung
zu E. Dazu paßt auch die ausschmückende Tendenz von
V 6.[1] Stark ins Gewicht fällt, daß an dieser Stelle
im Geschehensablauf eine Rede Abrahams steht, die bereits in verhüllter Form auf den Schluß der Begebenheit Bezug nimmt, das Wissen um den (glücklichen) Ausgang also voraussetzt. Zudem wird hier auch das Holz
für das Opfer erwähnt, ein Zug, den die Grundschicht
wohl nicht kannte.
Von V 9 ist als Zusatz zu werten אשר אמר לו האלהים,[2]
und die 3.p.pl. ויבאו ist wohl elohistische Überarbeitung einer 3. p.sg.[3] Außerdem dürfte die Erwähnung
des Holzes wegen VV 3.6.7 auf E zurückzuführen sein.
Hierfür spricht weiterhin, daß beide Erwähnungen des
Holzes recht unverbunden jeweils am Ende des Halbverses eingefügt sind.
V 10 ist bis auf die Erwähnung des Messers, das sonst
nur in V 6, nicht aber in der mal'ak-Rede vorkommt,
als ursprünglich zu werten.[4]

---

1 Mit KILIAN, Isaak 83.
2 vgl. oben S. 55.
3 mit KILIAN, Isaak 84. Die Änderung wurde notwendig,
  weil E VV 6-8 eingeschoben hatte und damit neben
  Abraham eine zweite handelnde Person erschien.
4 mit KILIAN ebd. 86.

In <u>V 11</u> ist מן השמים sekundär.[1] Der Redeauftakt
V 11aßb ist parallel den als sekundär (elohistisch)
erkannten Redeauftakten VV 1b.7a gebaut.[2] Eine weitere Parallele ergibt sich in der Funktion der Rede, die auch hier als retardierendes Moment anzusprechen ist. Letzteres widerspricht der Zielstrebigkeit der Grunderzählung und gibt ein zusätzliches
sachliches Argument für die Zuweisung zur Erweiterungsschicht. Die formale Parallele mit VV 1b. 7a
legt elohistische Herkunft nahe.

<u>V 12</u> könnte das einleitende ויאמר durch die elohi-
stische Redefigur V 11aßb bedingt sein, so daß ursprünglich auf V 11aα die direkte Gottesrede folgte.
Allerdings ist eine solche Ausnahme nicht zwingend.
V 12b ist wegen der Aufnahme der theologischen Inten-
tion von V 1 der elohistischen Schicht zuzuweisen.[3]
<u>V 13</u> setzt die zielstrebige Handlung fort. Argumente,
ihn nicht der Grundschicht zuzuweisen, sind nicht erkennbar.[4]
<u>V 14</u> schließt sinnvoll an V 13 an und bringt die Er-
zählung zu einem Abschluß. Der von KILIAN[5] vertretene
Vorbehalt gegen V 14b vermag wegen der auch umgekehrt denkbaren Abhängigkeit von 2 Chr 3,1a von Gen
22,2.14 nicht zu überzeugen.[6] Andererseits ist mit
Recht darauf hinzuweisen, daß V 14b schwerlich die
Fortsetzung von V 14a sein kann.[7] Gegen den Versuch
KILIANs aber, V 14b mit dem Redaktor in Verbindung

----

1 vgl. oben S. 55.
2 vgl. KILIAN, Isaak 86f.
3 mit KILIAN ebd. 87.
4 vgl. auch ebd. 87. Als elohistisch könnte höchstens
  der Ausdruck עולה gelten. Die Annahme ist jedoch
  nicht zwingend.
5 ebd. 45f.
6 vgl. oben zu V 2.
7 mit KILIAN, Isaak 43.44.

zu bringen, der die Erzählung auf den Jerusalemer
Tempelberg transponierte, spricht die Beobachtung,
daß V 14bß בהר steht, d.h. daß das Nomen nicht
determiniert ist.[1] Offensichtlich handelt es sich
V 14bß noch um eine Redewendung, die mit keinem bestimmten Berg in Verbindung zu bringen ist und die
durchaus den Anstoß für die Bildung des Namens
Morija gegeben haben könnte.[2] Nachdem V 14b V 14a
nicht direkt weiterführt, es sich jedoch auch nicht
um einen Zusatz mit einer "bestimmten Aussage"[3]
handelt, sondern um die Anfügung einer (gängigen)
Redewendung an ein passendes Geschehen, ist V 14b
als Glosse zu betrachten, ohne daß eine Zuweisung
zu einer bestimmten Schicht sicher getroffen werden
kann. Allerdings ist damit zu rechnen, daß der Elohist diese Redewendung im Zusammenhang der Ortsbenennung bereits vorgefunden hat.[4]
VV 15-18 sind bereits oben als nachelohistischer Zusatz erkannt worden, V 19 als elohistischer.[5]
Die so ermittelte Grundschicht der Erzählung hat demnach folgenden Wortlaut:

----

1 Die LXX hat diesen Mangel bereits empfunden und
  ein τούτῳ zugesetzt. Gerade dieser Glättungsversuch aber spricht dafür, daß die Nichtdetermi-
  niertheit des Nomens hier ursprünglich ist. Damit
  dürfte auch die Vorstellung, das Geschehen habe
  auf einem Berge stattgefunden, nicht redaktionel-
  ler Eintrag sein, sondern bereits einen Zug der
  Grundschicht darstellen. vgl. auch zu V 2.
2 Von den Elementen, die den Namen Morija bilden
  (dazu vgl. oben zu V 2) und die den Ort als Be-
  gegnungsstätte mit Jahwe ausweisen, könnte einerseits eine Verbindung gezogen werden zum Horeb
  und zum Tempelberg, andererseits aber auch zu den
  von den Propheten immer wieder bekämpften Höhen-
  heiligtümern.
3 KILIAN, Isaak 44.
4 vgl. unten S. 67f.
5 vgl. oben S. 55.

V 2[+] Er (Gott/Jahwe ?) sprach (zu Abraham ?): Nimm
        deinen Sohn ... und geh in das Land (das ich
        dir zeigen werde ?) und bringe ihn dort auf
        einem der Berge, den ich dir nennen werde,
        (als Brandopfer ?) dar.

V 3[+] Abraham stand früh am Morgen auf, sattelte
        seinen Esel, nahm ... seinen Sohn . und ging
        an den Ort ...

V 4   Am dritten Tag erhob Abraham seine Augen und
        sah den Ort von ferne.

V 9[+] (Er) kam an den Ort ... und Abraham baute dort
        den Altar, packte seinen Sohn und legte ihn
        auf den Altar.

V 10   Dann streckt Abraham seine Hand aus, ... um
        seinen Sohn zu schlachten .

V 11[+] Da rief ihm der mal'ak jhwh ... zu

V 12[+] und sagte: Strecke nicht aus deine Hand gegen
        den Knaben und tu ihm nichts zuleide. ...

V 13   Da erhob Abraham seine Augen und sah, und siehe,
        ein Widder hinter ihm, mit den Hörnern im Ge-
        strüpp verfangen. Da ging Abraham hin, und nahm
        den Widder und brachte ihn (als Brandopfer ?)
        dar anstatt seines Sohnes.

V 14   Und Abraham nannte den Ort: Jahwe sieht.
        (deshalb sagt man bis heute: Auf dem Berge
        sieht Jahwe).[1]

Die herausgearbeitete Grundschicht zeigt eine in sich
stimmige Erzählung mit klarer Spannungs- und Hand-
lungsführung, dem Höhepunkt in VV 11[+].12[+] und der

----

1 Von dieser Grundschicht her ist zu fragen, ob nicht
  auch der Esel V 3 E zuzuschreiben ist. Das aber ist
  nicht zu beweisen. Die gleiche Frage stellt sich
  für V 4, der im jetzigen Ablauf der Handlung eigen-
  artig störend wirkt, andrerseits aber durch die
  Wortwahl mit V 13 in Verbindung steht.

abschließenden Benennung des Ortes V 14.[1]
Diese Grundschicht verwendet ausschließlich den Got-
tesnamen Jahwe und alle Vorkommen von Elohim stehen
in Erweiterungen des ursprünglichen Textbestandes.[2]
Damit ist die Schwierigkeit überwunden, daß sowohl
KILIAN[3] wie auch REVENTLOW[4] in ihrer postulierten
Grundfassung je mindestens einen Gottesnamen als geändert annehmen müssen.[5]
Mit REVENTLOW[6] ist daran festzuhalten, daß der Name
Abraham bereits mit der ursprünglichen Erzählung ver-
bunden war.[7] Denn gerade die Gefährdung des Sohnes
Abrahams, der ja (einziger) Träger der Verheißung
war, gab den Anlaß zu weiterer Überlieferung.
Jetzt wird auch unmittelbar einsichtig, daß die Er-
zählung von einem einmaligen Vorgang redet und nicht
als (polemische oder nicht polemische) Auseinandersetzung mit kanaanäischen Kinderopfern gesehen werden
kann.[8] Thema der Grundüberlieferung ist demnach die
Rettung des zum Opfer bestimmten Sohnes Abrahams.[9]
Diese Thematisierung trägt bereits den Keim der späteren (elohistischen) Versuchungsgeschichte in sich.

----

1 Zu einer weiteren Aufteilung fehlt jede sachliche
  Grundlage. Gegen KILIAN.
2 zum mal'ak jhwh V 11 vgl. unten.
3 Isaak 46f.
4 aaO 62f.
5 Angesichts der erarbeiteten Grundschicht sind die
  Spekulationen über vielleicht sogar mehrfache Änderungen eines Gottesnamens überflüssig.
6 aaO 53.
7 gegen KILIAN, Isaak 105.
8 gegen KILIAN ebd. 112f.
9 Damit sind die Überlegungen über die Auslösung eines
  Kindes durch einen Widder, eine Vorstellung, die in
  Israel nicht belegbar ist, gegenstandslos. gegen
  KILIAN, Isaak 101f. In diesem Zusammenhang erscheint
  auch bedeutsam, daß V 2 nicht von "einem der Söhne"
  spricht, sondern von dem (einzigen) Sohn. Auch dies
  weist darauf hin, daß die Gestalt Abrahams mit der
  Erzählung ursprünglich verbunden ist.

Der elohistische Redaktor überarbeitete und erweiter-
te die Erzählung und fügte sie ein in seine Abrahamerzählungen. Dabei gab er ihr nach Gen 21 einen besonders exponierten Platz, weil Ismael als möglicher
Träger der Verheißung endgültig ausgeschieden war
und nur noch Isaak übrigblieb. Von daher wird verständlich, daß der Elohist die Grundtendenz der Erzählung zu einer theologischen Versuchungserzählung
ausbaute, die innerhalb seines Werkes zudem noch eine
ganz bestimmte Bedeutung erhält. Denn das Verhalten
Abrahams bildet die leuchtende Folie des Versagens
des Volkes am Sinai.[1]
Gleichzeitig hatte die theologisch deutende Einleitung den Zweck, die Hörer oder Leser von vornherein
über den glücklichen Ausgang zu beruhigen. Von daher
ist auch die Ergänzung V 5 zu verstehen,und es bedarf
keines Versuchs, Abraham vom Vorwurf der (versuchten)
Verschleierung reinzuwaschen.[2] Abraham trifft nämlich
jetzt der Vorwurf der Lüge keineswegs, sondern aus
den ihm in den Mund gelegten Worten spricht das Wissen des Erzählers, der sein Publikum beruhigt.
Für die elohistische Fassung der Erzählung treffen
nun auch die von REVENTLOW herausgearbeiteten stilistischen Merkmale zu.[3]
Für die vorliegende Untersuchung sind aus der Analyse
folgende Punkte wichtig:
- Die Grundschicht kennt als handelnde Person nur
  Jahwe,[4] als reagierende Person Abraham und als
  (passives) Objekt den Sohn Abrahams.

----

1 Auf diesen Sachverhalt hat deutlich RUPPERT, L.,
  Das Motiv der Versuchung durch Gott in vordeuteronomischer Tradition VT 22 (1972) 55-63 hingewiesen.
  Gegenstücke zu Gen 22 ist nach RUPPERT Ex 32, wo
  aber das Volk die Probe nicht besteht.
2 vgl. etwa diesbezüglich KILIAN, Isaak 78f.
3 vgl. dazu auch die oben genannte Arbeit von LACK.
4 zum mal'ak jhwh V 11 vgl. unten.

- Die vom Elohisten ausgeführte theologische Deutung
  ist sachlich bereits in der Grundschicht angelegt.
- Die Grundschicht verwendet ausschließlich den Gottesnamen Jahwe.
- Der elohistische Bearbeiter erweitert und verdeutlicht die Grunderzählung und macht sie zu einer
  theologischen Lehrerzählung über die Prüfung Abrahams durch Gott.[1]
- In einem nachelohistischen Stadium werden die Verheißungen VV 15-18 angefügt und die Erzählung wird
  neu lokalisiert, nämlich auf den Tempelberg in
  Jerusalem.

In Gen 22,1-19 begegnet der mal'ak jhwh in VV 11.15,
damit einmal in der Grundschicht und einmal in der
nachelohistischen Überarbeitung. Erkennt man die allgemein verbreitete Meinung an, E verwende den Gottesnamen Jahwe vor dessen Offenbarung in Ex 3 nicht, muß
der sich hieraus ergebende Widerspruch zur genannten
Beobachtung erklärt werden.
Für die Ursprünglichkeit des Jahwenamens in der Grundschicht spricht der Ortsname und die angehängte Redewendung, die beide diesen Namen als Element enthalten.[2]
Beide waren dem elohistischen Bearbeiter vorgegeben
und konnten nicht geändert werden, zumal dann nicht,
wenn die Redewendung zur Zeit des Bearbeiters noch
bekannt war.[3] Zumindest also die Ortsbenennung war E
vorgegeben. Diese konnte er nicht ändern, ohne eine

----

1 Damit ist gleichzeitig eine Verschiebung der Perspektive gegeben. Stand vorher der Sohn Abrahams
  im Mittelpunkt, ist es jetzt Abraham selbst.
2 Eine Änderung des Ortsnamens in El-jir'ae ist
  nicht gerechtfertigt. gegen KILIAN, Isaak 22-26.
3 Es ist damit zu rechnen, daß הראה V 14 einen solchen Sachverhalt signalisiert. Doch selbst wenn
  diese Vermutung nicht zutrifft, muß die Wendung
  so eng mit dem Gottesnamen Jahwe verbunden gewesen
  sein, daß E sich außerstande sah, sie aufzubrechen.

unüberwindliche Distanz zu der nachfolgenden Redewendung zu schaffen. Durch diese enge Verbindung
beider Elemente mußte entweder in beiden geändert
werden oder aber in beiden mußte der Name Jahwe
stehenbleiben.[1] Dagegen ist damit zu rechnen, daß
E bei der Überarbeitung der ursprünglichen Einleitung den dort zu postulierenden Jahwenamen durch
Elohim ersetzte.[2] Wenn nun auch hinreichend begründet erscheint, daß V 14 der Jahwename auch durch
eine elohistische Bearbeitung nicht geändert werden
konnte, bleibt immer noch das Problem des mal'ak
jhwh in V 11, also innerhalb der Grundschicht.
Dazu ist folgendes zu berücksichtigen:
Wenn es zutrifft, daß in der Grundschicht als handelnde Personen Jahwe und Abraham auftreten und der
Befehl zur Opferung des Abrahamssohnes mit göttlicher Autorität ergeht, ist anzunehmen, daß die Weisung zur Schonung des Kindes ebenfalls mit göttlicher
Autorität ergeht, also von Jahwe selbst und nicht
von einem mal'ak. Bereits diese Überlegung macht miß-
trauisch gegen den Ausdruck mal'ak jhwh V 11.[3]
Erhebt sich von daher ein sachlich begründeter Vorbehalt, fällt auf, daß V 14a sich ebenso wie V 14b auf
Jahwe selbst bezieht, nicht aber auf einen mal'ak

----

1 Von daher ist auch die Behauptung KILIANs (Isaak
  25) in Frage zu stellen, der Elohist habe den Ort
  Jahwe jir'ae nicht mehr mit einer bestimmten Stelle verbunden. Wenigstens eines der beiden Elemente von V 14 muß doch auch zur Zeit des E noch so
  eng mit der Erzählung verbunden gewesen sein, daß
  er sich außerstande sah, etwas zu ändern.
2 Die Vermutung ergibt sich aus der Überlegung, daß
  zu Beginn der Erzählung die handelnden Personen
  mitgeteilt werden müssen. Da nun die Grundschicht
  einheitlich Jahwe verwendet, ist auch für die ursprüngliche Einleitung der Jahwename zu vermuten.
3 Mit literarkritischen Methoden ist in diesem zu-
  sammengesetzten Ausdruck nicht die Ursprünglichkeit eines Teils zu erweisen. Denn durch die Ver-
  änderung in der einen oder anderen Richtung ergeben
  sich weder beim Verbum noch in der Satzstruktur Änderungen.

jhwh. Offensichtlich wertet Abraham selbst den Ruf
doch als Eingreifen <u>Jahwes</u>. Zusammen mit der Tendenz
des Elohisten, Jahwe vor Ex 3 nicht auftreten zu lassen, ergeben diese beiden Beobachtungen die begründete Vermutung, daß der mal'ak V 11 vom elohistischen
Bearbeiter eingetragen wurde. Ein Ersetzen des Ele-
ments Jahwe durch Elohim war auch an dieser Stelle
wegen der Vorgegebenheit der Ortsbenennung nicht
möglich. Dann hätte der Gottesname Jahwe ganz aus der
Grunderzählung getilgt werden müssen.[1]
Zusätzlich, um jede zu anschauliche Vorstellung vom
Reden und Handeln Jahwes auszuschließen, setzte der
elohistische Bearbeiter noch "vom Himmel her" zu.
Auch dieser Zusatz dient dem "dogmatischen" Zweck,
Jahwe von der Erde und den hier handelnden Menschen
abzusetzen.
Durch den Zusatz des einen Wortes mal'ak V 11 er-
reichte E demnach drei Ziele:
- Die - theologisch als anstößig empfundene - direkte
  Kontaktnahme zwischen Jahwe und Abraham war aufge-
  fangen.
- Die Ortsbezeichnung konnte weiterhin das in der
  Grundschicht überlieferte Element des Jahwe-Namens
  enthalten.
- Ein direktes Eingreifen Jahwes vor der Offenbarung
  des Jahwe-Namens ist vermieden.
Die Nennung des mal'ak jhwh V 15 erfolgt innerhalb
der Wiederaufnahme der Redeeinleitung von V 11.
Nachdem die VV 15-18 einem nachelohistischen Redak-
tor zugewiesen wurden,[2] ist zu vermuten, daß dem Er-
gänzer der VV 15-18 der V 11 bereits in der heutigen
Form vorlag. Als Wiederaufnahme von V 11 ist damit

----

1 Konsequent hätte die Ortsbenennung El(ohim) jir'ae
  lauten und die Redewendung eine Verbindung mit
  El (ohim) enthalten müssen. Das aber war offensichtlich nicht möglich.
2 vgl. oben.

dieses Vorkommen hinreichend geklärt. Deswegen kann
von V 15 aus auch nicht auf einen nachelohistischen
Redaktor geschlossen werden, der ein ursprüngliches
Elohim V 14 in ein Jahwe verwandelt hätte.[1]
Als Ergebnis läßt sich festhalten:
Die Einführung des mal'ak in Gen 22,1-19 ist durch
den elohistischen Redaktor erfolgt und zwar unter
dem theologischen Gesichtspunkt der Abschwächung der
Gottunmittelbarkeit. Ein direktes Eingreifen Jahwes
vor der Offenbarung des Jahwenamens in Ex 3 sollte
vermieden werden.[2] Der Weg der Einfügung des Begriffes mal'ak wurde gewählt, weil eine Ersetzung des
Gottesnamens Jahwe durch El(ohim) nicht möglich war.
Die Grundschicht kannte demgegenüber nur den direkt
an Abraham handelnden Jahwe, nicht aber einen mal'ak.
Innerhalb der Erzählung hat der mal'ak die Aufgabe,
auf dem Höhepunkt der Handlung zugunsten des vom
Tode bedrohten Abrahamssohnes einzugreifen und ihn
zu retten. Gleichzeitig überbringt er Abraham ein
Jahwewort, das in die Zukunft wirkt. Im mal'ak, der
wohl von Jahwe unterschieden gedacht ist, verbindet
sich so das Element des Schutzes mit dem der Überbringung des wegweisenden Jahwewortes. Nicht richtendes, sondern rettendes Handeln kennzeichnet sein Auftreten.
Auskunft darüber, wie der mal'ak vorgestellt wird,
gibt der Text nicht. Der Standort (מן השמים) läßt
aber kaum die Vorstellung eines gewöhnlichen Menschen
zu.
Dennoch ist daran festzuhalten, daß der mal'ak nicht

----

1 gegen KILIAN, Isaak 24.
2 Damit bestätigt sich die zu Gen 16 geäußerte Ansicht, daß E einen mal'ak jhwh vor Ex 3 kennt.
  Aber auch hier überarbeitete E eine vorliegende
  Erzählung, die den Gottesnamen Jahwe verwendet.

mit Jahwe identisch ist. Aussagen über sein Verhältnis zu Jahwe - soweit dies nicht durch die Bezeichnung mal'ak klargestellt ist -, können dem Text
nicht entnommen werden. Es lassen sich aber auch
keine Züge feststellen, die von der Zeichnung in
den übrigen Stellen abweichen.

5. Gen 24,7.40

Die neuere Forschung betrachtet das Kapitel Gen 24
als Mischung aus J und E.[1]
Der hier angezielte V 7b und der davon abhängige
V 40 wird dabei allgemein als jünger als die ursprüngliche Erzählung eingestuft.[2] In allen Kommentaren wird weiter darauf hingewiesen, daß die gleiche Vorstellung zu spüren sei wie in Ex 23,20ff;
33,2; Num 20,16.[3]
Da diese Bezugsstellen aber eindeutig E zuzuweisen
sind, darf auch für Gen 24,7.40 auf eine Zugehörigkeit zur gleichen Schicht geschlossen werden.[4]
Der mal'ak hat die Funktion zu schützen und zu führen. Sie ist vergleichbar der Aufgabe, die er beim
Auszugsgeschehen übernimmt.[5]

----

1 vgl. etwa FOHRER, Einleitung 160.167, vRAD, Genesis
  203. vRAD spiegelt in diesem Fall die überwiegende
  Meinung der Exegeten. ZIMMERLI aaO 127f hält dagegen
  das Kapitel für einheitlich: "Die spürbar andersartige Erzählweise gegenüber den sonstigen Stücken
  aus J gibt allerdings der Vermutung Nahrung, daß die
  in sich relativ geschlossene Erzählung von Kap. 24
  ein zwar auf den früheren Aussagen von J fußendes,
  gedanklich aus seinen Sichten herausgewachsenes Stück
  Erzählung enthält, das aber von einer jüngeren Hand
  nieder-geschrieben ist" (ebd. 128).
2 vgl. etwa GUNKEL, Genesis 252, SKINNER, Genesis 284,342.
3 vgl. dazu etwa die Kommentare von GUNKEL, DRIVER,
  SKINNER, PROCKSCH. z.St.
4 zu dieser Zuweisung vergleiche auch RESENHÖFFT, W.,
  Die Genesis im Wortlaut ihrer drei Quellenschriften.
  Frankfurt 1974 (Europ. Hochschulschr. XXIII, 27) 51.
5 Gen 24 betont besonders den Aspekt der Führung,
  beim Auszugsgeschehen wird je nach konkreter Situation entweder der Schutz oder die Führung durch den
  mal'ak hervorgehoben.

6. Gen 28, 11-22

In Gen 28,11-22[1] sieht Jakob in einem Traum, wie Boten Gottes (מלאכי אלהים) die Treppe (סלם) zum
Himmel auf- und niedersteigen (V 12). Der Vers gehört zur anerkannt elohistischen Schicht des Kapitels.[2] Die auftretenden mal'akim dienen offensichtlich dazu, die Verbindung zwischen Jahwe und der Erde herzustellen.[3] Die gleiche Beobachtung läßt sich
auch in anderen Belegstellen machen. Gegenüber diesen
fällt aber auf, daß die mal'akim mit Jakob nicht in
Kontakt treten. Über ihren Auftrag und ihren Adressaten ist nichts gesagt. Eine ähnliche Vorstellung von
mal'akim (man beachte den Plural) liegt m.W. nur
noch Gen 32,2f vor.[4] Die sachliche und formale Parallele könnte auf den gleichen Vorstellungshintergrund deuten. Hinzu kommt, daß die mal'akim im weiteren Verlauf der Erzählung nicht mehr vorkommen.

----

1 zu dieser Erzählung vgl. neuestens OTTO, E., Jakob
  in Bethel. Ein Beitrag zur Geschichte der Jakobüberlieferung. ZAW 88 (1976) 165-190. DE PURY, A.,
  Promesse divine et legende cultuelle dans le
  cycle de Jacob: Genése 28 et les traditions
  patriarcales. I,II Paris 1975 (EtB), FOHRER, G.
  (u.a.), Exegese des Alten Testaments. Heidelberg
  1973 (UTB 267) 172-221.
2 vgl. OTTO aaO 167-170, bes. 167f. ausführlich zu
  V 12 vgl. FOHRER aaO 174.176.178.181.183, bes.
  aber 209. Einen Überblick über die bisherige Aufteilung von Gen 28,11-22 (allerdings ohne Berücksichtigung von FOHRER) bietet DE PURY aaO I 34f.
  Zu V 12 vgl. ebd. 37. Die Boten Gottes sind für
  DE PURY sogar ein Kennzeichen elohistischer Herkunft. Die Aufteilung der Erzählung auf J und E
  ist weitgehend unstrittig:
  FOHRER : E 10-12.17-18.20-21a.22a (ebd. 208-213).
  OTTO   : E 11.12.17-20.21a.22.   (ebd. 170).
  DE PURY: E 10[+].11b.12.17f.20-22 (ebd. II 349f).
  Für die vorliegende Fragestellung reicht die er-
  reichte Übereinstimmung aus.
3 Hierauf weisen die verwendeten Verben hin (עלה ,
  ירד), die sich auch in anderen Texten in Verbindung mit einem mal'ak finden. vgl. etwa Ri 2 und
  Ri 13.
4 vgl. auch FOHRER aaO 180.

Die einfache Nennung V 12 ist eine zu schmale Textbasis für weitgehende Schlüsse. Festzuhalten aber
bleibt, daß sich der Ausdruck hier eindeutig in der
elohistischen Schicht findet.
Gen 28,11-22 zeigt somit keine Abweichung von den
übrigen bisher behandelten Stellen, auch wenn die
Zeichnung der mal'akim wesentlich blasser ist als
etwa in den Stellen, in denen ein mal'ak einem Menschen begegnet und sich an dieser Begegnung eine
Handlung entzündet.

7. Gen 31,11

Der Vers steht innerhalb der Vorbereitungen Jakobs
zur Flucht vor seinem Schwiegervater Laban (Gen 31,1
- 32,1) und gehört der elohistischen Tradition an.[1]
Er zeigt eine ähnliche Situation, wie sie - aller-
dings ohne den Zusatz בחלום - in Gen 22 (E) begegnet.
Die Kennzeichen für die Zuweisung zu E sind in beiden
Stellen eindeutig.[2]
Innerhalb der elohistischen Jakobtradition hat der
Vers die Aufgabe, Jakob der Führung Gottes zu ver-
sichern. Der mal'ak übernimmt und übermittelt die
Weisung Gottes.[3]

----

1 vgl. etwa vRAD, Genesis 247, DE FRAINE, Genesis
  227f, SPEISER, Genesis 248f, SKINNER, Genesis 394,
  DRIVER, Genesis 280, GUNKEL, Genesis 340f.
2 vgl. die in der vorhergehenden Anmerkung genannten
  Kommentare.
3 In der nachfolgenden Gottesrede, in der der mal'ak
  im "Gottes-Ich" redet, dürfte es sich um einen ver-
  kürzten Botenstil handeln. Zu diesem Ausdruck
  vgl. WESTERMANN, C., Grundformen prophetischer
  Rede. bes. 71-81.

8. Gen 32,2-3

Die kurze Notiz, in der von mal'akim (pl) die Rede
ist, deutet vRAD[1] als "selbständige kleine ortsge-
bundene Überlieferung, die sich ätiologisch an den
Namen der später in Israels Geschichte so wichtigen
Stadt Mahanaim geknüpft hat".[2] Mit ihm ist davon aus-
zugehen, daß als Hintergrund die Vorstellung vom
himmlischen Hofstaat spürbar wird.[3]
Die Episode hat keine sichtbare Verbindung zur
Jakobsgeschichte. Weder wird sie durch ein Ereignis
hervorgerufen noch hat sie - einmal abgesehen von der
Benennung des Ortes -, auf die weitere Geschichte
Jakobs einen spürbaren Einfluß.
Wegen des beschränkten Umfangs ist eine Zuordnung
schwierig. Die meisten Kommentatoren folgen hier
GUNKEL, der aus dem Gottesnamen אלהים auf elohisti-
sche Herkunft schließt.[4]
Ein sachliches Argument für die Richtigkeit dieser
Zuordnung ist die Parallelität der Vorstellung in
Gen 28,12 (E).[5]

----

1 Genesis 254. Ähnlich SKINNER, Genesis 404:
  "isolated fragment from E".
2 ebd. 254.
3 Der Satz spricht "... von himmlischen 'Boten',
  also von Funktionären der göttlichen Weltre-
  gierung, die mit bestimmten Aufträgen betraut
  die Erde durcheilen und denen Jakob begegnet
  ist". ebd. 254.
4 vgl. Genesis 354. Die Zuordnung wird nicht bestritten. vgl. DRIVER, Genesis 291, SKINNER,
  Genesis 404, SPEISER, Genesis 255, DE FRAINE,
  Genesis 235.
5 vgl. oben S.73f.

9. Gen 48,16

Der Vers gehört zum Segen des sterbenden Jakob über
die Söhne Josefs und wird allgemein E zugewiesen.[1]
Der vom kultischen Hymnenstil[2] geprägte Spruch V 16
beginnt mit einer dreifachen Prädikation Gottes.
Der feierliche Stil ist für RUPPERT der Grund, von
VV 15b.16 als einem "Fremdkörper" im JE-Zusammenhang
zu sprechen und die Verse einem E-Bearbeiter E 2 zuzuschreiben.[3] Ziel der VV 15b.16 sei es, den Blick
zurückzulenken auf den Gott Abrahams und Isaaks
(1. Prädikation), die Erfahrungen Jakobs/Israels mit
seinem Gott (2. Prädikation) und in der dritten Prädikation המלאך גאל אתי מכל-רע werde der Blick in
einem doppelten Sinn geweitet: Einmal liege die Bezugnahme auf Gen 46,2 (E 2)[4] vor und gleichzeitig solle
dieser Gott die einmal gegebene Verheißung auch wieder an den Kindern erfüllen.[5]
Die Terminologie, die in den Bereich des Exodus weist,[6]
deutet bereits auf die Vorstellung im elohistischen
Bereich hin, nach der der Führer des Auszuges ein
mal'ak ist.[7] Als dieser Führer Israels ist der mal'ak

----

1 vgl. etwa vRAD, Genesis 342, DE FRAINE, Genesis 319,
   SPEISER, Genesis 359, GUNKEL, Genesis 473, SKINNER,
   Genesis 506, DRIVER, Genesis 377.
2 so vRAD, Genesis 342. vgl. auch RUPPERT,L., Die
   Josephserzählung der Genesis. Ein Beitrag zur Theologie der Pentateuchquellen. München 1965 (STANT 11)
   173.
3 vgl. RUPPERT ebd. 164.
4 vgl. ebd. 174.
5 vgl. ebd. 174.
6 vgl. ebd. 175. Zum Begriff גאל vgl. STAMM,J.J.,
   Art. גאל -g'l-erlösen: THAT I 383-394.
7 Dabei ist in diesem Zusammenhang nicht zu spekulie-
   ren, ob der mal'ak ein Jahwe untergeordnetes Wesen
   sei. Der Stelle nicht angemessen erscheint die Bemerkung bei RUPPERT aaO 174: "Da diese Aussage die wichtigste ist, kann natürlich, wie G. vRAD, Theologie
   I 300, mit Recht betont, mit dem 'Engel' nicht ein
   Jahwe untergeordnetes Wesen gemeint sein. Die Gleichsetzung von 'Engel Gottes' und 'Gott' findet sich
   deutlich z.B. in 21,17-19 E".

גאל Israels, der es aus dem Unheil (רע) Ägyptens
rettet. Andrerseits ist auch zu bedenken, daß mit
dem Ausdrücken der zweiten Prädikation deutlich auf
den Jakob - Laban - Zyklus angespielt ist (רעה).
Die dritte Prädikation könnte sich sowohl auf die
Errettung vor Laban wie auch auf die nachfolgende
Einigung mit Esau beziehen. In diesem Zusammenhang
scheint es bedeutsam, daß das Stichwort mal'ak auch
im Zuge der Vorbereitungen Jakobs zur Flucht vor
Laban Gen 31,11 (E)[1] begegnet.
Detaillierte Aussagen über die Aufgabe des mal'ak
lassen sich aus dieser Stelle nicht entnehmen.
Allerdings wird deutlich, daß es sich bei ihm um
eine eindeutig positiv gefärbte Gestalt handelt,
was gerade auch die Verbindung mit גאל verdeutlicht.

----

1 vgl. hierzu oben z.St.
  Nach vRAD, Genesis 343 ist der dritte Satz der
  theologisch wichtigste und enthält die konzen-
  trierteste Aussage über Gott. Die Sicht wird
  dann verständlich, wenn der Kreis sich immer enger auf Jakob bezieht. Zunächst wird allgemein
  der Gott der Väter angesprochen, dann der Gott,
  der sich als sein (Jakobs) Leben leitender er-
  wies, was sich besonders in der konkret erfahrenen
  Hilfe in Notsituationen zeigte. Der mal'ak ist
  hier dann, und das wird man bei aller Vorsicht
  schließen dürfen, die Personifikation der direkt
  erfahrenen Hilfe Gottes, in dem Gott selbst in
  seiner konkret rettenden Gegenwart sichtbar und
  erfahrbar wird.

10. Zusammenfassung

In Gen 16 begegnet der mal'ak in Versen, die weder zur
Grundschicht der Erzählung von der Vertreibung Hagars
im jahwistischen Kontext noch zu der alten Ismaelätio-
logie gehören, sondern einem Bearbeiter zuzuschreiben
sind. Vor allem wegen der Terminologie bietet sich eine
Zuweisung zur elohistischen Schicht an. In den Versen
hat der mal'ak die Aufgabe, Hagar, die von Abraham getrennt ist, in ihrer Not der besonderen Fürsorge Gottes
zu versichern. Das geschieht einerseits durch die Errettung aus der unmittelbar drohenden Todesnot, andrerseits aber auch dadurch, daß der mal'ak Hagar zur
Rückkehr zu Abraham bewegt. Motivierend wirkt dabei
ein vom mal'ak der Mutter Ismaels verkündetes Verheis-
sungswort.
Aus dem Zusatz zur jahwistischen Hagargeschichte lassen sich für den mal'ak folgende Kennzeichen ablesen:
- Der mal'ak ist selbst nicht Gott, spricht und handelt aber an Stelle Gottes. Sein Wort ist vollgülti-
ges Gotteswort, das als solches auch wirksam ist.[1]
Die Legitimation des mal'ak wird als selbstverständ-
lich vorausgesetzt. Hagar kommt gar nicht auf die
Idee, ihn danach zu fragen. Gegenüber seinem Wort
gibt es nur den Gehorsam, wie er auch Gott selbst gegenüber angebracht ist.
- Der mal'ak kommt nicht zum Gericht, sondern zur Rettung. In seiner Rede wird nicht erwähnt, daß Hagar
ihre Lage - zumindest nach Meinung des Jahwisten -
wenigstens teilweise durch ihr Verhalten gegenüber
ihrer Herrin Sara selbst verschuldet hat.

----

1 vgl. hierzu auch das Wort des Propheten.
  Zwischen beiden Vorstellungen lassen sich etliche
  Gemeinsamkeiten feststellen.

- Die Begegnung mit dem mal'ak ist für Hagar verbunden mit der Eröffnung einer neuen Zukunft, die dadurch gekennzeichnet ist, daß der Gott Abrahams sich in besonderer Weise um sie und ihren Sohn Ismael sorgt, auch wenn dieser nicht der Träger der vollen Verheißung wird.

Die gleichen Beobachtungen lassen sich Gen 21 machen. Auch hier ist der mal'ak vollgültiger Überbringer des Gotteswortes, die Begegnung mit ihm bringt für Hagar und ihr Kind die Rettung aus unmittelbarer Todesnot, verbunden mit einer Verheißung, die ihrem Leben einen neuen Sinn und ein neues Ziel gibt, obwohl sie diesmal - im Unterschied zu Gen 16,1-16, nicht zu Abraham zurückgeführt wird. Trotzdem steht sie unter der besonderen Fürsorge Gottes. Hinzu kommt an dieser Stelle noch, daß die Begegnung mit einem Boten Gottes der elohistischen Grundüberzeugung Rechnung trägt, niemand dürfe Gott schauen ohne zu sterben (vgl. Ex 33,20). Die Begegnung mit dem mal'ak schützt demnach Hagar auch - wie Gen 16, 1-16 - vor der (tödlichen) Begegnung mit der Gottheit; der Gültigkeit der Verheißung als wirklichem und wirksamem Gotteswort wird dadurch jedoch keinerlei Abbruch getan.

Auf einen Unterschied ist dennoch hinzuweisen. Konnte in Gen 16 der mal'ak als Wanderer vorgestellt werden, der Hagar an der Wasserstelle trifft, spricht er in Gen 21 vom Himmel herab. Dieser Standort ist mit einer zu manifesten Vorstellung nicht vereinbar. Eine unterschiedliche Funktion ergibt sich daraus aber nicht.[1]
Auffällig ist, daß in beiden Erzählungen der mal'ak nicht beschrieben wird; weder seine Gestalt noch sein

----

1 Zu den verschiedenen Standorten vgl. unten S.281f.

Auftreten werden näher erwähnt. Seine einzige Identität und Legitimation besteht darin, Bote Jahwes zu
sein, erschöpft sich folglich in einer reinen Funk-
tionalität, ohne daß dem mal'ak selbst ein Eigenwert
zuerkannt wird. Nicht der Träger der Botschaft ist
von Bedeutung, sondern allein diese selbst.
Der mal'ak ist lediglich "Vehikel" der Botschaft Gottes. Aus dieser Beobachtung ist auch zu verstehen, daß
der mal'ak nach Überbringung seiner Botschaft aus dem
Gesichtskreis der Erzählungen schwindet und ebensowenig gesagt wird, woher er kommt.
In der Erzählung von der Versuchung Abrahams Gen 22,1-19
begegnet der mal'ak ebenfalls im Rahmen der
elohistischen Überarbeitung der Grunderzählung. Auch
hier ist wie in Gen 16.21 die Tendenz zu spüren, eine
direkte Kontaktnahme zwischen einem Menschen und Gott
zu vermeiden. Eine weitere Parallele zu den vorbehandel-
ten Stellen ergibt sich aus dem Aufgabenkreis des
mal'ak. Wie dort greift er auf dem Höhepunkt der Handlung, im Augenblick höchster Gefahr, als Retter ein
und überbringt die Verheißung Gottes. Das Eingreifen
ist hier besonders wichtig, weil es sich auf eine Begebenheit bezieht, in der die gesamte Verheißung an
Abraham auf dem Spiele steht.[1]
Mit Gen 21 verbindet dieses Kapitel noch der Standort
des mal'ak, der vom Himmel her ruft und deswegen wohl
nicht leibhaftig begegnet. Es wird nicht einmal deutlich, daß Abraham ihn sieht.
Das Auftreten des mal'ak verdeutlicht demnach den besonderen Schutz, unter den Gott Isaak gestellt hat.
Der mal'ak ist bevollmächtigter Überbringer des rettenden Jahwewortes und erschöpft sich in seiner

----

1 Allerdings ist dieser Eindruck bereits durch V 1a
  gemildert, der die Erprobung deutlich kennzeichnet.
  Das Leben des Erben und damit die Verheißung Gottes
  ist in der elohistischen Fassung also nie wirklich
  in Gefahr. Zu der anderen Perspektive der ursprünglichen Erzählung vgl. oben S. 64f.

Botenfunktion.
Stand in Gen 22 die schützende Wirkung des mal'ak im
Vordergrund seiner Aktivität, betont Gen 24,7.40
mehr die Führungsaufgabe, auch wenn nicht vergessen
werden sollte, daß die Schutzfunktion ebenfalls durch-
scheint. Im Gegensatz zu Gen 16.21.22, wo vom mal'ak
eigene Aktivitäten ausgesagt werden, - auch wenn diese
nicht über den Vollzug des jeweiligen Auftrages hinaus-
gehen -, wird der reine Werkzeugcharakter des mal'ak
ganz deutlich. Er greift nicht ein, begleitet aber die
Mission des Knechtes Abrahams. Der mal'ak ist zu unterscheiden von Jahwe, spricht und handelt aber in seiner
Vollmacht. Eine ähnliche Vorstellung begegnet im AT
m.W. nur in der Prophetie. Auch der Prophet ist in
keinem Fall mit Jahwe gleichzusetzen und verkündet doch
dessen Wort vollgültig und wirksam.[1]
In den gleichen Rahmen fügt sich Gen 31,11. Jahwe greift
dort durch seinen mal'ak ein, als sich die Lage Jakobs
für ihn zuspitzt. Wieder erhält Jakob durch diesen Boten eine Weisung Jahwes, gegenüber der es zu gehorchen
gilt. Das Wort des mal'ak ist als Jahwewort verpflichtend. Daß es zugleich rettendes Wort ist, zeigt die Anspielung im Jakobssegen Gen 48,16. Diese Stelle ist
aber gleichzeitig - und das zeigen die gewählten Ausdrücke - eine Verbindungsstelle zur Auszugstradition.
Im Gegensatz zu den bisher beschriebenen Stellen ist
Gen 48,16 vom Text her bedingt durch die Parallelität
des Aufbaus, nicht so leicht die Unterscheidung zwischen Jahwe und dem mal'ak zu treffen. Trotzdem ist
daran festzuhalten, zumal sie in der Bezugsstelle eindeutig ist und die Bezeichnung mal'ak eine personelle
Trennung erfordert.
Aus dem Rahmen fallen die Belege Gen 28,12 und Gen 32,
2f. In beiden Fällen begegnen mal'akim, die aber mit

----

1 vgl. auch die Wirksamkeit der prophetischen Zeichen-
   handlungen.

Jakob keinen Kontakt aufnehmen. Auch die Begegnung mit
ihnen zeigt - ganz im Gegensatz zu anderen Belegstellen - keine Auswirkungen auf das spätere Leben des Betroffenen. Aber auch aus diesen Stellen lassen sich
keine Hinweise entnehmen, die mit dem bisherigen Befund unvereinbar wären.
Für die Zeit der Erzväter Israels lassen sich somit
folgende Kennzeichen des mal'ak nennen:

- Der mal'ak begegnet nur in der elohistischen Schicht
  der Erzählungen. Weder im jahwistischen noch im
  priesterschriftlichen Bereich findet sich ein Beleg
  dafür, daß die Vorstellung bekannt wäre.
- Dort, wo der Elohist eine ältere Grundform bearbeitet, die den Namen Jahwe verwendet, kennt und verwendet er die Verbindung mal'ak jhwh (vgl. Gen 16.22),
  während er sonst vor Ex 3 mal'ak elohim setzt.
- Der mal'ak tritt auf als bevollmächtigter Überbringer
  des Wortes Gottes und läßt damit Parallelen zur Aufgabe der späteren Propheten erkennen.
- In seinem rettenden Wort und Handeln zeigt sich die
  rettende, schützende und führende Macht Gottes.
- Dem mal'ak eignet reiner Werkzeugcharakter. Eine
  Eigenbedeutung oder -persönlichkeit kommt ihm nicht
  zu. Hat er seinen Auftrag ausgeführt, tritt er aus
  dem Blickkreis der Erzählung.
- Das vom mal'ak überbrachte Gotteswort ist kein Gerichtswort, sondern immer rettendes, verheißendes
  Wort, das Gehorsam verlangt.
- Je nach Erzählung unterschiedlich ist sein Standort
  der Himmel oder die Erde. Doch auch wenn er als offensichtlich auf Erden begegnend gedacht wird, geben die Erzählungen keine Auskunft über sein Aussehen oder sein Auftreten. Wichtig ist nur sein Handeln und sein wirksames Wort. Ja, es ist nicht einmal sicher, daß seine Gegenüber ihn als mal'ak jhwh
  erkennen. Wichtig ist, daß er es ist.

III. KAPITEL

DIE VORSTELLUNG VOM MAL'AK

IN DER AUSZUGS- UND LAND-

NAHMETRADITION

Im Bereich der Auszugs- und Landnahmetradition begegnet der mal'ak Ex 3,2; 14,19; 23,20.23; 32,34;
33,2; Num 20,16; 22,22-34; Ri 2,1-5 und Ri 5,23.[1]
In Ex 3,2 ist der mal'ak stummer Zeuge der Berufung
des Mose, in Ex 14,19 stellt er sich schützend zwischen das Lager Israels und das Lager der Ägypter.
In Ex 23,20ff; 32,34; 33,2 und Ri 5,23 wird er
ausdrücklich als Führer Israels in das verheißene
Land angesprochen, schützt Israel vor Bileam (num 22)
und pocht auf die Einhaltung der Bundessatzung
Ri 2,1-5.

1. Ex 3,2

Die Zuordnung von Ex 3,2 ist umstritten, allerdings
überwiegt eine Zuweisung zur Jahwistischen Schicht.[2]
Die lockere Einbindung von V 2a in den Kontext hat
aber den Verdacht des sekundären Zuwachses aufkommen
lassen.[3] So behauptet etwa W. FUSS[4] eine Zugehörigkeit

----

1 vgl. dazu ROFE aaO XXf sowie STEIN, B., Der Engel
  des Auszuges. Bib. 19 (1938) 286-307. STEIN bemüht
  sich, auf der Grundlage des damaligen Standes der
  alttestamentlichen Exegese die Identität zwischen
  "Auszugsengel" und Jahwe zu beweisen. Wegen des
  Fortschritts der Exegese der einzelnen Stellen
  sind seine Ausführungen heute aber weitgehend über-
  holt.
2 vgl. den Überblick bei MÖLLE, H., das "Erscheinen"
  Gottes im Pentateuch. Frankfurt/Bern 1973 (EHS.T 18)
  57.61f; URQUIZA aaO 204; RICHTER, W., Die sogenannten vorprophetischen Berufungsberichte. Göttingen
  1970 (FRLANT 101) bes. 67.71-82.
3 vgl. dazu MÖLLE aaO 61-63. Besonders zu beachten
  ist, daß die in V 2a gegebene Ortsbestimmung
  die in V 1 nicht näher bestimmt, Mose auf das in
  V 2a berichtete נראה des mal'ak nicht reagiert
  und der mal'ak nicht wieder auftritt.
4 FUSS, W., Die deuteronomistische Pentateuchredak-
  tion von Ex 3-17. Berlin 1972 (BZAW 126) 26.

zur dtr Überarbeitungsschicht.[1]

Eine Überprüfung der kontroversen Zuweisungen erleichtern folgende Beobachtungen:

- Die Verbindung des Wortes mal'ak mit einer Nif'al-
Form von ראה ist nur noch Ri 6,12 und Ri 13,3 belegt, während das Verb im Nif'al sonst mit Jahwe
als Subjekt steht.[2]
- Mose und der Dornbusch sind offensichtlich als bekannt vorausgesetzt.[3]
- Durch das Personalsuffix bei אל bezieht sich der
Vers auf V 1b zurück. Eine Verbindung zum folgenden Text ergibt sich lediglich durch die Einführung des Stichwortes סנה .
- Eine weitere Klammer ist das Wort ראה , das in den
folgenden Versen eine besondere Bedeutung hat.[4]
Die angesprochenen Verse Ex 3,16; 4,1.5 aber sind
im Rahmen einer "Systematisierung der Traditionen"[5] zu sehen.

Die Beobachtungen könnten dazu führen, den Abschnitt
Ex 3,7 - 4,9 als "literarisches Produkt theologischen
Inhalts aus der Hand des Jahwisten"[6] aufzufassen.
Dies hätte dann auch Rückwirkungen auf Ex 3,2.

----

1 Als Begründung führt er an, V 2a habe überschrift-
artigen Charakter; dem Redaktor sei die Gottesvorstellung seiner Vorlage zu habhaft gewesen und diese Tendenz habe er mit einem Zug zur Abstraktion
verbunden. Schließlich belege V 4a den sekundären
Charakter von V 2a, weil dort nicht der mal'ak,
sondern Jahwe selbst rede (vgl. ebd. 26).
vgl. auch RICHTER aaO 81.
2 vgl. auch im näheren Kontext Ex 3,16; 4,1.5.
3 Dies zeigt sich deutlich am Artikel bei סנה .
vgl. dazu auch RICHTER, aaO 81.
4 vgl. hierzu LOHFINK, N., Die priesterschriftliche
Abwertung der Tradition von der Offenbarung des
Jahwenamens an Mose. Bib. 49 (1968) 1-8, hier 5.
5 vgl. MÖLLE aaO 82.
6 MÖLLE aaO 81/82

Gegen eine solche Zuweisung aber spricht, daß eine
derartige Systematisierung der Traditionen von J
sonst nicht bekannt ist. Daß gerade J die Überlieferung von den Erzvätern mit der Auszugs- und Landnahmetradition verbunden habe, scheint nicht recht
einsichtig.[1] Weiter kann nach Ex 3,14 der Gottesname nicht mehr als quellenkritisches Moment verwendet
werden. Dies gilt dann ebenso für den Ausdruck mal'ak
jhwh.[2] Daß J nach dem bisherigen Befund keinen mal'ak
(jhwh) kennt, ergibt einen zusätzlichen wichtigen
Einwand gegen die jahwistische Herkunft von V 2a.
Gegen die von FUSS[3] vertretene Zuordnung zu Dtr kann
ebenfalls geltend gemacht werden, daß ein mal'ak in
dieser Schicht nicht nachweisbar ist. Eine Zuweisung
zu E ist demgegenüber mit weniger Schwierigkeiten
verbunden.[4] Dann schlägt der Halbvers eine Brücke zu
V 4b und einige Besonderheiten des Textes lassen sich
ungezwungen erklären:

- Der Artikel bei סנה wird verständlich, weil der
  elohistischen Schicht die feste Verbindung von Erscheinung und Dornbusch durch den (jahwistischen)
  Kontext vorgegeben war.
- Das "Erscheinen" des mal'ak jhwh entstand aus der
  Aufnahme eines Leitwortes des umgebenden Textes
  (ראה) und seiner Verbindung mit dem Ausdruck
  mal'ak jhwh, der aus E geläufig ist.

----

1 gegen MÖLLE aaO 82.
2 Hinzu kommt, daß auch vor Ex 3,14 E bereits den
  mal'ak jhwh verwendet, soweit er ihm vorgegebene
  Traditionen bearbeitet. vgl. oben S. 83.
3 vgl. aaO 26.
4 Zuzugeben ist allerdings, daß eine wesentlich spätere Ansetzung als E kaum in Frage kommt (vgl. unten zu Num 20,16). Auch LOHFINK aaO 5 rechnet V 2
  offensichtlich zum (älteren) Bestand, den P bereits
  vorgefunden hat.

- Die lose Verknüpfung von V 2a mit dem Kontext erklärt sich aus dem sekundären Charakter des Halbverses.
- Selbst bei der Offenbarung des Jahwenamens an Mose
ist dafür Sorge getragen, daß Mose Jahwe nicht direkt anschaut. Damit ist einem elohistischen Theologumenon Rechnung getragen.
- Bei der Berufung des Mose als Führer des Auszuges
wird der mal'ak als anwesend vorgestellt, auch wenn
er nicht eingreift.

Aus diesen Erwägungen ist einer Zuweisung zu E der
Vorzug zu geben gegenüber der Annahme einer jahwistischen Herkunft.

Bereits oben wurde darauf hingewiesen, daß der mal'ak
im ganzen folgenden Kapitel nicht mehr vorkommt, das
Geschehen sich vielmehr zwischen Jahwe und Mose ab-
spielt. Das könnte dazu führen, eine Identität des
mal'ak mit Jahwe anzunehmen.[1]

Gegen diesen Schluß ist vor allem einzuwenden, daß
V 2a dem jahwistischen Kontext gegenüber sekundär
ist, der ein Gespräch Jahwes mit Mose kannte.[2]

Die Einfügung des Halbverses läßt den Schluß zu, daß
bewußt nicht von einem Sichtbarwerden (נראה)
Jahwes oder Elohims gesprochen wird.[3] Die Unnahbarkeit
Gottes wird auch hier gewahrt. Mose hätte allenfalls
den mal'ak jhwh sehen können, wobei der Text offenläßt, ob er ihn wahrgenommen hat.[4] Eine Reaktion des
Mose ist jedenfalls nicht berichtet.

----

1 vgl. in diesem Sinn die Kommentare von GALLING,
  HYATT, BAENTSCH, TE STROETE, KEIL z.St.
2 Der Ausdruck mal'ak jhwh V 2a fügt sich somit in
  die Reihe der Stellen ein, in denen E eine Vorlage
  bearbeitete, die den Gottesnamen Jahwe verwendete.
3 vgl. dagegen die Erscheinungen Gottes an die Erzväter Gen 17.18.26.35.
4 Die ganze Begegnung wird so in ein diffuses Licht
  getaucht, was das Geheimnisvolle der Berufung des
  Mose noch verdeutlicht.

Der mal'ak ist stummer Zeuge der Berufung des Mose.
Er wird selbst nicht aktiv. Gerade dieser Zug spricht
gegen eine Ineinssetzung von Jahwe und mal'ak.
Dennoch ist seine Erwähnung nicht bedeutungslos. Der
elohistische Bearbeiter schafft dadurch ein Element
der Kontinuität zwischen der Zeit der Erzväter und
der Zeit des Volkes Israel. Gleichzeitig bereitet er
die Rolle des mal'ak im Auszugsgeschehen vor.[1]
Doch tritt der mal'ak in Ex 3 noch nicht als Führer
des Auszuges auf.
Die Erwähnung des mal'ak bei der Berufung des Mose
fügt sich damit nahtlos ein in die elohistische
Theologie.[2]

----

1 vgl. dazu die übrigen Stellen dieses Kapitels.
2 Es lassen sich die gleichen Kennzeichen feststellen, die auch an anderen Stellen zur Einfügung eines mal'ak führten: Wahrung der Unnahbarkeit Gottes, dennoch Zusage der besonderen Nähe
  Jahwes. Zu überlegen ist, ob die - im Verhältnis
  zu den Stellen der Genesis merkwürdige - Passivi-
  tät des mal'ak (Singular!) nicht auch darin ihre
  Ursache haben könnte, daß das berichtete Geschehen sich am Horeb ereignet, also im Bereich des
  Berges, der Jahwes Wohnung ist.
  (Zu diesem Zug vgl. unten.)

2. Ex 14,19

Der Vers steht im Zusammenhang der Erzählung von der
Rettung am Schilfmeer (Ex 13,17-14,31), näherhin der
VV 15-31.[1] Besonders auffällig ist er wegen des parallelen Aufbaus seiner beiden Hälften.[2] Der mal'ak
wird im ganzen weiteren Geschehen des Abschnitts
nicht mehr erwähnt, wohingegen die Wolkensäule noch
einmal angesprochen wird.
Beide Beobachtungen zusammen haben zu der Vermutung
geführt, V 19a sei dem Text sekundär zugewachsen.
Im allgemeinen wird er E zugeschrieben.[3]
Die Aussagen über den mal'ak ähneln denen über die
Wolkensäule: einerseits führt er die Israeliten, andrerseits stellt er sich zu ihrem Schutz zwischen
sie und ihre Verfolger. Bemerkenswert scheint in diesem Zusammenhang das Ergebnis SCHMIDs,[4] die elohistische Tradition hafte in Gilgal; beim Schilfmeerbe-
richt des E sei mit einer sekundären Einkleidung nach
dem Vorbild des Jordanübergangs zu rechnen, und an
die Stelle der beim Auszug noch nicht erwähnten Lade

---

1 vgl. HIRTH aaO 112f.
2 ריסע מלאך אלהים ... וילך מאחריהם   (V 19a)
  ריסע עמוד הענן מפניהם ויעמד מאחריהם   (V 19b).
3 vgl. etwa BEER/GALLING, Exodus 77f, NOTH, Exodus 90f,
  HYATT, Exodus 48f.153. Nach NOTH, Exodus 91 ist der
  mal'ak sogar so etwas wie ein Charakteristikum der
  E-Quelle. vgl. auch LOHFINK, N., Zum "kleinen geschichtlichen Credo" Dtn 26,5-9. ThPh 46 (1971) 27
  Anm 28. Nicht zuzustimmen ist NOTH, Exodus 91, wenn
  er den mal'ak als eine "auch für die Ägypter ...
  wahrnehmbare und von ihnen respektierte Gestalt"
  darstellt. Hier scheint die Stelle überinterpre-
  tiert. Nicht ausreichend begründet scheint auch die
  von FUSS aaO 312 vorgenommene Zuweisung von V 19a
  zu Rje (=Dtr !), weil der mal'ak im ganzen dtr Bereich nicht begegnet. URQUIZA aaO 268 Anm 298 läßt
  eine Zuweisung trotz intensiver Diskussion letztlich offen.
4 SCHMID, R., Meerwunder- und Landnahmetraditionen.
  ThZ 21 (1965) 260-268.

sei - wie bei den Plagen - der wunderwirkende Führer
des Volkes getreten.[1] Dieses Ergebnis läßt sich genau
mit dem obigen Befund vereinbaren und veranschaulicht
die große Bedeutung des mal'ak.[2]
Die Ausführungen SCHMIDs bedürfen noch weiterer Diskussion, besonders was den Haftpunkt Gilgal betrifft.[3]
Das gilt auch für die Beziehung des mal'ak zur Lade.
Der von SCHMID geäußerten Vermutung wäre zuzustimmen,
wenn der mal'ak mit der Erwähnung der Lade verschwän-
de. Das aber ist nicht der Fall. Eher legt sich deshalb eine Beziehung zur Prophetie nahe.[4]

----

1 vgl. ebd. 266f.
2 Dann aber ist V 19a nicht einfach "interpretieren-
  de Glosse" (gegen RABENAU, K.von, Die beiden Erzählungen vom Schilfmeerwunder in Ex 13,17-14,31.
  in: WAETZEL, P. - SCHILLE, G., Theologische Versuche I. Berlin 1966, 7-29, hier 16). Zur Schutzfunktion des mal'ak vgl. OHLER, A., Mythologische
  Elemente im Alten Testament. Düsseldorf 1969, 195f.
3 Das Verhältnis von mal'ak (jhwh) und dem "Verderberengel" wird im Zusammenhang mit 2 Sam 24 (par)
  und Jes 37 (par) behandelt.
4 Der mal'ak ist nicht einfach ein Gegenstand, der
  durch einen anderen Gegenstand abgelöst würde.
  Mal'ak und Lade sind m.E. so wesentlich unterschieden, daß es nicht gestattet ist, sie in Beziehung
  zu setzen. Die Beziehung zur Prophetie wird weiter
  unten noch näher begründet und ausgeführt.

3. Ex 23,20.23

Beide Belegstellen stehen im Abschlußteil des Bundes-
buches in einem Abschnitt, der seinerseits jünger ist
als das Bundesbuch selbst.[1]
Die Zuweisung zu einer Schicht ist uneinheitlich.
NOTH [2] erkennt ein "in Stil und Inhalt im allgemeinen
deuteronomistisches Gepräge".[3] Gegen diesen ersten
Eindruck zeigt aber eine eingehende Untersuchung von
Sprache und Wortschatz in Ex 23,20-33 folgendes Ergebnis: "Zahlreiche Begriffe und Wendungen sowie die
מלאך -Vorstellung, ... die diesen Abschnitt prägen,
sind in dt/dtr Überlieferung nicht belegt und weichen
darüber hinaus z.T.charakteristisch von dt/dtr
Sprachgebrauch und den damit verbundenen Vorstellungen ab".[4] Vom sprachlichen Befund ergibt sich ein

----

1 vgl. etwa GALLING, Exodus 121, HYATT, Exodus 48f,
  NOTH, Exodus 156.
2 Exodus 156.
3 ähnlich HYATT, Exodus 251. Argument HYATTs ist eine
  terminologische Übereinstimmung mit D. "Apparently
  D assumed that the name of Yahweh resided in the
  angel until the time the temple was built". ebd.
  251. Gegen HIRTH aaO 113f ist eine Differenz zu
  Ex 14,19a nicht festzustellen.
4 OTTO, E., Das Mazzotfest in Gilgal. Stuttgart 1975
  (BWANT 107) hier 207. Dies gilt besonders für folgende Punkte:
  V 20-22: die Ausdrücke המקום אשר הכותי ; נשא לפשׁע ;
  עשׂה mit כל אשׁר אדבר als Objekt; איב, mal'ak Vorstellung.
  V 23: הביא אל in Verbindung mit einer Völkerliste,
  die Völkertafel selbst, כחד (hi) ohne Verbindung
  mit השמיד .
  V 24: הרס im Zusammenhang mit der Vernichtung von
  Kultgegenständen.
  V 26f: der Segen des Brotes und des Wassers, das Motiv der Fülle der Tage, die Ausdrücke מספר ימים ,
  אימה sowie die Wendung נתן ערף אל .
  V 28-30: das Verteibungsgebot (גרשׁ), נחל bezogen
  auf die Landnahme, der Begriff שׁממה , die dreiglie-
  drige Völkerliste.
  V 31-33: der Ausdruck שׁית את גבול , die Beschreibung
  der Erstreckung des Landes.
  vgl. dazu OTTO ebd. 204-207.

relativ einheitlicher Abschnitt mit deutlich vordeu-
teronomischen Zügen.[1]

Ein Vergleich der Parallelen Ex 23,23-33; 34,11b-16;
Dtn 7,1-26 ergibt eine gemeinsame Vorlage, auf die
sich alle Stellen zurückbeziehen; eine direkte literarische Abhängigkeit voneinander kommt aber nicht
in Betracht.[2] Für die vorliegende Untersuchung ist an
diesem Ergebnis bedeutsam, daß in Ex 34,11b und Dtn 7,1
(den direkten Parallelen zu Ex 23,23), der mal'ak
nicht begegnet.[3] Nicht einsichtig wird deswegen, warum
OTTO ihn zur gemeinsamen Vorlage rechnet, obwohl er
dann postulieren muß, daß Ex 34,11b (J)[4] bereits die
mal'ak-Vorstellung eliminierte, Ex 23,23 (E)[5] sie aus
der gemeinsamen Vorlage wieder aufgriff, während
Dtn 7,1 (D) sie wieder unterdrückte. Eine Begründung
für seine Zuweisung gibt OTTO an dieser Stelle nicht.
Verständlicher und in sich logischer wird der Vorgang,
wenn man annimmt, daß der mal'ak zu den Eigentümlich-
keiten der E-Variante der Grundschicht gehört und von
E in diese eingetragen wurde, zumal er in J und D
sonst nicht begegnet.[6] Einer Zuweisung zu E steht

----

1 gegen HORN, H., Traditions-schichten in Ex 23,10-33
  und Ex 34,10-26. BZ (NS) 15 (1971) 203-221, hier 218f.
  Die Annahme einer Schichtung in 2(3) Stufen scheint
  nicht zwingend notwendig.
2 vgl. OTTO aaO 224-299, ebenso SCHMITT, G., Du sollst
  keinen Frieden schließen mit den Bewohnern des Landes. Stuttgart 1970 (BWANT 91) hier 21.24.
3 Die Rekonstruktion der gemeinsamen Grundlage scheint
  von OTTO im wesentlichen richtig erkannt.
  vgl. ebd. 224-226.
4 vgl. ebd. 269-279, bes. 278.
5 vgl. ebd. 256-269, bes. 262.
6 Zum letzteren vgl. auch SCHMITT ebd. 15. Unbewiesen
  scheint allerdings die Behauptung, der "Engel" sei
  "nicht etwa eine mythologische Größe, sondern ein
  kultischer Orakelspender" und das Deuteronomium
  scheine "diese archaische Orakeltechnik nicht mehr
  zu kennen oder . (wolle) sie nicht kennen" (ebd. 15).

deswegen nichts im Wege.[1] Ebenso wie V 23 gehört auch
V 20 zur elohistischen Schicht der Bundesschlußüberlie-
ferung.[2] Als Gründe hierfür nennt OTTO[3] das Motiv des
mal'ak, der das ausziehende Volk führt (!),[4] den Rückgriff von Ex 32,30-34 auf Ex 23,20ff und die in
Ex 24,3 (E) sichtbare Verzahnung von Geboten, "die ursprünglich in den Zusammenhang von Ex 23,20-33 gehörten,
mit dem Bundesbuch".[5] Der mal'ak hat seinen Ort in der
Gottesrede, die an Mose als den Mittler zwischen Jahwe
und dem Volk ergeht.[6]

----

(6) Dem Hinweis, daß der Gehorsam gegen den mal'ak in
    der folgenden Erzählung keine Rolle mehr spiele, ist
    entgegenzuhalten, daß genau diese Forderung die
    Grundlage der Predigt des mal'ak Ri 2,1-5 ist. Doch
    dort erwähnt SCHMITT den mal'ak nicht (vgl. ebd. 38-41).
    Auch der Hinweis auf Ri 5,23 hilft nicht weiter. Abge-
    sehen von der Unsicherheit der Stelle ist hier besonde-
    re Vorsicht geboten (gegen SCHMITT aaO 15). vgl. auch
    ROFE aaO XXI. Zu Ri 5,23 vgl. unten S. 117-121.
1 gegen STOLZ, F., Jahwes und Israels Kriege.
    Zürich 1972 (AThANT 60) 75f, der Ex 23,20ff als "in
    einer der Deuteronomistik nahestehenden Redaktions-
    stufe in den jehovistischen Aufriß eingefügt" an-
    sieht. Die von ihm festgestellten Anklänge an dtn/dtr
    Gedanken lassen sich ebensogut durch die hier vertre-
    tene Lösung begründen. Die Beobachtungen weisen eher
    auf eine Beziehung zwischen E und D hin als auf die
    Zuweisung von Ex 23,23 zu D.
2 vgl. OTTO aaO 262. Diese Schicht umfaßt die Verse
    Ex 19,2b.16aßb.17.19a; 20,18$^+$-21(22aα); 23,20-23.
    32.33b.24b.24aα; 20,23; 23,15.12.16-19.25-31;
    24,3$^+$-8. vgl. ebd. 366f. Hier sind auch die Gründe
    für die Umstellungen erläutert. Zum gleichen Ergebnis
    bezüglich des vordeuteronomistischen/elohistischen
    Charakters der VV 20-23 kommt SCHMITT aaO 21.24.
3 ebd. 262.
4 Dabei Rückverweis auf Ex 14,19.
5 OTTO ebd. 262. Die Zuweisung zu E wird weithin ge-
    teilt. vgl. etwa GALLING, Exodus 154, BAENTSCH,
    Exodus 209.
6 vgl. OTTO ebd. 266f.

4. Ex 32,34

Der Vers steht innerhalb des Abschnittes Ex 32,30-34,
der E zugerechnet wird.[1] Zeitlich weisen Anhaltspunkte auf eine Entstehung in der Zeit "noch vor dem Ende des Staates Israel und seiner königlichen Heilig-
tümer"[2] hin. Der mal'ak hat die Aufgabe, vor Mose,
dem Führer Israels, herzugehen.[3] Damit aber wird er
zum eigentlichen Führer des Volkes. Ziel der Wanderung ist nicht so sehr das Land der Verheißung, sondern eher der Ort, wo Israel die Zeit bis zum An-
bruch des Strafgerichtes verbringen soll. Der Aufbruch vom Gottesberg ist so gekennzeichnet als Reaktion Jahwes auf den Bundesbruch; Gott weist Israel
aus seiner Nähe fort.[4]

----

1 vgl. etwa HYATT, Exodus 48f.311; TE STROETE,
  Exodus 137. Ähnlich CLEMENTS, Exodus 205f,
  CHILDS, Exodus 487. BAENTSCH, Exodus 273 weist
  V 34b Rje zu. Die von DAVIES, Exodus 235f vorgeschlagene Zuweisung zu J kann nicht überzeugen.
2 NOTH, Exodus 207.
3 Diese Aufgabe wird jetzt direkt angesprochen.
  Faktisch hatte der mal'ak nach elohistischer
  Überzeugung das Amt wohl bereits seit dem Auszug inne.
4 Damit zeigt sich die gleiche Tendenz wie im
  folgenden Abschnitt Ex 33,1-6, und Ex 32,34 ist
  eng eingebunden in die elohistische Auszugstradition.

- 96 -

5. Ex 33,2

In der bisherigen Forschung wurde Ex 33,2 als Einschub in den Zusammenhang der VV 1.3 gewertet.[1] Diese zunächst verführerisch erscheinende Möglichkeit
scheitert aber daran, daß kein Grund zu erkennen ist,
warum gerade an dieser Stelle ein so gearteter Einschub in den Gesamtzusammenhang erfolgt wäre.[2] Hinzu
kommen folgende Beobachtungen: V 1 schließt gut an
Ex 32,34(35) (E)[3] an und ist die Konsequenz der Un-
treue Israels seinem Gott gegenüber: Jahwe weist
Israel vom Gottesberg fort. Mose ist als Führer aus
Ägypten[4] auch der Führer in das Land, das Jahwe zugeschworen hat (נשבע   ).[5]

----

1 vgl. etwa BAENTSCH, Exodus 275, OTTO aaO 284.
2 Bezeichnenderweise wird hier m.W. immer formal argumentiert, nicht aber inhaltlich reflektiert
  (vgl. etwa BAENTSCH, Exodus 275).
3 vgl. HYATT, Exodus 48/49, NOTH, Exodus 207: "Der
  Passus dürfte demnach aus der Zeit noch vor dem Ende des Staates Israel und seiner königlichen Heilig-
  tümer stammen".
4 Nach V 1 hat nicht Jahwe Israel herausgeführt, sondern Mose. vgl. dazu auch Ex 3,10f (E), Ex 17,3f (E).
5 vgl. deutlich Ex 32,34 (E). Die "Landverheißung als
  Eid" (so der Titel von N. LOHFINKs Studie zu Gen 15)
  ist im deuteronomisch-deuteronomistischen Bereich
  des AT bereits ein festes Motiv und "klischeehaft
  formuliert" (ebd. 15). Als frühesten Beleg für diese Vorstellung wertet LOHFINK aaO 23 Gen 15, wo allerdings נשבע   nicht mit einem Terminus für Land in
  direkter Verbindung steht. Weitere Stellen in J
  (Ex 33,1; Num 10,29; Dtn 31,23) sind in ihrer Zuweisung unklar. Auch der von LOHFINK gegen viele Forscher als jahwistisch gewertete Vers Gen 24,7 bleibt
  unsicher (vgl. ebd. 21). "Hinzu kommt Nm 11,12
  (nišba^c), wo der Sekundärcharakter wahrscheinlicher
  erscheint. In E steht ein Rückverweis auf den Land-
  verheißungseid in Gn 50,24 und - falls Dt 31,14f.
  23 E und nicht J zuzuteilen ist - in Dt 31,23. Doch
  auch die Quellenhaftigkeit von Gn 50,24 ist nicht
  wirklich sicher. ... Zusammengefaßt: mindestens ein
  Teil der zuletzt aufgeführten Stellen wäre im Zwi-
  schenbereich zwischen den frühdeuteronomischen Belegen und Gn 15 anzusetzen" (ebd. 23).

Zusätzlich zur Funktion des Mose als Führer in das
----
(5)Doch gibt es vo r Gen 24,7 keinen Beleg, in dem נשבע
in direkter Verbindung mit einem Terminus des Landes steht. Von den 150 Belegen von נשבע im AT haben 74 Jahwe als regierendes Subjekt. Hiervon wiederum stehen 36 in direktem Zusammenhang mit einer
Bezeichnung für "Land". Dabei scheint wichtig, daß
von diesen 36 Belegen wieder 26x ארץ begegnet,
9x אדמה und einmal beide Begriffe (Gen 26,15).
Bei der Verteilung der einzelnen Vorkommen fällt auf,
daß אדמה gehäuft in Dtn begegnet (7x: Dtn 7,13;
11,9.21; 26,15; 28,11; 30,20; 31,20), außerhalb des
Dtn nur Num 11,12 und Num 32.11. Die Verteilung
von ארץ in Verbindung mit נשבע scheint demgegenüber
zunächst weniger aufschlußreich:
Gen 24,7; 26,3 (ארצות !); 50,24; Ex 13,5.11; 33,1;
Num 14,16.23; Dtn 1,8.35; 6,10.18.23; 8,1; 10,11;
26,3.15 (+ אדמה); 31,7.21.23; 34,4; Jos 1,6; 5,6;
21,43; Ri 2,1; Jer 11,5; 32,22. Signifikant wird
erst die Betrachtung der Belegstellen, in denen das
Land durch den Zusatz "fließend von Milch und Honig"
gekennzeichnet ist: Ex 13,5; 33,1; Jer 11,5; 32,22;
Jos 5,6 ist das Land, das zugeschworen wird (ארץ),
Subjekt des folgenden Zusatzes. In Dtn 11,9; 26,15
ist אדמה Objekt des נשבע , aber ארץ Subjekt des Zusatzes. Dagegen ist Dtn 31,20 אדמה auch Subjekt
des זוב . Alle anderen Belegstellen nennen keine direkte Verbindung der eidlichen Zusage des Landes mit
seiner Qualifizierung als Land, das von Milch und
Honig fließt (vgl. Ex 3,8.17; 33,3; Lev 20,24;
Num 13,27; 14,8; 16,13.14; Dtn 6,3; 27,3; Ez 20,6.15).
Hieraus ist zu schließen, daß die Verbindung der
Charakterisierung des Landes als "fließend von Milch
und Honig" mit der eidlichen Landzusage nicht so eng
war, daß von einer formelhaften Wendung gesprochen
werden könnte. Zumindest ist hieraus kein literarkritisches Argument ableitbar.
Eher scheint die Verbindung mit נתן (speziell לתת-ל.)
mit der eidlichen Landzusage zusammenzugehören
(vgl. Ex 13,5; Dtn 1,35; 6,10.23; 7,13; 10,11;
11,9.21; 26,3; 28,11; 30,20; 31,7; Jos 1,6; 5,6;
21,43; Jer 11,5; mit finiter Form von נתן Gen 24,7;
26,3; Ex 13,11; 32,13; 33,1; Dtn 1,8; 4,21; 13,18;
26,15; 34,4; Jos 21,44; Jer 32,22). Beide Merkmale
in Verbindung mit der eidlichen Landzusage begegnen
nur Ex 13,5; Dtn 11,9; 26,15; Jos 5,6; Jer 11,5.
Wichtig erscheint nun, daß Ex 13,5; Jos 5,6 dtr.
Herkunft (vgl. etwa die Kommentare von NOTH,
BAENTSCH, TE STROETE, HERTZBERG, z.St. oder FOHRER,
Einleitung 219), zumindest aber dtr. überarbeitet
sind.

Land, die jedoch mit der Vorstellung eines mal'ak als
Führer und Schützer vereinbar ist (vgl. Ex 32,34), ergibt sich in der Terminologie ein weiterer Hinweis,
daß dieser Vers am ehesten in prophetischen Kreisen
des Nordreiches gedanklich beheimatet ist.[1]

In Anschluß an V 1 wird Mose V 2 für den Führungsauf-
trag ein Beistand zugesichert, der vor ihm hergeht
und - im sicheren Futur - durch die Vertreibung der
das Land bewohnenden Völker eine erfolgreiche Erobe-
rung verheißt.[2] Damit verbindet der Vers Ex 23,20
(Sendungsverheißung) mit Ex 23,23 (Völkerliste).[3]
Eine literarkritisch auswertbare Spannung zwischen
VV 1.2 ist nicht feststellbar. Die Jahwerede wird un-
gebrochen fortgeführt.

----

(5) Die Belege Dtn 11,9; 26,15 weisen in den Bereich
   des Ur-Deuteronomium (vgl. FOHRER, Einleitung 187),
   allerdings kann auch hier eine spätere Überarbeitung nicht ausgeschlossen werden, zumal die Belegstellen sich auf die Einleitung und den Schluß des
   Rechtsbuches verteilen. Jer 11,5 gehört zum ursprünglichen Bestand, setzt aber dtr. Gedankengut voraus.
   Die Charakterisierung des Landes als "fließend von
   Milch und Honig" dürfte demnach nicht ursprünglich
   zur eidlichen Landverheißung gehören, zumal dann,
   wenn diese mit einem Ausdruck der Landgabe abgeschlossen wird.

1 Dabei wird eine Verbindung zwischen dtn/dtr. Gedanken und nordisraelitischer Prophetie des 8. Jhdts
  vorausgesetzt.
2 Hier findet sich wieder eine Parallele zur elohistischen Berufungserzählung des Mose, wo aber die Funktion, die hier dem mal'ak zukommt, Aaron einnimmt.
  vgl. Ex 4.
3 gegen OTTO aaO 284, der eine Verbindung von Ex 23,20
  mit Ex 34,11b annimmt und deswegen Ex 33,2 zur gemeinsamen Vorlage von Ex 23.34; Dtn 7 rechnet. Eine
  größere Wahrscheinlichkeit spricht m.E aber für die
  Verbindung von Ex 23,20 mit Ex 23,23, weil beide
  Verse räumlich näher liegen, der gleichen Schicht
  (E) zugehören und die Parallelen auch zu Ex 34,11b
  nicht größer sind, weil auch dort die Völkerliste
  umgestellt werden müßte. Hinzu kommt, daß Ex 23,28
  (E) die Verbindung von גרש mit der Völkerliste kennt
  und dabei das erste, dritte und fünfte Volk von
  Ex 33,2 nennt.

Daß V 3a sachlich hinter V 1 gehört und an der jetzigen Stelle stört, kann nicht zureichender Grund sein
für ein Ausscheiden von V 2, weil die Verbindung von
eidlicher Zusage des Landes und dessen Charakterisierung nicht so eng ist, wie allgemein angenommen wird.[1]
Die Untersuchung der entsprechenden Stellen erlaubt
dagegen durchaus, V 3a als Glosse, die später aufgrund
des dtn/dtr. Sprachgebrauchs eindrang, zu erklären.
Dies bereitet gegenüber einer Eliminierung von V 2 erheblich weniger Schwierigkeiten. Denn im jetzigen Kontext ist V 3b nicht ohne Gewalt an V 3a als sinnvolle
Fortsetzung anzuschließen. Das ändert sich jedoch,
wenn V 3a ausgeschieden wird. In Anschluß an V 2 ist
das כי V 3bα als deiktisches כי zu werten;[2] der folgende Satz erklärt die V 2 genannte Maßnahme Jahwes.
Die Begründung für die Weigerung Jahwes, selbst mitzuziehen, gibt der zweite כי-Satz (3b α +.ß). Hinzu kommt
noch als weiterer Gesichtspunkt, daß es sich dem Duktus
der Einheit nach um ein Gerichtswort Jahwes handelt,
der die Israeliten vom Gottesberg - und damit von sich -
wegweist. Ohne V 3a, der den Aufbruch vom Gottesberg
als Weg in ein blühendes Land sieht, das im Gegensatz
zur Wüste geschildert wird, wird diese Tendenz noch
deutlicher.
V 4 schließt an V 3[+] nunmehr gut an. Denn jetzt ist
die Gottesrede VV 1-[+]3 tatsächlich ein דבר רע für das
Volk, das auf die Wegweisung vom Gottesberg mit dem
Trauer- bzw. Bußritus des (freiwilligen) Ablegens
des Schmuckes antwortet.
Nach LUBSCZYK[3] sind sowohl das Bild von Jahwe als

----

1 vgl. oben S. 96   Anm. 5.
2 vgl. MEYER, Hebr. Grammatik III § 114,3.
3 LUBSCZYK, H., Der Auszug Israels aus Ägypten.
  Leipzig 1963 (EthSt 11) 44.165. Zu עלה vgl. auch
  GROSS, W., Die Herausführungsformel. Zum Verhältnis von Formel und Syntax. ZAW 86 (1974) 425-453,
  hier bes. 449.

beutegierigem Löwen als auch der hier verwendete
Herausführungsterminus עלה Kennzeichen der prophetischen Schicht der Exodusüberlieferung. Diese Beobachtung gestattet eine Einordnung der so gewonnenen Einheit Ex 32,1.2.3b.4. Sie läßt keine Hoffnung auf ein Erbarmen Jahwes und fügt sich damit
gut in die Gerichtspredigt der frühen Prophetie ein.
Demgegenüber verraten VV 5.6 eine etwas andere Akzentuierung. Abgesehen von den sprachlichen Unterschieden[1] ergeben sich auch inhaltliche Differenzen: Der
Schmuck wird nicht freiwillig abgelegt, sondern auf
Befehl Jahwes, wobei die Befolgung des Befehls Be-
dingung für ein vielleicht mögliches Erbarmen Jahwes
ist. Damit wird aber dem Volk trotz seines Vergehens
eine Hoffnung eröffnet. Darin zeigt sich die Tendenz,
die Radikalität der Gerichtsbotschaft der VV 1.2.3b.4
zu mildern.
Obwohl der gleiche Herausführungsterminus begegnet
und auch dasselbe Wort für "Schmuck" verwendet wird,[2]
scheint eine Entscheidung möglich, welcher von den
beiden Texten dem anderen gegenüber sekundär ist.
M.E. spricht einiges dafür, daß die Verfasser von
Ex 33,5.6 bewußt an VV 1-4 mit dem Ziel angeknüpft haben, die Gerichtsrede zu mildern. Denn die Weigerung
Jahwes, mitzuziehen, wird V 5 positiv gewertet als
Fürsorgemaßnahme für Israel. Damit aber ergibt sich

----

1 Als wichtigste seien hier genannt: (plötzliches)
  Vernichten (כלה pi) Israels, Entledigen (ירד ho)
  des Schmuckes auf Befehl Jahwes, Befolgen des Befehls (נצל hitp).
2 עדי begegnet im AT sehr selten: Ex 33,4.5.6;
  2 Sam 1,24; Jes 40,18; Jer 2,32; Ez 7,20; 16,7.11;
  23,40; Ps 32,9; 103,5, wobei neben der Konzentra-
  tion bei Ez auffällt, daß alle Belege im Pentateuch auf die vorliegende Stelle entfallen.

die gleiche Tendenz wie V 3a, der oben als sekundär
erkannt wurde. Die Charakterisierung des Landes deutet auf den Deuteronomisten als Verfasser der VV 3a.
5.6.[1]
Ex 33,1.2.3b.4 sind demgegenüber wegen ihrer terminologischen Übereinstimmung, ihres Rückbezuges auf
Ex 23,20.23 und wegen des in ihnen gezeigten Mosebildes,
das genau dem der elohistischen Vorstellung entspricht, dem Elohisten zuzuweisen. Damit steht aber
das Volk Israel seit seiner Verfehlung am Gottesberge auch unter dem richtenden Wort und Handeln Gottes.

----

1 Mit dieser Schicht zeigt sich noch eine weitere
  Übereinstimmung im theologischen Bereich. Dtr.
  kennt die verzeihende Barmherzigkeit Gottes, wenn
  das Volk Buße tut (vgl. Rahmen des Richterbuches).
  Die Einheit, die vielleicht ursprünglich die Erin-
  nerung daran bewahrte, daß die Israeliten vom Berge Horeb ab keinen Schmuck mehr trugen, wird durch
  die VV 3a.5.6 zu einer Beispielerzählung für Buße
  als Voraussetzung des gnädigen Erbarmens Jahwes.

6. Num 20,16

Num 20,16 steht im Zusammenhang der VV 15.16, die
als Vorstufe des "Kleinen Geschichtlichen Credo"
Dtn 26,5-9 zu werten sind.[1] Dabei fällt auf, daß
Dtn 26 den mal'ak der Vorlage nicht übernimmt.[2]
Nach übereinstimmender Meinung der Forschung ist
diese Vorlage selbst E zuzuweisen.[3]
Innerhalb dieser Einheit ist der mal'ak der Führer
des Auszuges, der von Jahwe als Antwort auf das
Schreien seines Volkes zu dessen Rettung gesandt
ist.[4] Die Vorstellung fügt sich nahtlos in den bisher erhobenen Befund über die Verwendung des mal'ak
im elohistischen Bereich ein.

----

1 Die Beziehungen zwischen beiden Texten hat zuletzt
  umfassend LOHFINK, N., Zum "kleinen geschichtlichen Credo" Dtn 26,5-9. ThPh 46 (1971) 19-39 untersucht. Auf ihn wird im Folgenden Bezug genommen.
2 WEINFELD, M., Deuteronomy and the Deuteronomic
  School. Oxford 1972, 33 spricht sogar von einer
  bewußten Unterdrückung. Zum gleichen Ergebnis
  kommt ROFE aaO X. Zum Zusammenhang zwischen E,
  Hosea und Dtn vgl. auch McCURLEY, F.R., The Home
  of Deuteronomy Revisited: A Methodical Analysis
  of the Northern Theory. in: BREAM, H.N. (u.a.
  Hrsg), A Light unto My Path. Old Testament Studies
  in Honour of Jacob M. MYERS. Philadelphia 1974,
  295-317, bes. 302-305.311f. vgl. aber SOGGIN, J.A.,
  Der Entstehungsort des Deuteronomischen Geschichts-
  werkes. ThLZ 100 (1975) 3-8, der sich für eine Entstehung des DtnG (!) im babylonischen Exil aus-
  spricht, m.E. jedoch nicht ganz überzeugen kann.
3 vgl. vor allem LOHFINK ebd. 27f.30-32.37f, der die
  Zuweisung vor allem durch den Nachweis eigentüm-
  licher sprachlicher Elemente untermauert. vgl.
  auch OTTO aaO 287 mit Anm 5; FRITZ, V., Israel
  in der Wüste. Traditionsgeschichtliche Untersuchungen zur Wüstenüberlieferung des Jahwisten.
  Marburg 1970 (MThSt 7) 28f.
4 vgl. LOHFINK ebd. 38.

7. Num 22,22-34

Die Probleme um Num 22-24 sind immer noch nicht befriedigend gelöst,[1] was besonders auch für Kapitel 22
gilt, in dessen Verlauf der mal'ak begegnet. Die äus-
serst gründliche Arbeit von W. GROSS[2] erlaubt es, seine Ergebnisse zum Ausgangspunkt der weiteren Betrachtung zu machen.[3]

GROSS kommt zu folgendem Ergebnis: Die Verse
Num 22,22-34 (35) bilden eine eigene Einheit[4] in der
umgebenden Einheit Num 22,4c-6.7a (ohne: רזקני מדין).
c-21.36abc (ohne: אשר על גבול ערנן). 37-41; 23,1.
2abc (ohne: בלק ובלעם). 3.4a.5a (ohne: יהוה und בלעם ,
dafür einheitliches Personalsuffix ו-). b-7b.11-13b.
14-18b.25; 24,11.25.[5] Als eigene Einheit ist
Num 22,2.3[+] (ohne: ויקץ מואב מפני בני ישראל).4 anzusehen.[6] Zusätze innerhalb des Kapitels 22 sind:
V 3c.4a[+].7a[+] (jeweils die "Ältesten Midians") und
V 36c[+] (die Beschreibung der Nordgrenze Moabs).[7]
Für den Abschnitt der VV 22-34 (35) stellt GROSS eine
einheitliche Struktur fest, in der Leitworte die Gliederung und Akzentsetzung erkennen lassen.[8] Als solche

----

1 vgl. die zahlreiche Literatur. Dieses Urteil ist
  trotz der umfangreichen und gründlichen Arbeit von
  GROSS, W., Bileam. München 1974 (StANT 38) weiterhin aufrechtzuerhalten, besonders, was die Eselin-
  erzählung Num 22,22-34 (35) betrifft.
2 vgl. vorhergehende Anmerkung.
3 Im Rahmen dieser Arbeit mit ihrer speziellen Ausrichtung kann die Gesamtproblematik der Bileamer-
  zählungen nicht genügend gewürdigt werden. Hier
  sind die Probleme zu behandeln, die in direktem
  Zusammenhang mit dem mal'ak stehen, also vor allem
  der Abschnitt Num 22,22-34 (35).
4 vgl. GROSS ebd. 331-369.
5 vgl. ebd. 171-291. Die von GROSS bezeichneten Versteile weichen von der üblichen Zählweise ab und beziehen sich auf seine Übersicht ebd. 148-158.
6 vgl. ebd. 326-328.
7 vgl. ebd. 373-375.
8 vgl. ebd. 346.

Leitworte sind festzustellen:

ראה   V 23.25.27.31.33; נצב   oder יצב   V 22.23.31.34;

נטה   V 23(2x).26.33(2x); הכה   V 23.25.27.28.32 und

דרך   V 22.23(3x).26.31.32.34.[1]

Gegenüber der umgebenden Einheit ist eine starke
Handlungsorientierung spürbar.[2] Hinzu kommt die Be-
vorzugung der Dreizahl gegenüber der Zweizahl, die
in der umgebenden Einheit häufiger verwendet wird.[3]
Seine Beobachtungen faßt GROSS so zusammen: "Die Einheit hat zwei Ziele, die nicht genügend in Beziehung
gesetzt oder gar ausgeglichen sind: (1) Bileam soll
als blinder Seher verspottet werden. (2) Es soll ge-
währleistet werden, daß Bileam als gehorsamer Prophet
nur das sagt, was YHWH ihm aufträgt. ... Die Einheit
enthält in Exposition und Schluß Verweise auf voran-
gehende wie folgende Teile der Einheit 1".[4] Verweise
auf die umgebende Einheit sind als Zusätze zu werten,
die der redaktionellen Verklammerung dienen. Dies
gilt für V 22ab[5] und V 35.[6] Damit ergibt sich ein
Text mit "intaktem Leitwortsystem und einheitlichem
Ziel: Verspottung Bileams",[7] der wohl als bereits
formulierter Abschnitt in die umgebende Einheit eingefügt wurde und dessen Schluß umgebogen ist.[8] Den
Widerspruch zwischen dieser Episode und der umgebenden Erzählung sucht GROSS mit folgender Hypothese[9]

----

1 vgl. ebd. 345-347.
2 vgl. ebd. 355.
3 vgl. ebd. 355.
4 ebd. 364. Unter Einheit 1 versteht er die umgebende
  Einheit.
5 Grund ist אלהים   V 22a, da sonst nur ein mal'ak
  jhwh oder Jahwe begegnet sowie das Fehlen von
  Leitworten. vgl. ebd. 366.
6 Gründe sind die Benennung der Boten Balaks als אנשים
  und שרי בלק   (Begriffe, die in VV 22-34 sonst nicht
  vorkommen), das Fehlen von Leitworten der vorhergehenden Einheit und die Parallele der Aussage zu
  V 20. vgl. ebd. 365.
7 ebd. 366.
8 vgl. ebd. 366.
9 so ausdrücklich ebd. 366.

aufzufangen:
"Eine wahrscheinlich mündlich überlieferte Einheit
erzählte von einem Reisenden, der auf einem Weg, welcher mit den Stationen: breite Straße zwischen Fel-
dern, Weg zwischen eng aneinander rückenden Weinber-
gen, Schlucht Erzähler wie Hörer bekannt war, durch
ein dämonisches (?) Wesen, dessen Machtausübung an
ein bestimmtes Verhalten auf diesem Weg gebunden war,
in große Gefahr geriet, den jedoch das kluge Verhalten seines Reittieres vor dem Tod bewahrte und der
sich durch schleunigsten Rückzug aus dem Machtbereich
des Dämons retten konnte. Zum Zweck der Verspottung
Bileams und von vornherein zur Einfügung in E(inheit)
1 übertrug ein Autor den größeren Teil dieser Einheit
auf Bileam und paßte sie durch Veränderungen an Anfang und Schluß, so gut es ging, an E(inheit) 1 an".[1]
GROSS erhält damit einen Torso, dessen Einleitung und
Schluß weggebrochen sind und dessen literarische Gat-
tung nicht zu bestimmen ist. Dieses Ergebnis ist un-
befriedigend.[2] Ausgehend von den Beobachtungen zur
Struktur der VV 22-34, denen zuzustimmen ist, soll
deshalb das Augenmerk vor allem auf den Anfang und
Schluß des Abschnittes gerichtet werden, um dann die
Rolle des mal'ak bestimmen zu können. Ein wichtiges
Hilfsmittel ist dabei die von GROSS herausgestellte
Verspottungsabsicht des Hauptteiles und seine strenge
Leitwortorientierung. Letztere erscheint als sicher-
stes Mittel, aus dem umgebenden Text mögliche Hinwei-
se zu entnehmen.
Es fällt zunächst auf, daß das Leitwort ראה in V 2
begegnet, einem Vers, den GROSS als "überleitenden
Vers wahrscheinlich sekundären Charakters" wertet.[3]

---

1 ebd. 368/369.
2 Das spürt auch GROSS selbst. Seine Ratlosigkeit angesichts dieses Ergebnisses zeigt sich deutlich
  ebd. 369.
3 vgl. ebd. 87.

Dieser Eindruck stellt sich dann ein, wenn man V 2
von V 3 her betrachtet, mit dem er in erheblicher
Spannung steht. Neben dem Auftreten des Leitwortes
machen noch zwei andere Kennzeichen des Verses auf
sich aufmerksam: V 2 ist stark handlungsorientiert
und führt Balak als "Sohn Zippors" ohne weitere
Kennzeichnung ein. Beide Beobachtungen stehen in
keinem Widerspruch zu VV 22-34. Im Gegenteil führt
V 2 einen der Hauptbeteiligten ein, nämlich Balak.
Die Spannung zwischen V 2 und den folgenden Versen
3.4 ist zu stark, als daß eine Fortsetzung durch
VV 3.4 möglich wäre.[1] Als Weiterführung käme also
frühestens V 5 in Frage, der in seiner ersten Hälfte (V 5a) ebenfalls handlungsorientiert ist.[2] Als
Indiz für die Richtigkeit der Vermutung kann dienen, daß Bileam mit der gleichen Formel vorgestellt
wird wie Balak, nämlich als "Sohn des Beor" ohne jede weitere Kennzeichnung.[3] Die Männer, die zu Bileam
kommen, heißen V 5a מלאכים , eine Bezeichnung, die sonst kaum begegnet.[4] V 5a kommt somit als Fortsetzung von V 2 in Betracht, während gegenüber V 5b schon wegen seiner engen Verflechtung
mit VV 6.7 Vorsicht geboten ist, zumal die Rede der
strengen Handlungsorientierung der Erzählung widerspricht.
V 8 ist eng mit V 7 verbunden, weil er die Antwort
Bileams enthält. Die Zusammengehörigkeit erstreckt

----

1 Dies betrifft vor allem den Subjektswechsel,
  vgl. auch GROSS ebd. 88f.
2 V 5b stört. Zu seiner Funktion vgl. unten.
3 Ebenso wie Balak nicht als König von Moab bezeichnet wird, wird Bileam nicht als Seher betitelt.
  Zum Problem der Heimat Bileams vgl. GROSS ebd.
  96-115.
4 Zu den Bezeichnungen der Gesandten Balaks vgl.
  GROSS ebd. 83-86. Die Bezeichnung מלאכים
  begegnet nur noch Num 24,12b, dort aber "im Mund
  Bileams als Rückverweis auf seine Worte 22,18,
  die er dort jedoch zu den <u>ᶜbdy blq</u> gesprochen
  hatte". GROSS ebd. 85.

sich bis V 20. Die Tendenz der VV 5b-20 aber widerspricht der Tendenz der VV 22-34 derart, daß eine
Verbindung nicht in Frage kommt.[1]
Ein Hinweis auf VV 22-34 ergibt sich erst wieder mit
der Nennung der Eselin V 21. Auch dieser Vers ist
überwiegend handlungsorientiert und steht daher im
Gegensatz zum vorhergehenden Abschnittt, der überwiegend redeorientiert ist. Außerdem wird mit אתונ
eine dritte wichtige Handlungsperson eingeführt.
V 21 ist aber durch בבקר , das Leitwort הלך ,
die Bezeichnung der Gesandten als שרי מואב und die
damit gegebene formale Parallelität zu V 13 mit den
vorhergehenden Versen verbunden. Das läßt eine Klam-
merfunktion von V 21 vermuten.
Eindeutig scheint בבקר aus dem vorhergehenden Abschnitt begründet. Nach dem bisherigen Verlauf muß
eine Reaktion Bileams erfolgen. Diese ist in ויקם
... וילך gegeben. Die Verbindung beider Verben ist im
AT so oft belegt, daß sie nicht als hinreichendes
Kriterium für eine bestimmte literarkritische Entscheidung zu verwenden ist. Eindeutig auf das Folgende weist את אתונו . Die so beschriebene Brückenfunktion von V 21 kennzeichnet ihn als Überleitungsvers
und legt eine redaktionelle Bearbeitung nahe.[2] Doch
muß auch die ursprüngliche Erzählung eine Reaktion
mitgeteilt haben. Es ist zu vermuten, daß Bileam seine Bereitschaft bekundete, dem Verlangen Balaks nach-
zukommen. Als Rest dieser Mitteilung ist das Satteln

----

1 In VV 5b-20 ist Bileam der Jahwe gehorsame Prophet,
  als der er unmöglich Objekt der Verspottung VV 22-
  34 sein kann.
2 Die redaktionelle Überleitung ist folglich in V 21
  zu suchen (gegen GROSS ebd. 348f). Allerdings könnte GROSS recht haben, daß der כי -Satz V 22 redaktionelle Angleichung unter Wiederholung des Leitwortes הלך ist.

der Eselin zu werten.[1]

Damit ist eine Exposition gegeben, die sich nahtlos
mit der folgenden Einheit verbinden läßt:

V 2 Da sah Balak, der Sohn Zippors, alles, was Israel den Amoritern getan hatte.

V 5a Da schickte er Boten zu Bileam, den Sohn Beors
(nach Petor am großen Fluß im Land der Söhne
Ammons), um ihn zu rufen.

V 21[+] Da stand Bileam ... auf, sattelte seine Eselin
und ging (?) mit (den Boten Balaks ?).

V 22 Da entbrannte der Zorn Elohims, (daß er mitging ?)
und es stellte sich der mal'ak jhwh auf dem Weg
ihm entgegen als er auf der Eselin (in Begleitung
zweier Knechte ?) dahinritt. ...

Die so gewonnene Einleitung zu den VV 22-34 hat folgende Kennzeichen:

- strikte Handlungsorientierung.

- durchgängige Leitwortorientierung. Leitworte der
Erzählung begegnen auch in der Exposition: ראה V 2,
אתון V 21, מלאך V 5a. (21?).

- Gleichförmigkeit der Einführung der handelnden Personen ohne Funktionsbezeichnung.[2]

- Paralleler Satzbau.[3]

----

1 Dabei erscheint es durchaus möglich, wenn auch
letztlich nicht nachweisbar, daß folgender Wortlaut in Frage käme: ויקם בלעם ויחבש את אתונו וילך עם
(מלאכי בלק). Bei der redaktionellen Bearbeitung
wäre dann בבקר wegen V 20 und wegen der sachlichen und formalen Parallele zu V 13 eingefügt worden. Die Ersetzung der farblosen Bezeichnung מלאכים
durch שרי מואב wird sachlich durch VV 8-20 motiviert. Wäre מלאכי בלק hier ursprünglich, ergäbe
sich zudem ein wirkungsvoller Kontrast zum mal'ak
jhwh V 22, wodurch sich möglicherweise als neues
Leitwort מלאך ergäbe.
2 Gegen die einfache Bezeichnung als "Sohn des ..."
vgl. V 4b.
3 vgl. dazu das Kriterium der syntaktischen Einför-
migkeit, das GROSS ebd. 369 für die VV 23-34 auf-
stellt.

- Aufbau einer Spannung zwischen Balak, seinen Boten
  und Bileam einerseits, Elohim, seinem Boten und
  der Eselin andrerseits.[1]
- Ungezwungene Erklärungsmöglichkeit des wegen seines Gegensatzes zu V 20 unmotiviert erscheinenden
  V 22a.

Nach dem Erarbeiten eines Anfangs ist nun nach einem
Abschluß der Erzählung zu suchen.
Sicher zur Einheit gehört noch V 34. Gegen V 35 sind
dagegen Vorbehalte anzumelden.[2]
Denn dieser Vers weist weder auf V 34 zurück noch
nimmt er die Rede Bileams auf. Lediglich das Subjekt
(mal'ak jhwh) stellt die Verbindung zu V 34 her.
Die von GROSS beobachteten Merkmale weisen
V 35 als redaktionell überarbeiteten Zusatz mit dem
Ziel der Angleichung an die umgebende Einheit aus.[3]
Damit aber ist die Erzählung ohne Abschluß. Die
letzte sichere Position bleibt das Angebot Bileams,
zurückzukehren (שוב). Dieses Wort aber wird V 35
nicht wieder aufgenommen. Doch hat "angesichts der
offensichtlich ernstgemeinten Bedrohung Bileams, der
energischen Erklärung des mal'ak (32cd), des Einge-
ständnisses Bileams, sein Nichterkennen des mal'ak
sei schuldhaft (34bc), und seines Angebots, umzukeh-
ren (34f), die seit WELLHAUSEN geäußerte Vermutung,

----

1 vgl. das Kriterium der Dreizahl.
2 Besonders fällt ins Gewicht, daß er eine Umformung
  aus V 20 ist und dessen stilistische Mittel erkennen läßt (vgl. GROSS ebd. 347). Zudem ist hier die
  einzige Stelle, in der die Einheit über sich hinaus-
  weist (vgl. ebd. 342), und auch die lautliche Durch-
  formung hebt V 35 vom vorhergehenden deutlich ab
  (vgl. ebd. 344). Ein wichtiges sachliches Kriterium
  liegt darin, daß es wenig wahrscheinlich scheint,
  daß Jahwe einen Seher als seinen Propheten verwendet, der so sehr Gegenstand der Verspottung ist.
3 vgl. zusammenfassend GROSS ebd. 365.

Bileam sei umgekehrt, am meisten für sich".[1]

Geht man nun davon aus, daß der Abschluß der ursprünglichen Erzählung kaum spurlos verschwunden ist, und
die strenge Leitwortorientierung darauf schließen
läßt, daß das Wort שוב wieder aufgenommen wird, ist
- auch im weiteren Kontext - nach einer solchen Wiederaufnahme zu suchen. Innerhalb der Kapitel Num 22-24
begegnet שוב nur noch Num 23,5.6.16; 24,25.
Subjekt ist jeweils Bileam.
Von diesen Vorkommen sind Num 23,5.6.16 so sehr in
den Kontext eingebunden, daß sie wohl kaum die Weiterführung der Erzählung sein können. Zudem handeln
sie nicht von einer Rückkehr Bileams in seine Heimat.
So bleibt nur noch das Vorkommen Num 24,25, ein Vers,
der in seinem jetzigen engeren Kontext ebensogut verständlich und angebracht ist.[2] Als Abschluß der Erzählung Num 22,2.5a[+].21[+].22[+]-34 erscheint er genauso-
gut möglich. Allerdings käme dann nur V 25a in Frage,
weil die ursprüngliche Erzählung ja keine Begegnung
Bileam-Balak gekannt hätte.

Faßt man eine Notiz von der Rückkehr Bileams an seinen Ausgangsort als Abschluß der Erzählung ins Auge,
- wobei es gleichgültig erscheint, ob sie so formuliert ist wie Num 24,25a - ergibt sich folgender Hand-
lungsablauf:
Aufgrund der Nachrichten über die Erfolge Israels

----

1 GROSS ebd. 367. Dieser Ansicht ist zuzustimmen.
  Nicht zulässig aber scheint mir, hieraus die Fol-
  gerung zu ziehen, ein Bileam, der "gar nicht dazu
  kam, Israel zu segnen, weil er bereits vorher vom
  mal'ak zur Umkehr gezwungen wurde, war für Israel
  uninteressant". (ebd. 367). Immerhin war ja die
  erste Absicht Bileams nicht Segen, sondern Fluch,
  und damit wurde er zu einem potentiellen Feind.
  Andrerseits ist die Argumentation, wie sie GROSS
  formuliert, auch umkehrbar. Wird nicht durch die
  Verspottung sein Segen entwertet? Derartige Überlegungen führen nicht weiter.
2 vgl. GROSS ebd. 227-231.

bei der Landnahme bemüht Balak den (Seher) Bileam[1]
als Bundesgenossen. Dieser ist bereit zur Hilfe,
wird aber durch den mal'ak jhwh an seinem Vorhaben
gehindert, so daß er wieder abziehen muß.
Die Erzählung ist in sich sinnvoll und hat eine doppelte Sinnspitze: Einmal wird Bileam als "blinder"
Seher verspottet - und damit gleichzeitig seine Bedeutung als Bundesgenosse Balaks qualifiziert -, andrerseits die immerhin mit ihm verbundene mögliche
Bedrohung Israels durch den mal'ak jhwh abgewendet,
d.h. Israel erfährt in der konkreten Gefahr die
schützende Macht seines Gottes.[2]
In der so beschriebenen Erzählung ist der mal'ak
Schützer Israels. Sein Durchsetzungsvermögen wird
eindrucksvoll durch das "Flammenschwert" V 23.31
unterstrichen. Von dieser Waffe macht der mal'ak

----

1 Der Titel "Seher" wird ihm allerdings konsequent
  vorenthalten, ebenso wie Balak die Bezeichnung
  "König". Dennoch ist durch das Wort "sehen" eine
  Eindeutigkeit erreicht, die zuläßt, Bileam als
  Seher aufzufassen. Zudem dürfte der Name als bekannt vorauszusetzen sein.
2 Auch wenn im Rahmen dieser Arbeit nicht das Verhältnis dieser Erzählung zu den umgebenden Einheiten behandelt werden kann, scheint es einer Überlegung wert, ob sie nicht doch Grundlage für den
  ganzen Komplex Num 22-24 gewesen sein kann. Denn
  in ihr ist - zumindest tendentiell - bereits angelegt, daß Bileam in feindlicher Absicht Israel ge-
  genübertreten sollte (vgl. Fluch), diese Haltung
  aber aufgeben mußte (vgl. Segen). Die Einheit, die
  die ursprüngliche Erzählung mit (dramatisierenden)
  Reden ausgestaltete, betonte beide Züge durch starke Zeichnung. Mit diesem Ergebnis ist aber noch
  nichts über eine vielleicht mögliche unabhängige
  Überlieferung der Sprüche selbst gesagt. Die Tendenz der herausgeschälten Erzählung ist jedenfalls
  durchaus mit dem Gesamtduktus der Kap 22-24 in Einklang zu bringen (gegen COATS, G.W., Balaam, Sinner
  or Saint? BR 17 (1972) 21-29).

aber keinen Gebrauch.[1] Auch dies scheint mir auf eine
Umkehr Bileams hinzudeuten, denn ein Weitergehen hätte unausweichlich seinen Tod zur Folge gehabt.[2]
In Funktion und Auftreten ist der mal'ak demnach im
behandelten Text in der Perspektive von Ex 23,20-23
zu sehen. Er ist der Führer in das Land und so auch
der, der Israel vor jeglicher Bedrohung schützt und
in diesem Fall von Israel eine Gefahr abwehrt, von der
das Volk nichts weiß.
Dieser Beobachtung entspricht auch der Gottesname
אלהים   , weil die Abwechslung von אלהים   und
mal'ak jhwh im Bereich der elohistischen Schicht
schon wiederholt begegnete.
Zusammenfassend bleibt festzuhalten:
Die Erzählung berichtet von der Abwendung einer Gefahr durch den das Volk schützenden mal'ak jhwh,
einer Gefahr, die die Landnahme und damit die Ver-
wirklichung der Verheißung Jahwes möglicherweise in
Frage gestellt hätte. Die Erzählung ordnet sich in

----

1 Das ist nicht damit zu erklären, er habe davon keinen Gebrauch machen können, weil seine "Machtausübung an ein bestimmtes Verhalten auf diesem Weg
  gebunden" gewesen sei (gegen GROSS aaO 368), sondern muß wohl als bewußter Verzicht auf ihre Anwendung verstanden werden.
2 vgl. dazu VV 32.33, die an Deutlichkeit nichts zu
  wünschen übrig lassen. Das Flammenschwert verbindet diese Stelle mit Jos 5,13 und 1 Chr 21,16.
  Mit ZENGER, E., Die Sinaitheophanie. Würzburg 1971
  (fzb 3) 137 ist hier ein Zusammenhang zu sehen
  (gegen GROSS aaO 349). Dagegen ist nicht geltend
  zu machen, das Schwert sei in Jos 5,13 für Josua
  keine Bedrohung, denn dort ist der צר צבא יהוה
  ein Verbündeter. Die Bedrohung, die im vorliegenden Text vom mal'ak ausgeht, erklärt sich ja einzig aus der Tatsache, daß Bileam ein (zumindest
  potentieller) Feind Israels ist. Keine Verbindung
  läßt sich ziehen zu Gen 3,24. Zu der Vorstellung
  dort und ihrer Herkunft vgl. WESTERMANN, C., Genesis 1-11. Neukirchen 1974 (BK I/1) 372 (Literatur). 374.

allen erkennbaren Elementen in den Rahmen des elohistischen Werks ein. Daß Hinweise in der übrigen
Bileamüberlieferung in den Norden Israels als geographischen Haftpunkt weisen, darf als zusätzliche
Bestätigung der vorgetragenen These gewertet werden.
Der mal'ak ist in erster Linie der Schützer Israels,
seine Aktivität findet dort ihre Grenze, wo Israel
nicht mehr gefährdet ist.[1]

----

1 Letzteres zeigt sich auch daran, daß ihm nicht daran liegt, Bileam umzubringen, sondern ihn vom Weg
  nach Israel abzubringen. Auch die Eselin hat von
  ihm nichts zu fürchten (vgl. V 33b), ebensowenig
  Bileam, sofern er sich von Israel abwendet und
  umkehrt. Diese Tendenz läßt sich wohl am deutlich-
  sten daran ablesen, daß Jahwe selbst eingreift,
  um Bileam die Augen zu öffnen und ihn so vor dem
  drohenden Tod zu retten.

8. Ri 2,1-5

Die isolierte Stellung des Abschnitts innerhalb des
Rahmens des Richterbuches hat zu einer breitgestreu-
ten Fächerung der Zuweisung geführt.[1] HALBE plädiert
für die Einheitlichkeit des Abschnittes[2] und bestimmt
ihn gattungsmäßig als Bundesbruch-Rîb,[3] die ihren
Sitz im Leben in der Klage- und Bußfeier des Volkes
habe.[4]

Gegenüber den bisherigen Zuweisungen plädiert OTTO[5]
für eine Abhängigkeit von Ri 2,1-5 von der von ihm
aufgezeigten "gemeinsamen Vorlage" von Ex 23.34 und
Dtn 7. "Da sich einerseits mit dem Motiv dieses Füh-
rungsengels ein Überlieferungselement findet, das
Ex 23,20ff. belegt ist, dafür aber in Ex 34 und Dtn 7
fehlt, andrerseits mit dem Gebot, die Altäre einzu-
reißen, ein Motiv überliefert ist, das in Ex 34 und
Dtn 7 belegt ist, dafür aber nicht in Ex 23,20ff.,
schließlich das Bundesschlußverbot in Ri 2,2 wie in
Ex 23,32; 34,12.15; Dtn 7,2 belegt ist, ist eine direkte literarische Abhängigkeit der Überlieferung
Ri 2,1-5 von Ex 23,20ff. bzw. Ex 34,11b.12ff. oder
Dtn 7 unwahrscheinlich; vielmehr deutet der Sachverhalt auf eine überlieferungsgeschichtliche Abhängigkeit der Überlieferung Ri 2,1-5 von der 'gemeinsamen
Vorlage'".[6]

----

1 vgl. die Diskussion der verschiedenen Ansätze bei
  OTTO aaO 280-282 bzw. HALBE, J., Das Privilegrecht
  Jahwes. Ex 34,10-26. Göttingen 1975 (FRLANT 114)
  hier 349-351.
2 aaO 352-356.
3 aaO 356.
4 ebd. Zur von SCHMITT aaO 15 übernommenen Kennzeichnung des mal'ak als kultischem Orakelspender bzw.
  charismatischen Sprecher vgl. oben zu Ex 23,20f.
  vgl. auch HIRTH aaO 83-86.
5 OTTO, E., Das Mazzotfest in Gilgal. Stuttgart 1975
  (BWANT 114) hier 282/283.
6 ebd. 282. vgl. ähnlich HALBE aaO 365f.

Nach OTTO belegen weitere übereinstimmende Merkmale
diese Sicht. Die Anklage Ri 2,2 nimmt Ex 23,21 auf,
die Paränese Ex 23,32 ist Ri 2,1-5 zur Anklage umge-
formt, allerdings mit gleicher Terminologie. Diese
Terminologie aber deutet auf vordtr. Entstehung und
erhärtet den Verdacht der Abhängigkeit von der gemeinsamen Vorlage.[1]
Der Analyse OTTOs ist zuzustimmen, soweit er eine
Zugehörigkeit von Ri 2,1-5 und Ex 23,20ff zu einer
gemeinsamen Schicht erkannt hat.[2] Es fällt aber auf,
daß die angezogenen Parallelen sich auf die Stelle
Ex 23,20ff beschränken und nicht auch Ex 34 mitein-
begreifen.[3]
Das betrifft vor allem die Verwendung des mal'ak-
Motivs. Nachdem bereits oben gegen die diesbezügliche Meinung OTTOs Stellung bezogen wurde, die Verwendung des Mal'ak-Motivs deute auf die gemeinsame
Vorlage hin, wird dieser Einwand durch die Argumentation zu Ri 2,1-5 bestätigt.[4]
Die Ergebnisse OTTOs sind eher so zu deuten, daß
Ex 23,20ff und Ri 2,1-5 derselben Schicht angehören,
die ihrerseits abhängig ist von der gemeinsamen
Grundlage. Kennzeichnend für diese als elohistisch
zu bestimmende Schicht ist die Einführung eines
mal'ak als Führer, während J und D die ursprüngliche
Version bewahrt haben, wonach Jahwe selbst Führer
des Auszuges war.
Festzuhalten ist, daß die Bochim-Tradition ursprünglich wohl mit Gilgal in Verbindung zu bringen ist.[5]

----

1 vgl. ebd. 282.283.
2 vgl. auch HALBE aaO 366. geg.HIRTH aaO 85.
3 ähnlich HALBE aaO 367.
4 OTTO stützt seine Argumentation noch folgendermas-
  sen ab: "In der 'gemeinsamen Vorlage' ist dieses Motiv (gemeint das mal'ak-Motiv) mit der Warnung vor
  den Bewohnern des Kulturlandes verbunden, in Ri 2,3
  ist es auf die Fremdgötter bezogen, in Ex 23,33 (!)
  schließlich ist es mit Fremdgöttern und Landesbe-
  wohnern verbunden". ebd. 283.
5 Mit HALBE aaO 362/363.

- 116 -

Inwieweit aber eine Rückführung des mal'ak auf den
ägyptischen mazkîr möglich ist,[1] bleibt zweifelhaft.
Gleichfalls scheint zunächst nicht erwiesen, den
mal'ak als "Autorität des Heiligtums Gilgal" zu bezeichnen.[2] Überzeugend allerdings ist m.E. die Si-
tuierung von Ri 2,1-5 in Kreisen des Nordreiches,
die gegen die Zentralisationsbestrebungen Jeroboams
gerichtet sind. Von hierher erklären sich möglicherweise auch die Verbindungen zur dtn. Bewegung.[3]

----

1 so HALBE ebd. 372f,
2 gegen HALBE ebd. 362f.
3 "Es ist besonders die in konservativen Kreisen des
  Nordreichs gepflegte Überlieferung des Elohisten,
  die dem 'Engel' der hier fraglichen Erscheinung
  ein Gedächtnis bewahrt - gerade auch im Rahmen
  ihrer Polemik gegen das Stierbild im Jahwekult
  (Ex 32,34). Die längst wahrscheinliche Verbindung
  dieser sich hier bezeugenden Kreise zu den Trägern der deuteronomischen Reform ist genau der
  Konnex, der die eigenartige Affinität der mit dem
  'Engel' im Bundesbuch und in Ri 2 verknüpften Traditionen zur deuteronomisch - deuteronomistischen
  Überlieferung erklärt, nämlich als eine des neu
  zur Geltung gebrachten Erbes. Dabei fällt, was den
  'Engel' selber angeht, nach dem jetzigen Stand unserer Erwägungen neues Licht auf die Tatsache, die
  früher zu beachten war, daß zwar die am 'Engel'
  haftende Bundestradition, nicht aber er selbst
  deuteronomisch - deuteronomistisch rezipiert worden ist. Die Zentralisationsprogrammatik der deu-
  deronomischen Reformbewegung, aller Wahrscheinlichkeit nach schon zu Zeiten Hiskias auf Jerusalem als
  den Ort gerichtet, da Jahwes שם residiert, macht den
  'Engel' als Träger, und zentralisationsfeindlichen
  Träger des שם Jahwes für diese Kreise zu ihrer
  Stunde unannehmbar". HALBE aaO 381. vgl. zur
  Tendenz auch WEINFELD, Deuteronomy 193-209,
  bes. 193-198.

9. Ri 5,23

In Ri 5,23 begegnet der mal'ak jhwh in einem der ältesten Stücke des AT, dem Deboralied.[1] Das hohe Alter schließt jedoch ein Wachstum des Textes nicht
aus.[2] Aufgrund der vorliegenden Untersuchungen kann
aber davon ausgegangen werden, daß das Deboralied
ein relativ geschlossener, einheitlicher Text ist.[3]
Der klar zu erhebende Aufbau wird nicht nennenswert
gestört, so daß starke redaktionelle Eingriffe unwahrscheinlich erscheinen. Dies schließt jedoch
kleinere Zusätze nicht aus, die sich im Rahmen der
relativen Freiheit der hebräischen Poesie bewegen.[4]
Auf dieser Grundlage ist die Stellung und Einbindung
von V 23 als Voraussetzung für die Klärung der

----

1 vgl. für Viele FOHRER, Einleitung 227.
2 Die große Zahl der Arbeiten zu diesem Thema zeigt,
  daß die Probleme noch nicht als gelöst betrachtet
  werden können. Einen markanten Einschnitt in der
  neueren Forschung stellt die Studie von WEISER, A.,
  Das Deboralied, eine gattungs- und traditionsge-
  schichtliche Studie. ZAW 71 (1959) 67-97 dar.
  WEISER nimmt als Sitz im Leben für das Lied eine
  kultische Feier der Amphiktyonie an. Zur Auseinan-
  dersetzung mit WEISER vgl. BLENKINSOPP, J., Ballad-
  Style and Psalm-Style in the Song of Deborah.
  Bib. 42 (1961) 61-76; MÜLLER, H.-P., Der Aufbau des
  Deboraliedes. VT 16 (1966) 446-459; MAYES, A.D.H.,
  The Historical Context of the Battle against
  Sisera. VT 19 (1969) 353-360, bes. 356; CRAIGIE,
  P.C., The Song of Deborah and the Epic of Tukulti-
  Ninurta. JBL 88 (1969) 253-265 und GLOBE, A., The
  literary Structure and Unity of the Song of Deborah.
  JBL 93 (1974) 493-512.
3 mit GLOBE aaO 508-512. Er kommt zu dem Ergebnis,
  das Lied baue sich aus drei in sich strophisch
  gegliederten Teilen auf: VV 2-11.12-18.19-30.
4 "Because of the relative freedom of Hebrew
  prosody, it is possible that a later writer
  could have successfully added a bicolon here or
  there without disrupting the structural coheren-
  ce of the poem". GLOBE ebd. 508.

mal'ak-Frage zu erheben.

Mit V 23 setzt ein neuer Unterabschnitt ein. Der
Blick wendet sich von der Schilderung der Schlacht
(VV 19-22) ab. V 23 korrespondiert stark mit den Versen
24-27, wobei dem Gegensatzpaar Fluch - Segen eine
besondere Bedeutung zukommt.[1]

אׁרר begegnet V 23aα als Imperativ und V 23aβ als
Imperativ mit nachfolgendem (absolutem) Infinitiv.
ברך ist erstes und letztes Wort von V 24. Dieser
formalen Parallele entspricht eine sachliche:
V 23a fordert mit betont vorangestelltem אׁרר   zum
Fluch über Meros auf; V 23b bringt dazu die Begründung. Diesem negativen Pol wird mit V 24 der positive gegenübergestellt, gleichfalls mit betont vorangestelltem Verb (ברך   ). Auch hier folgt die Begründung (VV 25-27), allerdings dem Inhalt entsprechend
weiter ausladend. Als genaue Entsprechung sind die
VV 23a und 24 näher zu betrachten.

Dabei fällt auf, daß in V 24 אׁשת חבר הקיני   nach Meinung der überwiegenden Zahl der Kommentare als sekundäre Einfügung gilt.[2] Hiergegen ist nicht der
strophische Aufbau anzuführen,[3] da dieser auch bei
Ausscheiden des fraglichen Ausdrucks gewahrt bleibt.
Für ein solches Ausscheiden aber sprechen vor allem
rhythmische Gründe: Das Vorherrschen der Zweizahl
wird gestört und die klare Gliederung des Verses unterbrochen.[4]

----

1 Beide Worte sind als Leitworte für diesen Abschnitt
  anzusehen so wie 'Kämpfen' als Leitwort der Verse
  19-22 anzusprechen ist. vgl. GLOBE ebd. 508.
2 vgl. etwa NÖTSCHER, Richter 654, BOLING, Judges
  114, NOWACK, Richter 54, GRAY, Judges 291. Die
  Vermutung ist so stark, daß sie sogar in den Ap-
  parat der BHS aufgenommen wurde.
3 gegen ZAPLETAL, Richter 89.
4 zur rhythmischen Struktur vgl. MOORE, Judges 136
  sowie NOWACK, Richter 54.

Ohne אשת חבר הקיני ergibt sich für den Vers eine
streng chiastische Zuordnung:

V 24a α   תברך מנשים יעל

V 24b   מנשים באהל תברך .

Dabei werden beide Halbverse durch die deutliche Asso-
nanz zwischen יעל und באהל sehr stark aneinander
gebunden.   Ist aber אשת חבר הקיני   V 24 sekundär, ergibt sich wegen der festgestellten strengen Parallelität im formalen Bereich zu V 23 die
gleiche Vermutung für den dem ausgeschiedenen Ausdruck entsprechenden Wortblock אמר מלאך יהוה   .
Für die rhythmische Struktur des V 23 gilt das für
V 24 Gesagte entsprechend, nur mit dem Unterschied,
daß nach Ausscheiden des Ausdrucks kein Chiasmus,
sondern ein (steigernder) Parallelismus sichtbar
wird. Dabei heißt die Alternative, entweder den ganzen
Ausdruck als sekundär einzustufen oder aber den
ganzen Ausdruck beizubehalten. Ein Ausscheiden des
Wortes mal'ak allein löst schon die gezeigten rhythmischen Probleme nicht und erscheint bereits deswegen
nicht annehmbar.[1]
Nach Wegfall der Entsprechung V 24 spricht die rhythmische Struktur auch in V 23 für ein Ausscheiden des
Ausdrucks.[2] Eine weitere Beobachtung stützt die vorgetragene Vermutung: Die Verteilung der Jahwenamen
ordnet deutlich jeweils zwei Vorkommen einander zu:
Das Vorkommen V 2 korrespondiert mit V 4; V 3bα mit
V 3bβ; V 5a mit V 5b; V 9 mit V 11a; V 11b mit V 13;
V 23bα mit V 23bβ. Ausnahmen sind lediglich V 31, der
als Abschlußvers nicht mehr zum eigentlichen Lied hinzugerechnet werden kann, und V 23a, wo das Vorkommen
ohne Entsprechung bleibt. Das ist ein weiterer Hinweis

----

1 mit ZAPLETAL, Richter 88. Der von ihm mit Rücksicht
  auf V 24 postulierten Partizipialform bedarf es allerdings nicht, da der entsprechende Ausdruck V 24
  bereits als sekundär erkannt wurde.
2 vgl. BURNEY, Judges 151.

auf den sekundären Charakter des genannten Ausdrucks.
Die auch dadurch sichtbar werdende genaue Entsprechung von V 23a und V 24 bestätigt die vorgenommene
Ausscheidung. Die gegenüber V 23 andere Stilfigur
kann nicht gegen die Entsprechung verwendet werden,
weil jeweils ein der unterschiedlichen Aussage ange-
messenes Stilmittel verwendet wird.[1]
In beiden Fällen folgt die Begründung als Beschreibung eines Handelns.
Dieser Befund läßt vermuten, daß der Zusatz V 24
entstanden ist, als der Zusatz V 23 eingefügt wurde.
Grund ist die Wahrung des rhythmischen Gleichge-
wichts. Für die Datierung der beiden Zusätze ergeben
sich folgende Anhaltspunkte:
Der mal'ak jhwh ist aus dem elohistischen Bereich bekannt als der Führer des Auszuges und Anführer bei
der Landnahme. Eine frühere Verwendung ist nicht nachweisbar. Somit ergibt sich als frühestmögliche Zeit
die Entstehung der elohistischen Schicht. Als Terminus ad quem bietet sich die Entstehung des Deuteronomium an, weil bereits Dtn soweit als möglich einen
mal'ak bei der Neuformulierung vorgebenden Materials
unterdrückt.[2]
Eine noch spätere Ansetzung kommt wohl kaum in Frage.
Als Zeitraum für die Entstehung des Einschubes bleibt
damit die Zeit nach der Entstehung der jahwistischen
Schicht bis zur Entstehung des Dtn.
Grund für die Einfügung des Zusatzes dürfte sein, daß
der Fluch in besonderer Weise in den Bereich Jahwes

----

1 Dabei erscheint bemerkenswert, daß V 23a[+] eine Aufforderung zum Fluch enthält, V 24[+] jedoch einen Se-
gensspruch. Dies könnte auf die verschiedene Wertung von Segen und Fluch hindeuten. V 23 als "Fluch-
spruch" zu bezeichnen, scheint angesichts dieser
Sachlage mißverständlich (gegen WEISER aaO 92).
2 vgl. besonders deutlich zu Num 20,16.

gehört und demzufolge die Verfluchung einer Stadt (?)
ohne ausdrückliche Weisung theologisch als proble-
matisch empfunden wurde.[1]

----

1 Zum Thema Fluch vgl. KELLER, C.A., Art. ארר - 'rr-
  verfluchen: THAT I 239: "Jahwe ist absoluter Herr
  über alles ' ā r ū r - Sagen. Er selber macht
  Menschen und Tiere ' ā r ū r , wenn er es be-
  schließt, indem er das verhängnisvolle Wort spricht
  (Gen 3,14.17; 4,11; 5,29; 12,3; Jer 11,3; Mal 2,2;
  vgl. 3,9), und man weiß von ihm, daß seine
  m $^{e'}$ e r a gewisse Leute verfolgt (Dtn 28,10;
  Spr 3,33). ... Darum macht der Mensch, wenn er jeman-
  dem ' ā r ū r sagt, diesen zum ' ā r ū r 'vor
  Jahwe' (1 Sam 26,19)".

10. Zusammenfassung

Überblickt man die Stellen, an denen im Rahmen der
Auszugs- und Landnahmetradition ein mal'ak begegnet,
ergibt sich ein einheitlicher Befund in der Zuordnung des mal'ak zur elohistischen Schicht. Damit
aber erweist sich die Meinung OTTOs,[1] der mal'ak
gehöre der gemeinsamen Vorlage von Ex 23.34; Ri 2
an, als nicht haltbar. Das von ihm angenommene charakteristische Wortfeld[2] zeigt sich nur in eindeutig als elohistisch belegbaren Teststellen und ist
somit nicht als Wortfeld der gemeinsamen Vorlage,
sondern als das der elohistischen Variante der gemeinsamen Vorlage anzusehen.[3] Diese Zuweisung wird
durch das Fehlen von Entsprechungen in den jahwistischen und deuteronomistischen Parallelen gestützt.[4]
Damit wird auch die Doppelung Ex 14,19a.b erklärlich.
Der Gedanke der Führung durch Jahwe, der repräsentiert ist durch die Feuer- und Wolkensäule, ist J
vertraut. Wenn OTTO[5] eine Verankerung des mal'ak in
der vorliterarischen Meerwundererzählung vermutet,
weil der Duktus eine Maßnahme zum Schutz der Israeliten erfordere, dann ist diese Maßnahme durch Ex 14,19b
gegeben; es bedarf keines mal'ak, der in das weitere
Geschehen nicht eingreift, wohingegen die Schutzfunktion der Wolke ausdrücklich betont wird (Ex 14,20).[6]
Zuzustimmen ist OTTO aber darin, D habe den mal'ak
bewußt unterdrückt. Durchschlagend für diese

----

1 aaO 284-287.
2 ebd.285. Es handelt sich um die Ausdrücke:
   שלח לפני Ex 23,20; 33,2; בוא (hi) Ex 23,20; Ri 2,1;
   גרש Ex 33,2; Ri 2,3; שמע בקולי(ו) Ex 23,21; Ri 2,2.
3 vgl. auch ROFE aaO XIX.
4 Gegen OTTO aaO 285f ist Ex 34,9a nicht als Entsprechung heranzuziehen.
5 aaO 286.
6 Es bedarf also nicht der Annahme, der Jahwist hätte seine Vorlage durch eine andere Einleitung verändert und den mal'ak-Gedanken zugunsten einer Führung durch Jahwe selbst unterdrückt.

These scheint nicht so sehr Dtn 7 wie gerade die
Streichung des mal'ak im Kleinen Geschichtlichen
Credo Dtn 26,5-9, dessen Vorstufe Num 20,15.16 als
Führer des Auszuges einen mal'ak kennt, den der dtn
Bearbeiter in Jahwe ändert.[1] All diese Hinweise bestätigen die anhand der Einzelbefunde erhobene These, der mal'ak sei der elohistischen Auszugs- und
Landnahmetradition eigentümlich. Diese kennt damit
ein Nebeneinander der Führung durch Mose und durch
den mal'ak.[2] Dieser Überzeugung trägt der Bearbeiter dadurch Rechnung, daß er den mal'ak bereits bei
der Berufung des Mose anwesend sein läßt.[3] In Ex 3,2
bleibt die Figur selbst blaß, weil der mal'ak im weiteren Verlauf des Gesprächs zwischen Jahwe und Mose
nicht mehr vorkommt. Eine Aktivität ist von ihm nicht
ausgesagt, ja es ist nicht einmal sicher, daß Mose
ihn überhaupt wahrnimmt. Dennoch ist die Stelle keineswegs ohne Bedeutung. Denn sie trägt die aus den
Vätererzählungen bekannte Gestalt an exponierter
Stelle in die Vorbereitungen zur Rettung aus Ägypten
ein. Damit ergibt sich ein Element der Kontinuität.
Der Brückenfunktion der Belegstelle entspricht es,
daß der mal'ak hier bereits eingeführt wird, um seine
Bedeutung für den Auszug hervorzuheben, nicht aber
handelnd eingreift. Diese besondere Bedeutung zeigt
sich erstmals in der elohistischen Fassung des Schilf-
meerberichtes, wo der mal'ak dieselbe Funktion übernimmt wie die Feuer- und Wolkensäule in der jahwistischen Fassung (Ex 14,19).

----

1 vgl. oben S. 102.
2 Möglicherweise zeigt sich hier bereits ein Bezug
  zur Prophetie; denn der Mose der elohistischen
  Schicht trägt stark prophetischen Charakter.
  Eine Aufgabenteilung zwischen mal'ak und Prophet
  wie etwa in 2 Sam 24 ist jedoch nicht festzustellen.
3 vgl. oben S.88f.

Führungs- und Schutzfunktion verbinden sich zur Rettung aus der drohenden Gefahr der Vernichtung durch die ägyptischen Verfolger.

Zudem ist zu beachten, daß Ex 14,19 situationsbedingt die Schutzfunktion stärker betont ist, während sich nach der Sinaitheophanie der Akzent auf die Führungsfunktion verlagert. Hinzu kommt Ex 23,20-23 in der Ausgestaltung des mal'ak der Hinweis auf die ausdrückliche Forderung, seiner Weisung wie Jahwe selbst unbedingt Folge zu leisten. Von diesem Gehorsam wird das Wohlergehen Israels im verheißenen Lande abhängig gemacht.

Die Führungsaufgabe des mal'ak und die Forderung des Gehorsams seinen Weisungen gegenüber bleiben auch bestehen, als das Volk den Bund mit Jahwe bricht (Ex 32) und deswegen vom Gottesberg fortgewiesen wird.[1]

Durch die Schuld des Volkes wird der mal'ak nun auch zum Repräsentanten des richtenden Gottes, der selbst nicht mitzieht, sondern am Sinai/Horeb bleibt. "Nur" sein mal'ak begleitet Israel. Die Funktion, die dem mal'ak dabei zugewiesen wird, führt in gerader Linie zur Gerichtspredigt in Ri 2,1-5, wo der mal'ak das Volk Israel des Treuebruches anklagt und es zur Umkehr zu Jahwe auffordert. Stil und Formulierung der Gerichtsrede erinnern an das Auftreten der Propheten, die später genau dieses Amt des Mahnens und Warnens, verbunden mit einer Ankündigung des Gerichts Jahwes, übernehmen. Aus solchen Beobachtungen wird deutlich, daß der mal'ak nicht mit Jahwe gleichgesetzt werden kann. Er ist Bote, nicht Jahwe selbst. Dennoch steht er zu ihm in einem besonderen Verhältnis, was die Gehorsamsforderung seiner Weisung gegenüber begründet. Bezüglich der konkreten Vorstellungen zeigen sich ähnliche Unterschiede wie in den Vätererzählungen.

----

1 vgl. zu Ex 33,2.

In Ex 3,2; 14,19; 23,20ff; 32,34; 33,2 bleibt er so
blaß, daß eine Vorstellung seiner Erscheinungsf o r m
kaum inhaltlich gefüllt werden kann. Demgegenüber
ist er Ri 2 wohl eindeutig als (sinnlich) wahrnehmbare Person vorgestellt, die nach Art des Auftretens
eines Propheten gezeichnet ist.
Doch auch hier ist die Botschaft wichtig, nicht aber
Aussehen, Gestalt und Art des Auftretens des Über-
bringers. Auch hier erschöpft sich die Bedeutung des
mal'ak in der Ausführung seines Auftrages. Der Akzent
liegt auf der Botschaft, nicht auf dem Boten. Damit
ergibt sich eine weitere Übereinstimmung mit der Vorstellung des mal'ak in den Vätererzählungen. Gegenüber dieser Zeichnung fallen die Belegstellen Num 22
und Ri 5,23 in gewisser Weise aus dem Rahmen. In
Num 22 begegnet der mal'ak innerhalb der wohl als
elohistisch[1] zu charakterisierenden Grundschicht der
Bileamgeschichte als Gegenspieler des (heidnischen)
Sehers. Sein Ziel ist es, Bileam davon abzuhalten,
durch einen möglichen Spruch Israel zu schaden. Dieses Verhalten ist die nach außen gewendete Seite der
Aufgabe des mal'ak, Israel zu schützen. Damit steht
die Belegstelle in Kontinuität mit den bisher behandelten Stellen der Auszugs- und Landnahmeüberliefe-
rung. Über diese Tradition hinaus scheint aber auf
den ersten Blick die Zeichnung des mal'ak als mensch-
liches (?) Wesen zu gehen, zu dessen Ausstattung das
Flammenschwert gehört und der so Bileam in den Weg
tritt. Einer allzu plastischen Vorstellung aber
wehrt die Erzählung sofort wieder durch den Zug,
daß Bileam den mal'ak zunächst nicht sieht, sein
Reittier ihn aber wahrnimmt und entsprechend aus-
weicht. Damit verschwimmt die anscheinend sehr kräftige Zeichnung des mal'ak wieder ins Unbestimmbare.

----

1 vgl. oben S. 112f.

Das wiederum ist als Hinweis zu werten, daß der Erzählung nicht an einer Schilderung des mal'ak gelegen
ist, sondern der Akzent auf dem schützenden Eingreifen des mal'ak zugunsten Israels liegt. Nicht beabsichtigt ist die Tötung Bileams, die nach Ausweis der
Erzählung leicht möglich gewesen wäre. Die Überlieferung zielt demgegenüber in erster Linie auf die Ab-
wehr einer drohenden Gefahr für Israel und ist so im
Rahmen der für den mal'ak der elohistischen Tradition
erhobenen Eigenschaften zu sehen. Das Verhalten ist
die Konkretisierung und die direkte Auswirkung des in
Ex 23,20ff gegebenen Auftrages.

Eine ähnlich singuläre Stellung nimmt auf den ersten
Blick der wohl elohistische Zusatz zum Deboralied
Ri 5,23 ein,[1] der die ursprüngliche Aufforderung zum
Fluch gegen Meros auf das Geheiß des mal'ak jhwh zurückführt. Der mal'ak wird hier anscheinend als be-
vollmächtigt gesehen, gegen eine Stadt (?)[2] den in
den Bereich Jahwes gehörenden Fluch aussprechen zu
lassen. Die Vollmacht ergibt sich aus der Führungsaufgabe des mal'ak, mehr aber noch aus der Tatsache,
daß er Jahwe in besonderer Weise zugeordnet ist,
weil nach Ex 21,21 der שם Jahwes in ihm wohnt.
Auch dieses zunächst singulär erscheinende Vorkommen
fügt sich in den bereits bekannten Rahmen ein und
ist als Ausformung der elohistischen mal'ak-Vorstellung zu verstehen.[3]

Aus der elohistischen Auszugs- und Landnahmetradition
lassen sich damit für die Vorstellung des mal'ak folgende Kennzeichen entnehmen:

----

1 vgl. dazu oben S. 120.
2 vgl. oben S. 118. 121.
3 vgl. auch die inhaltliche Begründung der Aufforderung zum Fluch V 23b.

- Der mal'ak ist neben Mose Führer des Auszuges aus
  Ägypten und Anführer bei der Landnahme. Dieses
  Amt behält er auch nach dem Tode des Mose bei.
- Mit dieser Tätigkeit verbindet er den Schutz
  Israels vor seinen Feinden und kann damit als
  Entsprechung zur Feuer- und Wolkensäule im jah-
  wistischen Bereich gesehen werden.
- Nach dem Bruch des Bundes am Sinai/Horeb bleibt
  der mal'ak Führer und Schützer Israels, übernimmt
  jedoch gleichzeitig die Aufgabe, den richtenden
  und verzehrenden Gott in Israels Mitte zu vertre-
  ten.
- Der mal'ak ist von Jahwe unterschieden; er ist
  nicht Jahwe, sondern sein Bote, an dem nicht die
  Person, sondern ausschließlich der Auftrag und
  die Botschaft wichtig ist.
- Dennoch steht er in besonderer Beziehung zu Jahwe.
  Dies drückt sich auch in der Unbestimmbarkeit seiner Erscheinung aus.
- In Ri 2,1-5 lassen sich in seinem Auftreten Parallelen zum Auftreten der späteren Propheten feststellen, zu deren Botschaft sich auch inhaltlich
  Verbindungen ziehen lassen.

IV. KAPITEL

DIE VORSTELLUNG VOM MAL'AK

IN DEN ERZÄHLUNGEN ÜBER DIE

RICHTER ISRAELS

1. Ri 6,11-24

Ri 6,11-24 ist in der heutigen Gestalt die Berufungserzählung[1] Gideons. Eingehende Analysen sind in letzter Zeit von E. KUTSCH,[2] W. RICHTER,[3] und L.SCHMIDT[4]
vorgelegt worden. Sie stimmen in den literarkritischen Aussagen weitgehend überein, ihre unterschiedlichen Argumente bedürfen aber einer neuerlichen Prüfung.[5]
V 11a und V 12a bringen je verschiedene Einleitungen.
Während V 11a in Kontinuität zu dem vorher geschil-
derten Auftreten eines Propheten (VV 8ff) den mal'ak
jhwh mit Verben verbindet, die auch einem Menschen
zugewiesen werden können (בוא und ישב), wird V 12a
das Kommen des mal'ak als Erscheinen (נראה) gedeutet. Dies setzt eine theologische Reflexion voraus,

----

1 vgl. dazu VOGELS, W., Les recits de vocation des
   prophetes. NRTh 95 (1973) 1-24, bes. 11 mit Anm 14.
2 KUTSCH, E., Gideons Berufung und Altarbau. Jdc 6,
   11-24. ThLZ 81 (1956) 75-84.
3 RICHTER, W., Traditionsgeschichtliche Untersuchungen
   zum Richterbuch. Bonn 1963 (BBB 18). Ders., Die vorprophetischen Berufungsberichte. Göttingen 1970
   (FRLANT 101) kann weitgehend unberücksichtigt bleiben, weil RICHTER dort keine neue Analyse von Ri 6
   bietet, sondern ausdrücklich auf das vorgenannte
   Werk verweist (vgl. ebd. 134f mit Anm 1).
4 SCHMIDT, L., Menschlicher Erfolg und Jahwes Initiative. Neukirchen 1970 (WMANT 38).
5 Der Beitrag von WHITLEY, C.F., The sources of the
   Gideon stories. VT 7 (1957) 157-164 bringt ebenso
   wie BEYERLIN, W., Geschichte und heilsgeschichtliche Traditionsbildung im Alten Testament. Ein Beitrag zur Traditionsgeschichte von Ri 6-8. VT 13
   (1963) 1-25 für die hier angezielte Thematik keine
   weiteren Aufschlüsse (BEYERLIN konnte RICHTER noch
   nicht verwenden). Ebenso geht HAAG, H., Gideon,
   Jerubbaal, Abimelek. ZAW 79 (1967) 305-314 bezüglich der hier anstehenden Fragen nicht über das von
   KUTSCH und RICHTER Gesagte hinaus. vgl. auch HIRTH
   aaO 163-167. Da sich URQUIZA aaO 220-232 bei seiner
   Analyse vollinhaltlich an RICHTER anschließt (vgl.
   bes. 230f), erscheint eine eigene Auseinandersetzung mit ihm nicht angezeigt.

erscheint deshalb gegenüber der rein berichtenden
Einleitung V 11a später. Das allein kann aber nicht
ausschlaggebend sein. Daß in V 11a אלה in Verbindung mit einem Ortsnamen steht, deutet darauf hin,
daß der gemeinte Baum zumindest den Tradenten der
Grundschicht bekannt war. Die parallel zu Gen 18,1
konstruierte Verbindung läßt Ophra als von vornherein
zu dem gemeinten Baum gehörig erscheinen, um ihn näher zu lokalisieren.[1] Die weitere Zuordnung zu Joasch
ist jedoch wegen der sprachlichen Umständlichkeit und
der unmotivierten Nennung des Joasch als sekundär einzustufen.[2] Außerdem stört der אשר -Satz den (festen)
Ausdruck Ophra der Abiesriten (V 24b).[3]
SCHMIDT[4] hat zutreffend darauf hingewiesen, daß V 11b
hal- Satz zu V 11a ist und die notwendige Einführung
Gideons enthält. In diesem Halbvers ist בנו wegen
seiner Abhängigkeit von Joasch, der VV 25-32 als Vater Gideons bezeichnet wird, sekundär.[5] Den Ausdruck
בגת als "doppelte Ortsangabe" zu V 11a zu fassen,

----

1 Der von RICHTER, Untersuchungen 122 wegen der "doppelten Ortsangabe" und der von SCHMIDT aaO 35 aufgrund von V 24 behauptete sekundäre Charakter lassen sich m.E. nicht halten. Offensichtlich ist
  doch die Gestalt Gideons mit Ophra verbunden. Wäre
  der Ortsname sekundäre Einfügung, müßte auch האלה
  (mit Artikel!) als sekundär angenommen werden, da
  sie mit Ophra eng verbunden ist und ohne den Ortsnamen die Determinierung unsinnig erscheint. Im übrigen ist auf Gen 18,1 als Parallele zu verweisen, wo
  die gleiche Zusammenstellung begegnet. Eine formale Parallele ergibt sich zudem mit Ex 3,2 dadurch, daß Baum und Dornbusch offensichtlich als
  bekannt vorausgesetzt werden.
2 mit SCHMIDT aaO 24 und RICHTER ebd. 123. Joasch
  dürfte aus VV 25-32 übernommen sein.
3 Zur Auseinandersetzung mit HAAG aaO 310, der
  Gideon und Joasch von Ophra trennen möchte, vgl.
  neuestens EMERTON, J.A., Gideon and Jerubbaal.
  JThS 27 (1976) 289-312, bes. 310f.
4 aaO 25.
5 mit SCHMIDT aaO 24 und RICHTER ebd. 123.

erscheint unnötig und verfehlt, deswegen den ganzen
V 11b für sekundär zu halten.[1] Auch erscheint unnötig, בגת in Rückgriff auf Ugarit als "im Bereich
der Kelter" zu fassen.[2] Denn eine Kelter besteht
nach DALMAN[3] gewöhnlich aus zwei rechteckigen Tret-
plätzen "von reichlich zwei Metern im Geviert nebeneinander in einen flachen Berghang geschnitten, getrennt und auf drei Seiten umrandet von einer etwa
25 cm hohen Lage von behauenen Steinen mit einer etwa 1 m hohen Rückwand und dazu aufsteigenden Seiten-
wänden aus ebenfalls behauenen Steinen".[4] Sie lag
oft in einiger Entfernung vom Dorf, "könnte sich
aber auch in einem Weingarten oder im Hof eines Hauses befinden".[5]
Damit sind die beiden Ortsangaben vereinbar und können nicht mehr zu einem schichtentrennenden Argument verwendet werden.
Der letzte Teil von V 11b ist wegen des Hinweises
auf die Midianiter zunächst nicht der Grundschicht
zuzuweisen. Auf seine Zuordnung ist später zurückzukommen. In den VV 12-16 ist V 12a bereits oben als
sekundär vermutet worden. Die enge sachliche und
formale Verbindung dieses Verses erstreckt sich bis
V 16 und behandelt die Berufung Gideons.
Nach der Einleitung des Gesprächs VV 12.13 wird Jahwe
betont eingeführt, der den Dialog fortsetzt.[6] Die
Einheitlichkeit und strenge Durchführung lassen einen

----

1 gegen RICHTER aaO 123.
2 gegen SCHMIDT aaO 25.
3 DALMAN, G., Arbeit und Sitte in Palästina. Bd. IV
  Brot, Öl und Wein. Gütersloh 1935 (BFChTh.M 33)
  354-363.
4 ebd. 354.
5 ebd. 355.
6 Der mal'ak tritt völlig in den Hintergrund. Die
  nächste Nennung hat bezeichnenderweise mal'ak
  elohim (V 20).

Trennungsschnitt innerhalb der VV 12-16 nicht zu.[1]
Anders ist <u>V 17</u> zu werten, wo sich wieder ein Anklang an die Erzählung Gen 18,1ff; 19,2ff in sachlicher, an Gen 18,1ff darüberhinaus auch in formaler
Hinsicht findet. Beidemal eröffnet nämlich der Gast-
geber mit einer Einladung das Gespräch. Gen 18,3 verwendet dazu die Wendung אם מצאתי חן בעיניך , die
sich ausschließlich am Beginn einer Rede findet[2] und
meist einen Imperativ mit der Partikel נא- nach sich
zieht.[3] Da sich V 17a sehr gut an V 11 anschließen
läßt, dürfte hier die Fortsetzung des Erzählfadens
von V 11 vorliegen.[4] Dabei ist es nicht notwendig,
einen Satz ausgefallen zu denken, der den mal'ak und
Gideon zusammenbringt. Da offensichtlich die räumliche Nähe zwischen Kelter und Baum intendiert ist und
die Kelter keineswegs den freien Ausblick beeinträch-
tigt, erscheint V 17 als Anrede Gideons nicht unwahrscheinlich, zumal die Erzählung offensichtlich nur
das für den Fortgang Notwendige mitteilt.
Anders ist es bei V 17b. Die Fortführung der in V 17a
beobachteten Wendung mit einer anderen Form als einem
Imperativ - in diesem Fall einer 2. sg. perf. Qal -
ist ungewöhnlich. Ein zu erwartender Imperativ mit
angehängtem נא-findet sich jedoch erst V 18a.[5]
Außerdem setzt V 17b voraus, daß Gideon die Identität
seines Gegenüber als mal'ak jhwh erkannt hat, was zumindest nach V 22 unwahrscheinlich erscheint. Weiterhin ist zu berücksichtigen, daß sich die Forderung

----

1 mit SCHMIDT aaO 25/26, RICHTER aaO 127.
2 vgl. etwa Gen 18,3; 47,29; 50,4; Ex 33,13; 34,9;
  Num 32,5; 1 Sam 20,29.
3 vgl. Gen 18,3; 47,29; 50,4; Ex 33,13; 34,9;
  Num 11,15; 1 Sam 20,29.
4 mit SCHMIDT aaO 26. Der Einwand RICHTERs aaO 127
  trifft nur für V 17b zu.
5 Bereits SCHMIDT aaO 26 vermutet in V 18a die Fortführung von V 17a, jedoch aus anderen Gründen.

nach einem Zeichen sonst nur an Jahwe richtet.[1]
Sachlich setzt V 17b einen Vorgang voraus, der in den
VV 12-16 beschrieben ist. Der Halbvers ist demzufolge
als zu diesen Versen gehörig und damit sekundär einzustufen.[2]
V 18a schließt gut an V 17a an.[3] Allerdings stört das
Wort מנחה , das sonst mit הנח nur in Verbindung mit
יהוה und עדות vorkommt.[4]
מנחה bedeutet Opfergabe, Huldigungsgeschenk und ist
im Zusammenhang mit V 11.17a nicht genügend motiviert.
Außerdem begegnet der Begriff innerhalb der Einheit
nicht mehr. Im Folgenden ist lediglich von Brot und
Fleisch - den üblichen Speisen - die Rede. Diese
Beobachtungen lassen es geraten erscheinen, V 18aβ
auch als sekundär anzusehen. Innerhalb der Überarbei-
tung durch den Verfasser der VV 12-16 ist der Vers-
teil sinnvoll, so daß einer Zugehörigkeit oder Abhängigkeit von dieser Schicht nichts im Wege steht.
V 18b ist direkte Fortführung von V 18aα und gleich-
zeitig Antwort auf die V 17a.18aα ausgesprochene
Bitte. Hinweise auf eine spätere Zufügung des Halb-
verses sind nicht zu sehen.
V 19 zeigt die Ausführung der genannten Bitte in zwei
Arbeitsgängen: Zubereitung eines Ziegenböckleins und
Backen von Brot. Diese Speisen sind auch sonst bei
Bewirtungen üblich.[5]
Gegenüber der Knappheit der Erzählung der Verse 11a$^+$b$_α$.
17a.18aα wirkt V 19aβ auffällig breit. Der Versteil
ist zweigliedrig aufgebaut und zielt auf die Trennung

----

1 vgl. Ri 6,33ff.39f; 1 Kön 18,36ff; 2 Kön 20,8ff;
  Jes 7,11ff.
2 mit SCHMIDT aaO 25. RICHTER aaO 123 sieht den ganzen Vers als sekundär an, aber aus einer anderen
  Konstruktion heraus.
3 vgl. oben.
4 vgl. SCHMIDT aaO 26.
5 vgl. die sachliche Parallele in Gen 18.

von Fleisch und Brühe. Diese Trennung wird von V 20
verlangt, hat aber für die Erzählung selbst keine er-
kennbare Bedeutung. Da V 20 aber aus mehreren Gründen als sekundär anzusehen ist, muß auch der von ihm
abhängige V 19aß als Zusatz gelten.[1]
V 19b kehrt an den gleichen Standort wie V 11a zurück,[2]
was als Hinweis auf gleiche Schichtenzugehörigkeit gedeutet werden kann. Hierzu paßt auch der festgestellte
Zug zur knappen Darstellung. Die Schwierigkeit mit dem
Ausdruck ויגש hat SCHMIDT[3] unter Hinweis auf Gen 27,25;
1 Sam 28,25; 2 Sam 13,11; 17,29 gelöst: Zu ergänzen wäre ein möglicherweise später weggefallenes לו oder לפניו.[4]
V 20 findet sich als einzigem Vers der Ausdruck mal'ak
ha'elohim gegenüber sonst durchgängig verwendetem Gottesnamen Jahwe.[5] Weiterhin wird der Fels mit סלע anders bezeichnet als V 21 (צור).[6] Der Unterschied

----

1 mit SCHMIDT aaO 27. Allerdings erscheint nicht genügend konsequent, daß nur der Hinweis auf die Brühe sekundärer Zusatz sein soll. Die Verbindung mit
  dem Ausdruck הבשר שם בסל   ist durch die Parallelität im formalen und inhaltlichen Bereich so eng, daß
  dann notwendigerweise auch dieser Ausdruck sekundär
  ist. Damit ist auch der Meinung von KUTSCH aaO 78
  widersprochen, VV 19-24 ergäben einen geschlossenen
  Erzählungszusammenhang und seien als einheitlich zu
  werten.
2 mit SCHMIDT aaO 24.
3 vgl. aaO 27.
4 An all den genannten Stellen wird eine Wendung gebraucht, die נגש mit לו oder לפניו als (Essen) vor -
  setzen versteht.
5 Daß bereits die LXX das als anstößig empfand, zeigt
  ihr Glättungsversuch in ἄγγελος κυρίου wobei aber
  Codex B abweichend von A ἄγγελος τ.θ. bewahrte.
6 סלע begegnet 57x im AT, davon in Num 6x (20 (5x).
  24); Dtn 1x (32); Ri 8x (6.15(3x).20(3x).21);
  1 Sam 4x (13.14.23 (2x)); 2 Sam 1x (22); Jes 8x;
  1 Kön 1x (19); Jer 7x (5.13.16.23.48.49.51); Ez 4x
  (24 (2x).26(2x)); Am 1x (6); Obd 1x (3); Ps 9x (18.
  31.40.42.71.78.104.137.141); Ijob 2x (39); Prd 1x
  (30); Hld 1x(2); Neh 1x (9); 2 Chr 1x (25).
  צור begegnet 73x im AT, davon Ex 3x (17.33(2x));
  Num 1x(23); Dtn 9x (8.32 (8x)); Ri 3x (6.7.13);

in der Bezeichnung kann zusammen mit anderen Beobachtungen als Hinweis auf den andersartigen Charakter
von V 20 gedeutet werden. Außerdem stört die Einfügung der Rede den straffen Gang der Handlung.[1] Zudem
schließt V 21 nahtlos an V 19 an. Aus diesen Gründen
ist V 20 als Zusatz zu betrachten.

V 21 führt die geraffte Darstellung weiter. Ohne Über-
flüssiges zu berichten, wird das weitere Geschehen beschrieben: das Ausstrecken der Hand, die Berührung des
Fleisches mit der Stabspitze, das Entspringen des
Feuers aus dem Felsen und der Weggang des mal'ak jhwh.
Ein Grund, den Vers nicht zur Grundschicht zu zählen,
ist nicht vorhanden.[2]

V 22 schließt mit seiner ersten Hälfte an V 21 an,
setzt ihn voraus und führt ihn weiter.[3] Während er
zur Grundschicht zu rechnen ist, schließt V 22b

----

(6) 1 Sam 2x (2.24); 2 Sam 7x (2.21.22 (4x).23); Jes
    11x (2 (3x).8.10.17.26.30.44.48(2x).51); Jer 2x
    (18.21); Nah 1x (1); Hag 1x (1); Ps 24x (18(3x).19.
    27.28.31.61.62(3x).71.73.78(3x).81.89.92.94.95.105.
    114.144); Ijob 6x (14.18.19.24.28.29); Prd 1x (30);
    1 Chr 1x (11).
    Eine signifikante Verteilung beider Begriffe ist
    nicht festzustellen. Dem Einwand von KUTSCH aaO 77,
    beide Begriffe entsprächen sich wiederholt im Pa-
    rallelismus membrorum und seien daher nicht zur Tren-
    nung von Versen heranzuziehen, ist entgegenzuhalten,
    daß die von KUTSCH herangezogenen Belege ausschließ-
    lich aus poetischen Stücken stammen und somit noch
    nichts über die Verhältnisse in Prosatexten aussa-
    gen. In Zusammenhang mit den übrigen Anzeichen ist
    für diesen Vers also daran festzuhalten, daß die ab-
    weichende Bezeichnung des Felsens zumindest als Hin-
    weis zu beachten ist.
1   mit RICHTER aaO 124f. Hier ist besonders auf die sti-
    lisierte Ausführung zu achten: וַיַּעַשׂ־כֵּן (Anklang an den
    Sprachgebrauch von P in Gen 1: וַיְהִי־כֵן ?).
2   vgl. übereinstimmend RICHTER aaO 124, SCHMIDT aaO
    28f, KUTSCH aaO 77.
3   Das Feuerzeichen ist Grund dafür, daß Gideon den
    mal'ak jhwh erkennt.

ungewöhnlich an.[1] Die Unstimmigkeit könnte Hinweis
sein auf eine sekundäre Bearbeitung. Außerdem paßt
die verhältnismäßig lange Rede VV 22.23 kaum zu dem
gerafften Erzählstil der bisherigen Grundschicht.[2]
Andrerseits verlangt V 24, daß die Benennung des Altars begründet wird. Zudem verwendet Gideon eine andere Form der Anrede wie in V 15, obwohl beidemal
Jahwe eindeutig angesprochen ist. Mit SCHMIDT[3] ist
anzunehmen, daß V 22b ursprünglich einen kurzen Ruf
enthielt, der die Bedeutsamkeit des Ereignisses betraf. Der Ausdruck כֵּן עַל כִּי [4] muß als Begründung für
den Weheruf verstanden werden, kann also nicht Teil
der Grundschicht sein, da diese von einem Weheruf
nichts weiß. Vielmehr ist V 22b so eng an V 23 gebunden, daß beide notwendig zusammengehören.[5]
V 23 ist die Antwort Jahwes auf den Schreckensruf
Gideons. Aus der Stellung des Zuspruchs von שָׁלוֹם
vor der אַל-תִּירָא -Formel kann entnommen werden,[6]
daß die Benennung des Altars durch Gideon im Vordergrund steht und die VV 22b.23 wohl einen Ausruf Gideons,
der das Schlüsselwort שָׁלוֹם enthielt, ausgestalteten.
Allerdings fehlt in diesen Versen der Hinweis auf die
Midianiternot. Weiterhin läßt die Beobachtung, daß
die Todesfurcht nach VV 12b-16 nicht motiviert erscheint, auf ein höheres Alter der VV 22b.23 gegenüber

----

1 Vor allem stört die nochmalige Namennennung.
2 gegen KUTSCH aaO 78.
3 aaO 33.
4 vgl. dazu GESENIUS, W., Hebräisches und Aramäisches
  Handwörterbuch über das Alte Testament. Berlin 1962
  (unveränderter Neudruck der 1915 erschienenen 15.
  Auflage) 342: "Besondere Erwähnung verdient das
  eigentümlich reflektierende כֵּן עַל כִּי , denn eben deshalb, das das eben Geschehene oder Auszuführende als
  Zweck eines früheren Ereignisses, das nur deswegen
  geschehen ist, auffaßt".
5 vgl. SCHMIDT aaO 33.
6 mit SCHMIDT aaO 33f.

VV 12b-16 schließen.[1]

V 24 bringt in seiner zweiten Hälfte eine Notiz über
das Bestehen des Altars "bis heute"[2] und schließt die
Erzählung sinnvoll ab.

Wenn - worauf V 11a hindeutet - ein Altar "Jahwe
schalom" ursprünglich mit Ophra verbunden war, dann
ist V 24b nicht aus der Erzählung zu streichen, die
die Grundschicht und die VV 22b.23 umfaßt.[3]

Die Analyse läßt sich so zusammenfassen:

Eine Grundschicht VV 11a+bα.17a.18aα.b.19aαb.21.22a.
24 wird erweitert durch Ausgestaltung des Ausrufs
Gideons in VV 22b.23.

Zielrichtung der so gewonnenen Einheit ist die Ätiologie eines Altares שלום יהוה in Ophra und ihre Verbindung mit Gideon. Die Ätiologie zeigt den streng auf
den Ort "unter der Terebinthe" bezogenen Aufbau: Einladung - Bereitung des Essens - Vorsetzen - Wunderzei-
chen - Altarbau und Benennung. Sie ist stark zielge-
richtet und handlungsorientiert.

----

1 vgl. ebd. 34. Nach KUTSCH aaO 77 erklärt sich der
  Wechsel zwischen dem 'Boten Jahwes' und Jahwe VV 21.
  22/23.24 aus dem Zusammenhang. Der mal'ak könne
  nicht mehr sprechen, da ja V 21 sein Weggehen berichtet sei und Gideon sich deswegen natürlicherwei-
  se an Jahwe wende. Eine andere Erklärung scheint nä-
  herliegender: Wenn der Schreckensruf Ausdruck der Be-
  stürzung über das Feuerzeichen ist, könnte die Nennung Jahwes V 23 der Überarbeitung einer Antwort des
  Numen der vorisraelitischen Altarätiologie zuzuschreiben sein.
2 Die Formel עד היום הזה findet sich im AT als abschließende Notiz bei der Erklärung eines Verhal-
  tens (Gen 32,33; Jos 9,27; Dtn 10,8), meist jedoch
  bei der Erklärung eines auffälligen Namens oder Ortes (z.B. Gen 26,33; Dtn 3,14; Jos 4,9; 6,25; 7,26;
  8,28.29; 10,27; 14,14; 2 Sam 6,8 par 1 Chr 13,11;
  Ez 20,29).
3 Die von SCHMIDT aaO 35 vorgebrachte Vermutung, die
  Notiz V 24b sei ebenso wie der Ortsname V 11a erst
  bei der Sammlung der Gideonerzählungen eingetragen
  worden, kann nicht überzeugen.

Von dieser Einheit abzuheben sind die VV 12-16.17b.
18aß.19aß.20. Sie bilden keine selbständige Einheit,
sondern sind als Einschub und Erweiterung der bereits bestehenden Einheit zu fassen. Ziel der Überarbeitung ist es, die Berufung Gideons zum Retter darzustellen. Traditionsgeschichtlich sind folgende Stufen möglich:[1] Die Beobachtung, daß das Mahl unter der
Terebinthe, also abseits vom Dorf stattfinden mußte
und Gideon den Gast nicht, wie sonst üblich, in sein
Haus einlud, läßt als Ursprung eine Ätiologie vermuten, die sich auf die Heiligkeit eines bestimmten Ortes bezieht, nämlich auf den Platz unter der Terebinthe von Ophra; diese Ätiologie dürfte in vorisraeli-
tische Zeit hinabreichen.[2] Dann aber ist der Ort ursprünglich wohl mit einer Baal- oder El-Erscheinung
verbunden gewesen. Gideon wäre später mit der Ätiologie verbunden worden und die Grundschicht hätte von
der Einkehr und Bewirtung eines El durch einen (unge-
nannten) Menschen berichtet. Damit läge das Motiv der
Einkehr Göttlicher bei Menschen vor. Bei der Übernahme des Heiligtums durch die Jahwereligion trat Jahwe
an die Stelle des Numen. Die Erzählung wurde überarbeitet und anstatt Jahwe ein mal'ak jhwh eingesetzt.
In diesen Kontext trat Gideon ein. Noch später wurde
bei einer neuerlichen Überarbeitung und Erweiterung
die Kultätiologie zu einer Berufungserzählung umge-
staltet. Ein weiterer Bearbeiter fügte VV 19aß.20 ein
und verstümmelte gleichzeitig den Schluß von V 19.[3]

----

1 vgl. SCHMIDT aaO 53.
2 Dafür spricht die außerisraelitische Herkunft der
  Bildung des Altarnamens. vgl. SCHMIDT aaO 33f.
3 Zweck dieser Überarbeitung war die Steigerung des
  Feuerwunders. Außerdem sollte verhindert werden,
  daß dem Boten ein Opfer dargebracht wurde.
  vgl. SCHMIDT aaO 53.

Dieser von SCHMIDT vorgeschlagene Prozeß ist auch ein-
facher vorstellbar. Zweifellos liegt eine stark bearbeitete Erzählung vor, jedoch sind bisher literarisch
zwei Stufen festgestellt worden.

Die Schwierigkeiten lassen sich lösen, wenn man annimmt, daß ein Bearbeiter die Altartradition von einem
(vorisraelitischen) Heiligtum in Ophra benutzte, um die
Berufung des Gideon zu erzählen. Nachdem Gideon offen-
bar ein bekannter Held und militärischer Führer[1] und
zudem in Ophra beheimatet war, lag es nahe, ihn in die
Altarätiologie einzuführen. Diese hatte als Kernstück
die Erscheinung eines El oder Baal.[2] Das Numen wurde
auf Jahwe gedeutet, als die Altarätiologie zu einer
Berufungserzählung ausgebaut wurde.[3] Da die jetzige
Fassung bemerkenswerte Parallelen zur Berufung des
Mose aufweist,[4] die sich über die strukturellen Elemente hinaus auch auf sprachliche Formulierungen bezieht,[5]
ist zu vermuten, daß die Altarätiologie mit einer Berufungserzählung nach dem Muster der Moseberufung auf-
gefüllt wurde. Dafür spricht vor allem der in sich

----

1 vgl. RICHTER aaO 154.
2 V 20 könnte noch eine alte Reminiszenz an den dort
  vollzogenen Opferritus enthalten. vgl. dazu aber
  KUTSCH aaO 81.
3 Dadurch veränderte sich auch der Charakter des Zei-
  chens, das im jetzigen Zusammenhang als Bestätigungs-
  zeichen zu werten ist.
4 vgl. RICHTER, Berufungsberichte 136-142. Bei einem
  Vergleich ergeben sich folgende Übereinstimmungen:

Ri 6,11ff	Ex 3
mal'ak jhwh erscheint,	mal'ak erscheint, Jahwe sieht,
jhwh spricht (außer im	Elohim spricht (V 2a.4)
Gruß VV 12.14)	
Sendung (V 14)	Sendung (V 10)
Einwand (V 15)	Einwand (V 11)
Verheißung des Mitseins	Verheißung des Mitseins
(V 16)	(V 12)
Zeichenbitte (V 17)	Verheißung des Zeichens (V12)
(Zeichenerfüllung V 21)	----

5 Im sprachlichen Bereich stimmen die Formulierungen
  an folgenden Stellen mindestens zum Teil überein:

homogene Einschub VV 12-16. Die Änderung in V 17[1] ist
durch die Vorrangigkeit der Altarätiologie bedingt.
Der Bearbeiter muß aber die Berufung des Mose mit
Ex 3,2a gekannt haben. Da aber dieser Vers seinerseits
wieder als Zusatz zu betrachten ist,[2] ist die Komposition der Berufungserzählung des Gideon nicht vor dem
Ergänzer von Ex 3,2a anzusetzen, falls man nicht den
gleichen Bearbeiter vermuten will.
Die Tendenz der Bearbeitung weist wegen der genannten
Parallelen zur Berufung des Mose und Jeremia[3] auf
einen wohl prophetisch gefärbten Hintergrund.
Dabei ist wegen des Zusammenhangs mit der elohistischen Tradition zunächst an nordisraelitische Kreise
zu denken. Diese Vermutung wird erhärtet durch die
Zugehörigkeit Gideons zum Stamm Manasse, dessen Siedlungsgebiet sich im Bereich des späteren Nordreiches
befand; hier ist demnach auch am ehesten mit einer
Überlieferung der Tradition zu rechnen.
Der mal'ak jhwh begegnet in dieser Einheit in den Versen
11a.12a.21a.b.22a.b, der mal'ak ha'elohim V 20.
V 20 wurde bereits als Zusatz, dessen Herkunft nicht
mehr genau zu erklären ist, ausgeschieden. Abgesehen
von V 12a gehören alle Vorkommen der Grundschicht an.
Geht man jedoch von der oben skizzierten Überlieferungsgeschichte aus, so hat der mal'ak ein Numen,

----

(5) Erscheinung   Ri 6,12   Ex 3,2
     Beistandsversicherung   Ri 6,(12) 16   Ex 3,12
     הלך und שלח   Ri 6,14   Ex 3,10
     Zeichen als Bestätigung
        des Sendungsauftrages   Ri 6,17   Ex 3,12
     Vorkommen eines "Wunder-
        stabes"   Ri 6,21   Ex 4,2ff
     Motiv der Furcht   Ri 6,22f   Ex 3,6

1 An die Stelle einer Zeichenverheißung tritt eine
   Zeichenbitte.
2 vgl. oben S. 87-89.
3 vgl. KUTSCH aaO 82.

das erschienen ist, verdrängt. Insofern ist er auch
in der Grundschicht sekundär, weil Produkt des Bearbeiters. Deswegen ist V 12a unterschiedslos zur Beurteilung heranzuziehen.

Die anthropomorphe Darstellung des mal'ak[1] erinnert
an Gen 19 und Ri 13. Mit Ri 13 verbindet diesen mal'ak
aber noch mehr.[2]
- Trotz einer als wahrnehmbar gedachten Gestalt ißt
der mal'ak nicht, sondern veranlaßt eine Opferhand-
lung.
- Die Begegnung findet irgendwo außerhalb des Ortes
statt.[3]
- Beidemal wird als Opfer ein Ziegenböcklein verwendet.[4]
- Nicht die Begegnung mit dem mal'ak bringt den Schrek-
ken, sondern die Furcht tritt erst ein, nachdem dieser "verschwunden" ist.[5]
- Schließlich enthalten beide Erzählungen eine Notiz,
die das Erkennen des mal'ak ausdrücklich festhält.[6]
Die Beobachtungen zur Gestalt des mal'ak zeigen, daß
er vorgestellt wird als Figur, die ihre nächste Parallele im Gottesmann hat. Allein diese Gestalt verei-
nigt in sich alle Züge, die hier vom mal'ak ausgesagt

----

1 vgl. die von ihm ausgesagten Verben בוא V 11a, ישב
  V 11a, הלך V 21b.
2 vgl. dazu Ri 13 sowie unten S. 161-164.
3 Der Ort ist genauer bezeichnet als Fels bei der
  Terebinthe vom Ophra der Abiesriten, in Ri 13 nicht
  näher lokalisiert.
4 In Ri 13 erscheint noch sekundär eine מנחה . Möglicherweise ist darunter das Brot von Ri 6 zu verstehen, so daß die Glosse von daher in den Text von
  Ri 13 kam.
5 Dieses "Verschwinden" wird Ri 6 mit הלך , Ri 13
  mit עלה (בלהב) bezeichnet.
6 vgl. Ri 6,22 mit Ri 13,21.

werden.[1]

Dann kann er in Menschengestalt Gideon begegnen und
ihn berufen, dann ist die Weigerung, Speise zu sich
zu nehmen, nicht außergewöhnlich[2] und dann hat selbst
der Zug, daß der mal'ak plötzlich verschwindet, eine
gewisse Parallele in der Entrückung Elijas 2 Kön 2,11.

Diese Beobachtungen deuten ebenso wie die Feststellungen zum Text darauf hin, daß die Berufungserzählung
Gideons Verbindungen zeigt zu Kreisen, die die Prophe-
tenerzählungen der Königsbücher tradierten, also zu
frühprophetischen Kreisen des Nordreiches.
In die gleiche Richtung weist als weiteres Moment,
daß Gideon das Sehen der Gottheit als tödlich wertet.
Damit begegnet ein Zug der Theologie der elohistischen Pentateuchschicht.[3]
Auch diese inhaltliche Aussage ist wegen der Verbindung von E mit der nordisraelitischen Prophetie ein
Hinweis auf die Richtigkeit der vorgetragenen These.
In Ri 6 hat der mal'ak den Auftrag, Gideon zum Retter
in Israel zu berufen. Die eigentlichen Berufungsworte
aber sind als Worte Jahwes gekennzeichnet. Nach dem
jetzigen Text begrüßt der mal'ak Gideon und tritt
erst wieder in das Geschehen ein, als Gideon eine Bestätigung seines Auftrages durch ein Zeichen erbittet.
Dieser Wechsel ist jedoch kein Anlaß zu einer Wesens-
spekulation, sondern bedingt durch die Parallelität
zur Berufungserzählung des Mose.

----

1 Für die Vorstellung vom Gottesmann vgl. etwa die
  Zeichnung des Elija/Elischa in den Königsbüchern
  sowie den Gottesmann aus Juda 1 Kön 13.
2 vgl. 1 Kön 13 .
3 vgl. oben S. 80.88f.

Zusammenfassend bleibt festzuhalten:

Die Berufungserzählung des Gideon entstand durch den
Ausbau einer Altarätiologie, die mit Ophra verbunden
war. Daß Gideon in demselben Ort seine Heimat hatte,
erleichterte die Übertragung auf seine Person.[1]

Die Bearbeitung erfolgte in starker Anlehnung an die
Berufung des Mose und zeigt darüber hinaus Parallelen
zu Ri 13.[2]

Die einzelnen Parallelen treffen sich darin, daß sie
auf frühprophetische Kreise, die im Nordreich zu lokalisieren sind, als geistigen Hintergrund weisen.

Der mal'ak ist gezeichnet als "Gottesmann", der die
Berufung Gideons durchführt. Die Abwechslung der redenden Personen (mal'ak/Jahwe) ist theologisch begründet. Fremd ist der Erzählung die Frage nach dem
Verhältnis von mal'ak und Jahwe.[3]

Wichtig ist der Erzählung nicht der mal'ak selbst,
sondern allein sein Auftrag und die Botschaft, die
er auszurichten hat.

----

1 Für die Verbindung Gideons mit Ophra vgl. Ri 6,25ff.
  Wenn die Aktivität Gideons von diesem Ort ausging,
  liegt es nahe, auch seine Berufung dort zu lokalisieren.
2 Eine Wertung der (literarischen) Abhängigkeit der
  drei Texte kann hier nicht gegeben werden. Als
  Möglichkeit ist auch offen zu halten, daß alle
  drei einen gemeinsamen Hintergrund haben. Dies
  könnte vor allem dann der Fall sein, wenn sich
  die angenommene Verbindung der elohistischen
  Pentateuchschicht mit Kreisen der nordisraelitischen Prophetie auch im Verlauf der Arbeit an weiteren Punkten wahrscheinlich machen läßt.
3 Von hierher erscheint es zumindest äußerst mißverständlich, den mal'ak als "Maske Jahwes" zu bezeichnen. vgl. dazu J. MENDENHALL, The Mask of
  Yahweh. in: ders., The Tenth Generation. The
  Origins of Biblical Traditions. Baltimore 1973
  32-68, hier 56-58.

2. Ri 13

Ri 13 ist als im wesentlichen einheitliches Kapitel
zu werten.[1] Zusätze sind lediglich VV 1.5a+ (יכ bis
וב). 19bß.25.[2]
Schon früh wurde erkannt, daß das Kapitel später als
Vorspann vor die Simsonerzählungen gesetzt wurde.[3]

Daß V 1 nicht ursprünglich mit der folgenden Erzählung
verbunden war, sondern zum schematischen Rahmen des
Richterbuches zu rechnen ist, ist nicht bestritten.[4]
V 2 setzt mit יהיו ein und markiert damit den Beginn der eigentlichen Erzählung. In Hinblick auf
1 Sam 1,1 kann man von einer Einleitung mit den typi-
schen Angaben von Name, Stammeszugehörigkeit, Ortsangabe und Nennung der für die folgende Begebenheit
wichtigen Besonderheit sprechen.[5] Im Gegensatz zu

----

1 vgl. etwa NÖTSCHER, Richter 684.
2 Zur Begründung vgl. zu den einzelnen Versen.
3 vgl. WIESE, K., Zur Literarkritik des Buches der
   Richter. Stuttgart 1926 (BWANT 40,2) 54: "Meiner
   Überzeugung nach ist cap 13 erst entstanden, als
   ein gewisser Kranz von Erzählungen über Simson vor-
   handen war und man in ihm einen Helden von ganz
   Israel sah". vgl. auch DE FRAINE, Rechters 8;
   MARTIN, Judges 8; GRAY, Judges 232-237; MOORE,
   Judges 314; NÖTSCHER, Richter 683-686; BLENKINSOPP,
   J., Structure and Style in Judges 13-16. JBL 82
   (1963) 65-76, hier 68. Abweichend BOLING, Judges
   223f, allerdings ohne ausreichende Gegengründe.
   Zur gesamten Simongeschichte vgl. WHARTON, J.A.,
   The Secret of Yahweh. Story and Affirmation in
   Judges 13-16. Interp. 27 (1973) 48-66, bes. 57f;
   ISHIDA, T., The Leaders of the Tribal Leagues
   "Israel" in the Pre-Monarchic Period. RB 80
   (1973) 514-530, bes. 525.530.
4 vgl. WIESE aaO 54; RICHTER aaO 146; HERTZBERG,
   Richter 226; DE FRAINE, Rechters 8.84; MARTIN,
   Judges 155; GRAY, Judges 342f; MOORE, Judges 315.
5 vgl. auch RICHTER aaO 140.

1 Sam 1,2 wird aber der Name der Frau nicht genannt,
obwohl sie zu den Hauptgestalten der Erzählung gehört.[1] Das Fehlen dieser Angabe ist nur so befriedigend zu erklären, daß hierfür in der Simsonüberliefe-
rung keine Anhaltspunkte zu finden waren. Die übrigen
Angaben sind dagegen durch die Überlieferung von
Simsons Grab Ri 16,31 belegt. Eine Abhängigkeit dieser Grabtradition "zwischen Zora und Eschtaol" - eine
Angabe, die Ri 13,25 wiederkehrt - durch die Berufungserzählung ist nicht anzunehmen. Eher ist damit
zu rechnen, daß Ri 16,31 die Angaben für Ri 13,2
lieferte.

<u>V 3</u> begegnet erstmals der mal'ak jhwh, und zwar im
Zusammenhang mit dem "Erscheinungssyntagma".[2]
V 3bα beschreibt zunächst in Form einer mal'ak-Rede
die in V 2 genannte Besonderheit der Frau, ihre Unfruchtbarkeit und in V 3bβ erfolgt daraufhin - ebenfalls als mal'ak-Rede - die Verheißung eines Sohnes.
Beide Glieder von V 3b sind parallel gebaut.[3]

----

1 Diese von den Kommentaren meist nicht beachtete Besonderheit trennt Ri 13 von den übrigen bekannten
  Erzählungen, in denen die Unfruchtbarkeit einer
  Frau berichtet wird (vgl. etwa Gen 16.18.25.29).
2 vgl. hierzu für den Bereich des Pentateuch die Studie MÖLLE, H., Das "Erscheinen" Gottes im Pentateuch. Ein literaturwissenschaftlicher Beitrag zur
  alttestamentlichen Exegese. Frankfurt 1973 (EHS.T
  18). Aus dem Aufbau des Syntagmas läßt sich hier
  aber kein Hinweis auf eine Verwandtschaft mit einer
  Schicht des Pentateuch entnehmen.
3 Der doppelten Bezeichnung der Unfruchtbarkeit entspricht die doppelte Zusage. Dabei steht das jeweils zweite mit dem ersten in einem Folge-Grund-
  Verhältnis. Aus dem Unfruchtbarsein folgt das
  Nicht-geboren-haben, und der bevorstehenden Schwan-
  gerschaft folgt die Geburt eines Kindes. Dabei ist
  בן wörtlich als "Sohn" zu fassen.

V 4 kennzeichnet durch den Einsatz mit ועתה   " und
jetzt" das Folgende als besonders wichtige Aussage.
Dieser Hinweis wird noch verstärkt durch die Impera-
tivform mit ־כא vom Verb שמע . VV 4aß.b bringen dann
auch zwei Verhaltensanweisungen, die durch Prohibitiv
unbedingte Beachtung verlangen, die Enthaltsamkeit
von Wein und Rauschtrank und die Enthaltsamkeit von
allen unreinen Speisen.[1]

V 5aα begründet im jetzigen Kontext die Anordnungen
von V 4. Sachlich geht er aber nicht über die bereits
V 3 genannte Begründung hinaus und fehlt außerdem
V 7.[2] Der Versteil stört zudem den Zusammenhang zwischen V 4 und V 5aßγ . Dieser Zusammenhang aber entspricht genau der Reihenfolge, wie sie auch in Num 6
begegnet. Beide Beobachtungen machen eine Einstufung
von V 5aα als sekundär wahrscheinlich.

V 5aß bringt die auch in Num 6,5 genannte Vorschrift,
das Haar frei wachsen zu lassen und in V 5aγ fällt
in der Begründung von VV 4.5aß der Begriff נזיר , auf
den beide Verse sachlich bezogen sind.[3]

----

1 Die erste Forderung, verbunden mit der Forderung
  V 5aß: "keine Schere soll auf sein Haupt kommen",
  kennzeichnet nach Num 6 den Nasiräer, ja wird nach
  Am 2 bereits zum unterscheidenden Merkmal des Gott-
  geweihten. Die zweite Forderung ist Num 6 nicht ausdrücklich genannt, ergibt sich allerdings aus Lev 11
  als Forderung für ganz Israel. Ob aus dem Unterschied geschlossen werden darf, es habe zwei
  Typen von Nasiräern gegeben, scheint zweifelhaft
  (gegen MARTIN, Judges 157).
2 Wäre der Versteil ursprünglich, wäre er auch dort
  wieder zu erwarten. vgl. auch RICHTER aaO 140 Anm 92.
3 Der Begriff נזיר begegnet im AT in der Bedeutung
  Gottgeweihter nur 11x, und zwar 6x in Num 6, je 2x
  in Ri 13 und Am 2 und 1x in Ri 16. Der Schwerpunkt
  des Vorkommens liegt damit eindeutig auf Num 6 (P).
  In Am 2 ist er dem Propheten ebenbürtig. vgl. auch
  KÜHLEWEIN, J., Art. נזיר -nazir - Geweihter:
  THAT II 50-53.

V 5b wird von RICHTER als Zusatz angesehen, weil er
in V 7 nicht erwähnt wird und außerdem auf ihn in
V 14-16 nicht rekurriert wird. Zweck des Zusatzes sei,
Simson unter die Retter einzuordnen.[1] Das Mißverhält-
nis zwischen der Aussage V 5b und dem Inhalt der Simsonerzählung läßt den Versteil recht unmotiviert erscheinen.[2]

Stellt man jedoch die vermutete nachträgliche Komposition der vorliegenden Erzählung in Rechnung, kann man
m.E. aus dieser offensichtlichen Diskrepanz keine so
weitreichenden Schlüsse ziehen. Denn es ist zu bedenken, daß - etwa im Unterschied zur Berufung Gideons[3] -
die Ankündigung des mal'ak hier lautet: והוא יחל להושיע
"er wird __anfangen__ (חלל hi) __zu retten__". Von daher ist
zu vermuten, daß dem Verfasser sehr wohl der Unterschied etwa zum Auftrag an Gideon klar war.[4]

Auch daß V 5b in V 7 nicht wiederholt wird, ist als
argumentum e silentio nicht ausreichend, den Halbvers
als sekundär zu betrachten.[5]

----

1 vgl. RICHTER aaO 140 Anm 92.
2 Dies bemerken fast alle Kommentare. Als Beispiel
  sei verwiesen auf HERTZBERG, Richter 225: "Israel
  ist durch ihn nicht aus der Hand der Philister
  "gerettet" worden. ... sondern am Schluß ist man
  nicht weitergekommen wie am Anfang: Israel ist
  nach wie vor in der Hand der Philister, und nur
  ein kleiner Beginn des "Rettens" liegt vor (13,5).
  Simsons Betätigung ist also eine Art Vorspiel; die
  eigentlichen Philisterbefreier sind Samuel, Saul
  und vor allem David". vgl. auch DE FRAINE, Rechters
  83.
3 Ri 6,14: "Zieh hin in dieser deiner Kraft und
  __errette Israel aus der Faus Midians__"!
4 Das Argument reicht demnach nicht aus, V 5b auszuscheiden, stützt vielmehr die relativ späte Datierung des Kapitels.
5 Zudem ist zu bemerken, daß dann auch mit gleichem
  Argument V 7 עד יום מותו auszuscheiden wäre, da
  es ebenfalls V 5 nicht erscheint. Weiterhin müßte
  die Rede des mal'ak auf das reduziert werden, was
  sowohl in VV 4.5 als auch in VV 7.13.14 gesagt
  wird.

Daß in VV 14-16 kein Bezug auf V 5b genommen wird, be-
sticht ebenfalls nicht, da V 14f sich auch nicht auf
die Vorschrift des Haareschneidens bezieht. V 5b gehört also wohl ursprünglich zur Berufungserzählung.
<u>V 6</u> berichtet die Reaktion der Frau auf die Begegnung
mit dem mal'ak. Sie geht zu ihrem Mann und erzählt ihm
ihr Erlebnis, wobei sie ihr Gegenüber als איש-האלהים
"Gottesmann" kennzeichnet, der ausgesehen habe- כמלאך
יהוה , furchterregend. Eine Furchtreaktion aber wird
bei der Begegnung nicht berichtet.[1]
Allerdings könnte man V 6b als Furchtreaktion deuten,
weil die Fragen unterblieben sind, die normalerweise
jedem Fremden gestellt werden.[2]
Gleichzeitig bereitet V 6b jedoch V 17 vor, nach dem
das, was die Frau vernachlässigt hat, von Manoach nach-
geholt wird. Der Wechsel der Gottesnamen "zeigt das Bemühen um theologisch exakte Differenzierung der Gottes-
bezeichnungen, die am besten erklärt ist, wenn sie zugleich mit Entwurf des Kapitels entstanden ist".[3]
Das von RICHTER[4] genannte Kriterium, wonach Jahwe
nicht gesehen, Elohim aber gesehen werden könne,
scheint mir der Erzählung nicht angemessen. Weiter dagegen dürfte seine Beobachtung zu führen, daß der
Ausdruck mal'ak jhwh nur im Mund des Erzählers vorkommt.[5]

----

1 geg. MARTIN, Judges 158. Nicht zulässig scheint aber,
  aus diesem Umstand einen Unterschied zwischen der
  hier begegnenden Gestalt und dem "mit Jahwe selbst
  ungefähr gleichzusetzenden Jahwe-Engel" zu kon-
  struieren (gegen NÖTSCHER, Richter 685).
2 vgl. GRAY, Judges 344.
3 RICHTER aaO 141.
4 ebd. 141.
5 vgl. RICHTER aaO 140/141.

Eine Verbindung von איש mit Jahwe kennt das gesamte
AT nicht. Die Verbindung איש האלהים ist dadurch genügend erklärt. מלאך-האלהים wird hinreichend begründet mit der Aussage V 6b, die den Mann in der Anonymi-
tät läßt. Außerdem ist eine Identifizierung des Mannes
mit dem mal'ak jhwh durch die Frau wegen der Pointe
V 21 erzählerisch noch nicht möglich.[1]

V 7 ist die Wiederholung der mal'ak-Rede von VV 3.4.
5a, allerdings mit der Erweiterung "bis zum Tag seines Todes". Die ausdrückliche Hervorhebung dieser Angabe ist wahrscheinlich auf das tatsächliche Schicksal Simsons hin konzipiert.[2]

V 8 berichtet über die Reaktion Manoachs auf die Rede
der Frau. Er betet zu Jahwe. Die Beobachtung RICHTERs,
Manoach in V 8 wisse, daß der Gottesmann von Jahwe
gesandt sei,[3] erscheint nicht ganz richtig. Es ist zu
bedenken, daß sich im AT alle Gebete an Jahwe richten.

----

1 Es ist davon auszugehen, daß bei einer Identifizierung des Mannes mit dem mal'ak Jhwh V 6b als unsinnig empfunden worden wäre.
2 vgl. Ri 16,17ff. Hier wird die einzige Bestimmung,
die für Simson selber gilt (vgl. unten zu VV 13.14)
gebrochen. Nach Num 6 wäre auch das Nasiräat Simsons
damit beendet. Die Tat Ri 16,23ff aber ist nur möglich, wenn Simson noch in einem besonderen Verhältnis zu Jahwe steht. Dies ist durch die Bemerkung
V 7b ausgedrückt. Daraus ist ein weiterer Hinweis
zu entnehmen, daß Ri 13 Num 6 nicht voraussetzt.
Unwahrscheinlich erscheint die Begründung, die DE
FRAINE für die geforderte Enthaltsamkeit der Mutter
gibt (vgl. ders., Rechters z.St.), nämlich die Hei-
ligung Simsons vom Mutterschoße an. Der Grund liegt
wohl eher darin, daß peinlich vermieden wurde,
Simson den üblichen Nasiräatsregeln (ausgenommen der
des Haarewachsens) zu unterwerfen, da die über
Simson umlaufenden Erzählungen mit einer solchen Tatsache unvereinbar waren.
3 vgl. RICHTER aaO 140.

Jahwe kann also auch nur der sein, der den "Gottes-
mann"[1] wieder vorbeischickt, da wegen dieser Bezeichnung in V 6 eine Beziehung zwischen dem Fremden und
Jahwe angenommen werden muß.
Außerdem bereitet der Vers die Aussage V 21 vor.[2]
Der Ausdruck בי אדני begegnet 12x im AT[3] und ist Einleitung einer Bitte oder eines Einwandes.[4]
Inhalt der Bitte Manoachs ist die Frage nach den Ver-
haltensmaßregeln für den erwarteten Sohn.[5]
V 9 Die Bitte Manoachs wird durch Gott erhört. Die
Stelle ist die einzige der Erzählung, an der אלהים
im Mund des Erzählers vorkommt. Außerdem fällt auf,
daß hier מלאך-האלהים gebraucht wird, ebenfalls
einmalig in dieser Erzählung. Die dritte Eigentümlichkeit besteht in der erstmals hier begegnenden va-
gen Ortsangabe "auf dem Felde". Mitgeteilt wird weiter der für die Erzählung wichtige Umstand, daß
Manoach nicht bei seiner Frau war.

----

1 so bezeichnet ihn bereits die Frau V 6.
2 Der mal'ak jhwh ist ja genau das, was Manoach im
  Relativsatz ausgesprochen hat: Abgesandter, Bote
  Jahwes! Nach GRAY, Judges 344 hat V 8 eine Brückenfunktion zwischen VV 2-7 und VV 9ff; seine Aufteilung des Kapitels scheint aber nicht ausreichend
  begründet.
3 Gen 43,20; 44,18; Ex 4,10.13; Num 12,11; Jos 7,8;
  Ri 6,13.15; 13,8; 1 Sam 1,26; 1 Kön 3,17.26.
4 Die Vorkommen sind jedoch so weit gestreut, daß
  keine Rückschlüsse auf eine Schichtenzuweisung möglich erscheinen. Es fällt allerdings auf, daß das
  Vorkommen auf Pentateuch und deuteronomistisches
  Geschichtswerk beschränkt bleibt.
5 Diese Bitte ist insofern konsequent, als sich ja
  V 7 auf das Verhalten der Frau bezog.
  M.E. ist weder dafür, daß Manoach Jahwe "wahrscheinlich mit einem Opfer" anrief (DE FRAINE, Rechters 86)
  noch dafür, daß das Gebet "Vorsicht gegenüber der
  Aussage von Frauen", die in der Bibel ein "wieder-
  kehrendes Phänomen" sei (so BOLING, Judges 221)
  anzeigt, irgendein Anhaltspunkt zu finden.

Die Verwendung von אלהים und מלאך-אלהים ist nicht
hinreichend zu erklären.[1]

Ob man aus der Angabe בשדה schließend darf, die ganze vorherige Begegnung sei "auf dem Felde" zu lokalisieren, sei dahingestellt. Zwingende Gründe dafür fehlen. Anlaß für die Lokalisierung der zweiten Szene
dort dürfte die Opferszene V 19f sein.

__V 10__ berichtet von der Reaktion der Frau.[2]

__V 11__ bringt Manoach und den Fremden zusammen, der eindeutig identifiziert wird als dieselbe Person, die
VV 3 ff sprach.

__V 12__ Die Frage Manoachs entspricht dem Inhalt des
Gebets V 8, will aber keine Bestätigung der Verheißung
sein.[3]

Das Wort משפט , das hier die Lebensweise oder - regel
für das Kind bezeichnet, kommt in dieser Bedeutung selten vor.[4]

__V 13/14__ Die Kommentatoren weisen übereinstimmend darauf hin, daß VV 13/14 nicht die Frage Manoachs beantworten, sondern lediglich das VV 3.4 Gesagte wiederho-
len, d.h. eine Anordnung für die Frau, nicht aber für

----

1 vgl. auch das Urteil von RICHTER aaO 141: "durch-
  einandergeraten". Bei den relativ späten lateini-
  schen und griechischen Textzeugen, die beidemal
  als Äquivalent Jahwe voraussetzen (vgl. BHK und BHS)
  dürfte es sich um Harmonisierungsversuche handeln.
  Eine mögliche Ursache der Verwendung von אלהים
  in V 9 könnte in der Weiterverwendung des Gottesnamens wegen der Verbindung איש-האלהים V 8 liegen.
  Eine weitere Klärung oder Begründung erscheint
  nicht möglich.
2 Auch hier fehlt die Furchtreaktion. vgl. auch zu
  V 23.
3 Bemerkenswert erscheint hier der sachliche Ton.
  Emotionen werden nicht beschrieben.
4 Num 6 lautet der entsprechende Begriff __Tora.__
  Zu משפט als einem das Rechtsleben übersteigenden
  Begriff vgl. LIEDKE, G., Art. שפט -spt-richten:
  THAT II 999-1009, bes. 1004-1007.

das Kind (!) sind.[1] Zur Lösung dieses Problems braucht
man weder unterschiedliche Quellen anzunehmen, noch
über "die Zubereitung des mütterlichen Bodens" bei
Simson zu reflektieren.[2]

M.E. bietet sich als Lösung an, daß es für Simson keine
Weisung geben d u r f t e , weil die tatsächlich umlaufenden Erzählungen dem widersprachen. Die VV 13.14
haben nunmehr die Funktion, eindeutig zu bestätigen,
daß Simson selbst k e i n e r Speisevorschrift gem.
Num 6 unterlag, d.h. sein Verhalten Ri 14ff nicht den
Bruch eines Gelübdes bzw. einer Verpflichtung bedeutete.
Sie dienen also der Erklärung, weswegen Simson bei seinem bekannten Lebenswandel dennoch Gottgeweihter (נזיר)
sein konnte.

V 15/16 Auffällig ist, daß Manoach nicht weiterfragt,
sondern sich mit der Antwort des Fremden zufrieden
gibt. Das für die Einladung verwendete Wort עצר hat
den Beigeschmack des "gewaltsamen Zurückhaltens",
trägt also deutlich negativen Akzent.[3]
Gleichzeitig gibt der Verfasser damit die Möglichkeit,
diesen Aspekt in V 16a durch Verwendung des gleichen
Verbs noch zu betonen.
Außerdem weiß der Leser, daß ein עצר eines mal'ak
jhwh nicht möglich ist. Deswegen ist wohl auch V 16b
als Entschuldigung Manoachs zu fassen.[4]

----

1 Die abweichende Lesart der LXX ist als Harmonisie-
  rungsversuch zu werten und zugunsten der schwieri-
  geren Lesart des MT abzulehnenn.
2 vgl. zu beidem HERTZBERG, Richter 227/228.
3 Außerdem ist Ri 13,15.16 neben 1 Kön 18,44, wo im
  Zusammenhang der Elijaerzählungen auch von einem
  unfreiwilligen, gewaltsamen Aufhalten die Rede ist,
  die einzige Stelle, in der עצר so verwendet wird.
4 Insofern ist BOLING, Judges 222 zuzustimmen, wenn
  er sagt: "The reminder seems superfluous, but it
  is important to remind the reader that he is privy
  to information which Manoah does not have or truth
  which he does not recognize".

Wichtig erscheint die Beobachtung DE FRAINEs,[1] daß hier
offensichtlich die Vorstellung eines mal'ak zugrundeliegt, der ein Essen des Boten fremd ist. Der Rat
V 16aß ist zu sehen in Verbindung mit der Parallele
in 1 Sam 1.

VV 17/18 bringen die Frage nach dem Namen des Fremden
und knüpfen damit wieder an V 6b an. Die Formulierung
der Frage weist Ähnlichkeiten mit der Frage des Mose
Ex 3,13 auf.[2] Unklar ist, ob V 18b eine Antwort auf
die Frage V 17 enthält. Dagegen spricht das Wortspiel
פליא (V 18) מפלא (19), so daß mit den meisten
Kommentatoren angenommen werden muß, daß es sich, ähnlich wie Ex 3,14, um eine verhüllende Auskunft handelt.[3]

V 19 bringt die Ausführung des Opfervorganges in knap-
per, kurzer Sprache. ואת-המנחה ist als Glosse auszuscheiden. Mit der Opfergabe kann nur das Ziegenböcklein gemeint sein. Die Ortsbezeichnung ist ebenso vage
wie V 9.[4]

Auch ohne Annahme einer überarbeiteten Altartradition
ist das Wortspiel mit פלא zu erklären. Schon das Gebären einer Unfruchtbaren ist im damaligen Bewußtsein
etwas "Wunderbares". Weiterhin ist darauf hinzuweisen,
daß Jahwe bereits Ex 15,11 als עשה פלא gefeiert wird.[5]

----

1 vgl. ders. Rechters 87.
2 vgl. BOLING, Judges 222.
3 vgl. etwa HERTZBERG, Richter 228. Das Phänomen, daß
  die Namensnennung verweigert wird, findet sich auch
  Gen 32. Allerdings begegnet dort ein איש , der erst
  Hos 12,5 als mal'ak gedeutet wird. vgl. auch MARTIN,
  Judges 159; GRAY, Judges 345.
4 Diese Beobachtung widerspricht m.E. der Vermutung
  KÜBELs (KÜBEL, P., Epiphanie und Altarbau. ZAW 83
  (1971) 225-231), in den VV 15-21 habe eine Altarätiologie vorgelegen. Wäre dies der Fall gewesen,
  hätte man eine nähere Lokalisierung erwarten können. Dies um so mehr, als die Simsongeschichten
  sonst recht gut lokalisiert sind.
5 vgl. BOLING, Judges 222. vgl. weiter Ex 34,10; Ri 6.

V 19bß steht parallel zu V 20bα . Dort steht der Versteil an der richtigen Stelle.[1]
V 19bß ist somit als Zusatz auszuscheiden.[2]
<u>V 20</u> berichtet vom wundersamen Verschwinden des mal'ak
in der Flamme, die von dem Altar ausgeht.[3]
Hier zeigt sich, daß das פלא VV 18.19 mit dem Vorgang
V 20 verbunden ist. Jahwe, der Wunder tut, kann auch
den Boten in der Flamme aufsteigen lassen.[4]
V 20b zeigt die Reaktion Manoachs und seiner Frau:
beide werfen sich zu Boden.
<u>V 21</u> erscheint merkwürdig zwischengeschoben und wirkt
retardierend. Die V 22 geäußerte Todesfurcht wird
nicht auf die Erscheinung, sondern auf das Ausbleiben
einer weiteren Erscheinung gegründet. Auch der wunderbare Abgang des mal'ak wirkt nicht furchteinflößend,
sondern erst die (nachträgliche) Wertung der Begegnung
als Gotteserscheinung ist auslösendes Moment.[5]
Daß V 21 den Gang der Handlung stört, erscheint allerdings nicht als ausreichendes Argument, seine Echtheit

----

1 vgl. RICHTER aaO 140 Anm 92.
2 vgl. auch BHK und BHS z.St.
3 Man sollte aus dem Vorkommen des Wortes מזבה
  nicht zu weitgehende Schlüsse bezüglich einer Opfer-
  stätte ziehen (vgl. DE FRAINE, Rechters 88). Es kann
  sich ebensogut um eine Abwechslung im Ausdruck handeln, denn durch die Darbringung eines עלה für Jahwe
  wird der Fels automatisch zu einem Altar.
  Im Gegensatz zu Ri 6 ist das wundersame Zeichen hier
  nicht das Entzünden des Opfers, sondern das Verschwinden des mal'ak.
4 Zu beachten ist, daß עלה meist in der Verbindung עלה-מן
  auch bei anderen Erscheinungen als Kennzeichnung des
  Weggehens verwendet wird. vgl. Gen 17,22; 35,13.
  Damit ergibt sich eine formale und sachliche Ähnlichkeit mit 2 Kön 2,11, der Hinwegnahme Elijas (vgl. die
  Terminologie: .. ב ויעל אליהו).
5 vgl. auch RICHTER aaO 140.

zu bestreiten.[1]

Unklar ist, __wann__ die Erkenntnis bei Manoach durchge-
drungen ist, es habe sich tatsächlich um einen mal'ak
jhwh gehandelt. Das zu Beginn von V 21b verwendete אז
ist zu unbestimmt für eine genaue Aussage.[2] Jedenfalls
ist nicht ohne weiteres zu schließen, daß __in dem Augen-__
__blick__, als der mal'ak nicht mehr zu sehen war, Manoach
die Furcht überkam.

__VV 22/23__ kreisen um den Begriff des Sehens ראה , der
V 23 auf das Hören ausgeweitet wird. Im letzteren Vers
ist ומנחה als Zusatz auszuscheiden.[3]

V 22 bringt als Begründung für die Todesfurcht das
"Sehen Gottes". Die Vorstellung, daß niemand Gott se-
hen kann, ohne zu sterben, begegnet ausdrücklich
Ex 33,20 (E), ist aber auch sonst belegt.[4]

V 23 überwindet diese Furcht "rationalistisch",[5] indem das, was als todeswürdiges Tun bezeichnet wurde
(ראה qal) als Veranlassung Jahwes (ראה hi) erkannt
wird. Außerdem ist die Annahme des Opfers Beweis für
die gnädige Zuwendung Jahwes.

----

1 mit RICHTER ebd. Anm 92.
2 vgl. GESENIUS aaO 20.
3 Grund für die Einfügung des Wortes in V 23 ist der
  Zusatz V 19. Das Bedenken Manoachs, sterben zu müssen, weil er Elohim gesehen habe, wird von der Frau
  überwunden, indem sie das Geschehen auf ein Sehen-
  lassen durch Jahwe zurückführt. Außerdem steht das
  Sehen ja in Zusammenhang mit einer Botschaft, die
  Jahwe beide hören ließ und die sich auf die Zukunft
  bezieht.
4 vgl. etwa Ri 6,22f. Die weite Verbreitung in Israel
  belegen auch die späteren Vorschriften bezüglich des
  Versöhnungstages Lev 16,1ff. vgl. auch MARTIN,
  Judges 160.
5 so RICHTER aaO 140.

V 24 schließt die Erzählung ab. Bemerkenswert ist, daß der Name Simson nicht ätiologisch begründet wird.[1]

Dies ist nur dadurch zu erklären, daß Ri 13 nicht ursprünglich zu den Simsonerzählungen gehörte und der Name des Helden demzufolge bereits vorgegeben war.[2]

V 24bβ kennzeichnet die besondere Zuwendung Jahwes,[3] die von keiner der anderen Richtergestalten berichtet wird.[4]

Gleichzeitig kennzeichnet der Versteil die Erfüllung der zweiten Hälfte der Zusage, Simson werde ein Gottgeweihter sein, also einer, der zu Jahwe in einer besonderen Beziehung steht.

V 25 Der Vers schlägt die Brücke zwischen der nachträglich komponierten Geburtsankündigungserzählung und den im Gebiet von Zora Eschtaol umlaufenden Erzählungen über Simson. Im jetzigen Kontext und in der jetzigen Funktion ist er durchaus sinnvoll.[5] Allerdings dürfte er nicht zum ursprünglichen Bestand der Simsonerzählungen gehört haben, sondern zusammen mit Kap 13 als Überleitung zum Erzählkranz entstanden sein.[6]

----

1 mit MOORE, Judges 325. vgl. dagegen 1 Sam 1.
2 Das gleiche gilt für alle übrigen Angaben dieses Kapitels. vgl. oben S. 146.
3 ähnlich 1 Sam 3,19; vgl. DE FRAINE, Rechters 89.
4 vgl. HERTZBERG, RICHTER 229.
5 geg. RICHTER aaO 140 Anm 92.
6 Zum Ort Mahane-Dan vgl. GRAY, Judges 346f.

Zusammenfassend bleibt festzuhalten:

- Das Kapitel Ri 13 ist literarisch zwar weitgehend einheitlich, gehört aber nicht zum ursprünglichen Bestand der Simsonüberlieferungen.
- Der Aufbau ist konsequent: Unklarheiten im Text sind sachlich begründet, sie sind erklärbar und erweisen sich sogar z.T. als aus sachlichen Gründen gefordert.[1]
- Lücken in den erwarteten Angaben kennzeichnen Lücken in der Überlieferung.[2]

Die Beziehung zwischen Ri 13 und den übrigen Simsonerzählungen läßt sich vielleicht so vorstellen:
Von Simson sind Taten überliefert, die einen Einfluß Jahwes auf ihn erkennen lassen und nur unter diesem Einfluß verständlich sind. Gleichzeitig ist von ihm bekannt, daß sein Haar für seine übermenschlichen Fähigkeiten sehr wichtig ist, genauer gesagt, seine Kraft ist darin begründet, daß kein Schermesser auf sein Haupt kommt. Ebenfalls bekannt sind sein Grab, der Name seines Vaters, seine Stammeszugehörigkeit und der ungefähre Bereich seines Wirkens.[3]
Die Verbindung mit dem Nasiräat dürfte jedoch sekundär sein.[4]
Denn die einzige Stelle, in der außer im vorliegenden Kapitel auf das Nasiräat Simsons angespielt wird, Ri 16,17, muß wohl als Glosse angesehen werden.[5]

----

1 vgl. etwa zu VV 13ff.
2 Dies betrifft etwa den Namen der Frau und die fehlende Ortsbestimmung.
3 Diese Angaben, die in der Notiz über Simsons Grab Ri 16,31 begegnen, dürften als Fixpunkte in der Simsonerzählung gelten. vgl. auch GRAY, Judges 236.343
4 vgl. dazu u.a. BLENKINSOPP aaO 67.
5 Dies ergibt sich daraus, daß Simson sich in keiner Weise wie ein Nasiräer verhält, das Nasiräat im gesamten Erzählkranz keine Rolle mehr spielt (im Gegensatz zu der Tatsache, daß der "Geist des Herrn"

Anlaß für Annahme und Eintragung des Nasiräats dürfte
darin begründet sein, daß man außer den Nasiräern keine
Gruppe kannte, zu deren spezifischen Kennzeichen es gehörte, sich die Haare wachsen zu lassen. Außerdem rück-
te Simson damit in ein besonderes Verhältnis zu Jahwe.
Doch scheint Ri 13 die ausführlichen Bestimmungen des
Naseräatsgesetzes von Num 6 nicht zu kennen.[1]
Da für diesen Text übereinstimmend priesterschriftliche
Herkunft angenommen wird, ergibt sich ein Hinweis auf
die spätestmögliche Datierung von Ri 13.[2]
Weil von Simson aber keine Berufungserzählung überliefert ist, wird Ri 13 als Einleitungsgeschichte vor den
ganzen Erzählkranz gesetzt. Das Kapitel verwendet dabei als "geläufige Motive":[3]

- das wunderbare Gebären einer Unfruchtbaren oder Alten,
- die Verheißung eines Sohnes,
- die Gastfreundschaft gegenüber Göttern,
- Erkenntnis des Gegnübers,
- Furchtmotiv.[4]

----

(5) ihn überfällt). In Ri 16,17 gibt der כי -Satz
   die Begründung dafür, daß Simsons Haupthaar nicht ge-
   schoren wurde. Das aber ist nicht gleichbedeutend mit
   der Begründung seiner außerordentlichen Kraft, die
   mit dem ungeschnittenen Haar, nicht aber primär mit
   dem Nasiräat zusammenhängt. Zudem ist nach Num 6 eine
   Verunreinigung des Nasiräers gleichbedeutend mit dem
   Ende seines Nasiräats, was auf Simson nicht zutrifft.
1 Zum Verhältnis von Num 6 und Ri 13 vgl. neuestens
   ZUCKSCHWERDT, E., Zur literarischen Vorgeschichte
   des priesterlichen Nazir-Gesetzes (Num 6,1-8).
   ZAW 88 (1976) 191-205.
2 In der einzigen weiteren Belegstelle für diese Einrichtung, Am 2, ist als Kennzeichen für den Nasiräer
   die Enthaltsamkeit von Wein betont, während das Wachsen der Haare nicht genannt ist. Das schließt aber
   nicht aus, daß auch Amos eine solche Vorschrift für
   den Nasiräer kennt.
3 vgl. RICHTER, W., Traditionsgeschichtliche Untersuchungen zum Richterbuch. Bonn 1963 (BBB 18) 141f.
4 Auch wenn man im Gesamt dem Ergebnis zustimmen kann,
   so ist das angenommene Motiv "Gastfreundschaft gegenüber Göttern" mit Skepsis zu betrachten. Wenn nämlich
   Ri 13 eine nachträgliche Komposition ist, die eigens

Im Rahmen der Komposition, die unter Verwendung bekannter Überlieferungselemente die Berufung des Simson erzählen will, aber offensichtlich nichtüberlieferte,
nachprüfbare Angaben vermeidet, fällt neues Licht auf
den Zug, daß der Name der Frau nicht genannt wird und
die Begegnung "auf dem Feld" - irgendwo zwischen Zora
und Eschtaol stattfindet.
Die genannte Sicht von Ri 13 macht auch verständlich,
warum die Berufung Simsons vor seine Geburt zurückver-
legt wird.[1]
Dagegen ist der Zug, daß die Haare Simsons seit seiner
Geburt nicht geschnitten wurden, so sehr mit seiner Person und seinem Leben verbunden, daß er als Vorschrift
seinen Eltern nahegebracht werden mußte. Für eine solche Erzählung bietet sich in Rück griff auf die Väter-
geschichte die Möglichkeit an, die Ankündigung der Geburt eines Sohnes mit einer Erscheinung zu verbinden.[2]
Für eine zeitliche Einordnung des Kapitels ist wichtig,
daß der Text offensichtlich früher als Num 6 anzusetzen ist, andrerseits gegenüber den übrigen Simsonerzählungen sekundär ist.[3]

----

(4) zu dem genannten Zweck verfaßt wurde, ist nicht damit
zu rechnen, daß die Forderung des 1. Dekaloggebots
so bewußt übergangen und theologisch bedenkliche Züge
aufgenommen wurden.
1 Hätte man von Simson selbst eine Berufungsgeschichte
mit der eigentümlichen Variante des Nasiräats berichtet, so hätte man auch erklären müssen, warum Simson
sich in keiner Weise an die Verpflichtungen eines
Nasiräers hielt.
2 vgl. dazu Gen 18. Dort richtet sich die Erscheinung
jedoch an den Vater. In der angezogenen Parallele
findet sich neben dem Motiv der Ankündigung der Geburt eines Sohnes durch Göttliche auch das Motiv des
wunderbaren Gebärens einer unfruchtbaren, weil alt ge-
wordene Frau, sowie das Motiv der Gastfreundschaft.
Bezüglich der ersten beiden Motive vgl. auch 1 Sam 1,
wo aber an die Stelle einer Erscheinung das Heils-
wort des Priesters tritt.
3 Als weiteren Hinweis könnte man die Analogie zur Gestalt Samuels werten; bei beiden Gestalten liegt

Der damit gegebene Zeitraum läßt sich weiter einengen
durch die Beobachtung, daß im dtn/dtr Bereich kein
mal'ak begegnet, was auf eine vordeuteronomische Entstehung von Ri 13 hindeutet. Von den Betroffenen,
Manoach und seiner Frau, wird dieser mal'ak wahrgenommen als Gottesmann, d.h. also als Mensch mit menschli-
chem Auftreten. Damit ergibt sich eine Parallele zum
Auftreten des mal'ak in Ri 6,[1] doch wird gegenüber Ri 6
die Ausstattung des mal'ak mit prophetischen Zügen deutlicher. In die gleiche Richtung zielt das zunächst unverständlich erscheinende Verhalten des mal'ak VV 15-20.
Die Weigerung, etwas zu essen, erscheint unter Berücksichtigung von 1 Kön 13 durchaus mit dem Bild des Got-
tesmannes vereinbar.[2] Sogar der Zug, daß der mal'ak in
der Flamme des (Opfer) Feuers aufsteigt, hat eine Parallele in der Entrückung Elijas 2 Kön 2, womit Ri 13 zudem
eine sprachliche Parallele verbindet.[3] Sachlich läßt
sich eine Brücke schlagen zu Gen 16.21, in denen die Geburt eines Kindes angekündigt und sein Schicksal vorher-
gesagt wird. Damit ergibt sich ein doppelter Bezug: einmal zur elohistischen Schicht des Pentateuch, andrerseits
zur frühen israelitischen Prophetie. Als Funktion des
mal'ak läßt sich festhalten, daß er von Gott gesandt ist,
um die Geburt eines Retters für Israel anzukündigen. Er
macht damit deutlich, daß Jahwe sein Volk trotz der gegenwärtigen Notlage nicht verlassen hat. Die stark ange-
lehnte Zeichnung des mal'ak an die Gestalt des Gottes-
manns läßt an eine Herkunft der Erzählung aus Kreisen
nordisraelitischer Prophetie denken.[4]

----

(3) eine Geburtsankündigungserzählung vor, beide stehen
    zudem in besonderer Beziehung zu Jahwe.
1 vgl. oben S. 143.
2 vgl. auch dort z.St.
3 vgl. oben S. 154.
4 Damit bestätigt sich die bereits aus anderen Gründen
  angegebene zeitliche Ansetzung der Erzählung vor dem
  Deuteronomium.

3. Zusammenfassung

In den Richtererzählungen begegnet der mal'ak Ri 6
und Ri 13.[1] In Ri 6 beruft er den Gideon zum Retter
Israels, in Ri 13 tritt er auf, um dem (kinderlosen)
Manoach und seiner Frau die Geburt Simsons anzukündi-
gen. In beiden Fällen wurden die Erzählungen nachträg-
lich den ursprünglich über die Helden umlaufenden Be-
richten angefügt. Sowohl in der Beschreibung der je-
weiligen Situation wie in der Zeichnung des mal'ak
zeigen sich Gemeinsamkeiten.
- Hintergrund ist eine akute Bedrückung Israels durch
  Feinde.
- Die Berufung des Retters ist Antwort Jahwes auf das
  Schreien des Volkes.
- Die Begegnung mit dem mal'ak wird von den Beteilig-
  ten als Begegnung mit einem "Gottesmann" erfahren.
  Furcht stellt sich erst im nachhinein ein.
- Beidemal schließlich wird ein Opfer dargebracht, in
  dessen Zusammenhang der mal'ak entschwindet.

Die Zeichnung des mal'ak als Gottesmann verdient nähere
Betrachtung. Denn sowohl für sein Auftreten und sein
Verhalten als auch für sein Weggehen lassen sich Anhalts-
punkte in Berichten über andere Gottesmänner finden,
die als Parallelen herangezogen werden können. Das
Stichwort איש האלהים selbst fällt Ri 13,6 im Munde
der Frau des Manoach.
Für die Weigerung, etwas zu essen, findet sich eine
Parallele in 1 Kön 13 und das Auftreten des mal'ak
zeigt Ähnlichkeiten mit dem Auftreten Elias und
Elischas. Sogar für das Aufsteigen des mal'ak in
(oder mit?) der Opferflamme Ri 13,20 ergibt sich

----

1 Die Belegstellen Ri 2,1-5 und Ri 5,23 sind im Zusammenhang der Auszugs- und Landnahmetradition
  behandelt, wo sie sachlich zusammengehören.

eine - wenn auch aufgrund der anderen Situationen abweichende - sachliche Parallele in der Entrückung
Elijas (2 Kön 2).[1]

Doch wenn man versucht, die Erscheinungs f o r m
des mal'ak näher zu fassen, zeigt es sich, daß Aussagen, die anscheinend eine habhafte Vorstellung ermöglichen, immer wieder ins Unbestimmbare zurückge-
nommen werden.[2] Der mal'ak bleibt so eine Gestalt,
die merkwürdig fließende Konturen besitzt.

Doch weisen die zu erhebenden Kriterien und vor allem
die sachlichen Ähnlichkeiten auf einen Tradentenkreis
hin, der mit der Prophetie, näherhin mit der frühen
nordisraelitischen Prophetie in enger Verbindung steht.
Die so gegebene zeitliche und geographische Eingrenzung wird gestützt durch andere Hinweise, die sich aus
mehr formalen Beobachtungen ergeben.[3]

Die Funktion des mal'ak ist in beiden Berichten eindeutig zu bestimmen: Gezeichnet wie ein Gottesmann,
unterscheidet er sich auch in der Aufgabe zunächst
nicht von ihm. In der Wortverkündigung trifft er sich
mit der Aufgabe der Propheten, die sich ja auch zu
diesem Zweck gesandt wissen. Allerdings ergeben sich
zwischen mal'ak und Prophet einige bemerkenswerte
Unterschiede:

Der mal'ak ist Ri 6.13 nicht gesandt, um ein Gerichtswort zu verkünden und aufgrund dieses Gerichtswortes
zur Umkehr zu rufen. Er bringt für Israel vielmehr
Rettung ohne vorhergehende Gerichtspredigt. Dieser
Zug ist zusammenzusehen mit einem weiteren, der ihn
vom Propheten unterscheidet: Während die Propheten in
erster Linie beauftragt sind, zum Volk als Ganzem
oder zu seinen maßgeblichen Repräsentanten zu sprechen,

----

1 vgl. oben S. 156.
2 vgl. etwa Ri 6,11 mit 6,12; Ri 13,6.9f mit 13,20.
3 vgl. oben S. 142f.

ist der mal'ak zu einem Einzelnen geschickt, der zudem keinerlei führende Stellung in seinem Stamm, geschweige denn im ganzen Volk innehat. Dies gilt für
Gideon, der sich selbst als Geringsten im Stamme
Manasse (Ri 6,14) bezeichnet, ebenso wie von Manoach
und seiner Frau, von denen nur Wohnort und Stammeszugehörigkeit erwähnt werden, nicht aber eine irgendwie
geartete Vorrangstellung. Diesen unmaßgeblichen Einzelnen hat der mal'ak eine Botschaft Jahwes auszurichten, die sich aber auf das ganze Volk auswirkt; an dieses als ganzes oder seine Führer wendet sich der mal'ak
nicht.
Die Unterschiede können aber nicht verdecken, daß
mal'ak und Prophet auf demselben geistigen Hintergrund gesehen werden müssen; auf diesem zeigen sich
beide als unterschiedliche Ausformungen derselben
tragenden Idee.[1]
Die trotz des gegenteiligen ersten Eindrucks unschar-
fe Zeichnung des mal'ak zeigt, daß ihm nur im Rahmen
seines Auftrages Beachtung geschenkt wird. Und dabei
ist es besonders wieder sein Wort, auf das es ankommt, weil es Wort Jahwes ist. Sein Auftreten, seine
Gestalt, sein Woher und Wohin kommen nur soweit in
den Blick, wie es für die Erfüllung seines Botenauf-
trages notwendig erscheint. Seine Identität zu ergrün-
den, besteht weder seitens der betroffenen Personen
noch seitens des Erzählers ein Interesse.
Sicher aber ist der mal'ak von Jahwe unterschieden
gedacht. Das zeigen beide Texte deutlich.[2]
In Ri 13 bedarf das keiner Diskussion; doch muß auch
Ri 6 so interpretiert werden, obwohl dort der Wechsel

----

1 vgl. dazu RENDTORFF, R., Erwägungen zur Frühgeschichte des Prophetentums in Israel. ZThK 59 (1962)
145-167.
2 vgl. vor allem die Zeichnung als Gottesmann.

zwischen mal'ak und Jahwe als Subjekt der Rede irri-
tieren könnte. Eindeutig wird die Beziehung jedoch
in der Opferszene. Hinzu kommt, daß Ri 6,21 mit
הלך מעיניו   kein (wunderbares) Verschwinden des
mal'ak kennt, also auch hier die Zeichnung des
mal'ak als (menschlich vorgestellter) Gottesmann
beibehalten werden kann.
Aus den beiden Belegstellen lassen sich demnach
folgende Kennzeichen festhalten:
- Der mal'ak ist eindeutig unterschieden von Jahwe.
- Die Ausformung seiner Gestalt und seiner Aufgabe
  deuten auf prophetische Kreise als geistigen Hintergrund.
- Im Gegensatz zum Propheten ist der mal'ak nicht
  Prediger des Gerichts und der Umkehr, sondern
  Überbringer des (bedingungslos) rettenden Gotteswortes.[1]

----

1 vgl. zu diesem Gegensatz Ri 6,1-10 mit Ri 6,11-24.

V. KAPITEL

DIE VORSTELLUNG VOM MAL'AK

IN DEN BERICHTEN ÜBER DIE

KÖNIGSZEIT

1. 1 Sam 29,9; 2 Sam 14,17.20; 19,28.

1 Sam 29,9; 2 Sam 14,17.20; 19,28 zeigen eine Gemeinsamkeit in formaler und sachlicher Hinsicht. Formal
handelt es sich in allen Stellen darum, daß jemand
David mit einem מלאך (ה)אלהים vergleicht. Sachlich
ergibt sich insofern eine Gemeinsamkeit, als die handelnden Personen sich David gegenüber jeweils in
einer äußerst prekären Situation befinden. Achisch
muß David das Mißtrauen der philistäischen Fürsten
erklären, die Frau aus Tekoa erbittet Gnade für den
Aufrührer Absalom, und Meribbaal hat nach der Verwei-
gerung der Heeresnachfolge vom Sieger David auch
nichts Gutes zu erwarten.[1]
Der Vergleich dient jeweils dazu, David zu schmeicheln,
und steht in Verbindung mit einem erwünschten Verhalten des Königs, das für die Bittsteller in gewisser
Weise Rettung bedeutet.
Allerdings sind aus diesen kurzen Notizen keine weiteren Schlüsse zu ziehen, weil die Textbasis zu schmal
ist. Doch ist festzustellen, daß sich auch hier die
eindeutig positive Füllung der mal'ak-Vorstellung
greifen läßt. Denn der Vergleich ist nur dann sinnvoll, wenn vom mal'ak nur Gutes zu erwarten ist und
er keine ambivalente Größe ist, die u.U. auch gefährlich werden könnte. Insofern läßt sich ein Bezug zu
den übrigen Belegstellen herstellen.

----

1 In den Kommentaren wird der Vergleich mit dem mal'ak
  kaum beachtet.

2. 2 Sam 24

Das Kapitel gehört zu den Nachträgen des 2. Samuelbuches, die wohl sehr spät an diese Stelle gekommen
sind.[1] Daß das Kapitel hier nicht an der ursprünglichen Stelle steht, gilt als sicher; eine unwiderspro-
chene Einordnung an anderer Stelle ist jedoch noch
nicht gelungen.[2] Vermutlich handelt es sich um eine
Einzelerzählung, die vom letzten Redaktor hierher
gesetzt wurde.[3] MAUCHLINE sieht in 2 Sam 24 eine
Vorbereitung zur Übergabe der Regierungsgeschäfte
an Salamo,[4] wogegen HERTZBERG[5] als Grund für den
jetzigen Platz am Ende des 2. Samuelbuches angibt,
es enthalte "den hieros logos des Jerusalemer Heiligtums" und sei deswegen von Kap 21, mit dem es
einige Züge gemeinsam habe, getrennt worden.[6]
Bezüglich der Struktur des Kapitels kommen die einzelnen Forscher zu höchst unterschiedlichen Ergebnissen. Während FUSS[7] einen durchgängigen Erzählfaden
annimmt, der die VV 2.4b.8f.15a$_\alpha$b.17[+].18.19[+].25 umfaßt, möchte SCHMID[8] einen Querschnitt bei V 11a und

----

1 vgl. dazu u.a. HERTZBERG aaO 11 ("deuteronomisti-
  scher Endredaktor"); RUPPRECHT aaO 5.
2 Zur wechselnden Zuordnung vgl. FUSS, W., II
  Samuel 24. ZAW 74 (1962) 145-164, hier 145f.
3 mit FUSS aaO 148/149. Dieses Urteil sagt jedoch
  noch nichts über das Alter der Erzählung bzw. der
  verarbeiteten Überlieferungen. Nicht zulässig
  scheint somit, das Kapitel "ganz unabhängig von
  den Problemen, die das deuteronomistische Geschichtswerk aufgibt", zu sehen (gegen RUPPRECHT
  aaO 5).
4 vgl. aaO 327f.
5 aaO 338.
6 HERTZBERG repräsentiert damit die überwiegende Zahl
  der Kommentatoren. Zum Kapitel selbst vgl. außerdem
  SCHMID, H., Der Tempelbau Salomos in religionsge-
  schichtlicher Sicht. in: KUSCHKE, A., und KUTSCH, E.,
  (Hrsg.), Archäologie und Altes Testament (Festschrift K. GALLING) Tübingen 1970, 241-250, bes.
  245-247. Sowie ROFE aaO XVI
7 aaO 160.
8 aaO 245/246.

nach V 17 legen und RUPPRECHT[1] findet drei getrennte
Erzählungen.[2]
Diese so unterschiedlichen Ergebnisse fordern eine genauere Püfung des Kapitels.
Als ungewöhnlich ist zu beachten, daß einzelne Verse
von <u>dem König</u> (הַמֶּלֶךְ) sprechen,[3] während andere
von <u>David</u> handeln.[4] Beide Begriffe zusammen begegnen
nur VV 21.22.

Joab spricht sein Gegenüber als "mein Herr und König"
an (V 3 gleich zweimal), eine Anrede, die VV 21.22
im Munde Araunas wiederkehrt, sich jedoch sonst nicht
findet. Als parallele Bildung ist die Wendung "Jahwe,
mein (dein) Gott" (VV 3.22.24) anzusehen.

Joab begegnet nur innerhalb der VV 2-9 in Verbindung
mit dem Ausdruck "der König", Gad VV 13.14.18.19 ausschließlich mit "David".

Die Häufung der Hinweise, die sich durch das ganze Kapitel ziehen, macht die Annahme von Querschnitten unwahrscheinlich.[5] Erfolgversprechender scheint der Versuch, einen Längsschnitt zu legen. Als Grobraster kann
dabei die Unterscheidung der Bezeichnungen "König"/
"David" dienen.[6]

----

1 aaO 6.
2 vgl. ebd. 6: VV 2-9 Geschichte von der Volkserzäh-
   lung; VV 11-15 die Gad-Erzählung oder Wie David aus
   drei Strafen eine auswählen durfte; VV 16-25 die
   Ätiologie von Davids Altar auf der Tenne des Arauna.
3 vgl. VV 2.3.4.9.20.21.22.23.
4 vgl. VV 1.10.11.12.13.14.17.18.19.20.21.22.24.25.
   Ohne eine solche Kennzeichnung sind VV 5-8 (Reiseweg der Zensoren) und V 15f.
5 gegen SCHMID aaO 246 und RUPPRECHT aaO 6f.
6 Nach ihnen werden die Schichten vorerst als Königs-
   bzw. Davidschicht benannt. Die Bezeichnung ist rein
   formaler Art und darf nicht mißverstanden werden
   als Festlegung auf eine bestimmte zeitliche Priorität. Solche Fragen sind erst am Ende der Untersuchung zu klären.

V 1 leitet die Erzählung ein und verweist durch das
ויסף auf etwas früher Berichtetes.[1] Eine sichere Aussage über diesen Bezugspunkt kann nicht gemacht werden.
V 1 bekommt damit eine deutlich verbindende Funktion.
In der Nennung Davids stößt er sich mit V 2. Das Wort
מנה für das Vorhaben Davids begegnet im ganzen Kapitel nicht mehr, und die Unterscheidung Israel/Juda findet sich nur noch V 9. Auch das ist eine Spannung zu
V 2, der von ganz Israel spricht (כל שבטי ישראל).
Diese Beobachtungen lassen für V 1 und V 2 unterschiedliche Schichten vermuten.
Während V 1 der David-Schicht angehört, beginnt V 2
die Königs-Schicht. Der Vers setzt ein mit einem direkten Befehl an Joab und die Heerführer.[2] Diese Änderung gegenüber dem MT zieht die Änderung des ersten
Imperativs nach sich, läßt sich aber durch den zweiten
Imperativ פקדו stützen. Auch sprechen VV 4-8 immer
von Anführern des Heeres neben Joab. Möglicher Grund
für den anderslautenden MT könnte sein, die hervorra-
gende Rolle Joabs, die sich auch VV 3.4a.9 zeigt, zu
betonen.[3] Das Siedlungsgebiet Israels wird mit der Formel "von Dan bis Beerscheba" umschrieben, der Auftrag
durch פקד als (militärische) Musterung bezeichnet.[4]
Für das Volk begegnet sowohl die Bezeichnung Israel
als auch העם .

----

1 Mit FUSS aaO 148 könnte an 2 Sam 21 und die dort beschriebene Hungersnot gedacht sein.
2 Mit FUSS aaO 149.
3 gegen FUSS aaO 149, der als Grund "mangelhaftes Ko-
  pieren von Abschreibern" vermutet.
4 vgl. SCHOTTROFF, W., Art. פקד -pqd-heimsuchen.
  THAT II 466-486, bes. 472: "Auf sie (sc. die techni-
  sche Bedeutung mustern) entfallen fast die Hälfte
  der Belege für das Qal, wobei sich die Vorkommen
  auf P und hier auf die Volkszählungskapitel des Buches Num konzentrieren". In die gleiche Richtung
  weist der Terminus מספר (vgl. ebd.).

<u>V 3</u> schließt an V 2 a und hat mit ihm das Wort מלך
gemeinsam. Joab ist deutlich als Sprecher gekennzeichnet, der den Einwand gegen den Befehl des Königs vor-
bringt. Weder Wortwahl noch Tendenz des Verses zeigen
Unterschiede zu V 2, die eine andere Zuweisung erfor-
derten.[1]

<u>V 4</u> Mit dieser Feststellung ist gleichzeitig V 4a als
direkte Fortsetzung von V 3 der Königs-Schicht zuzuweisen. Der Vers bringt keine Antwort Davids auf den
vorsichtigen Einwand Joabs - was vielleicht zu erwarten wäre -, sondern berichtet die Erfolglosigkeit
Joabs und dann in V 4b die Ausführung des königlichen
Befehls. Zwischen V 4a und V 4b ist kein Bruch festzustellen.[2]
Die Aufnahme von פקד aus V 2 stützt die Zuweisung zur
Königs-Schicht. Auffällig jedoch ist die steife Konstruktion am Versende, wodurch der Vers überfüllt wirkt.
Die Streichung eines Objektes als Glosse scheint dennoch nicht genügend begründbar. Zwar wäre את ישראל
als Glosse denkbar, dagegen spricht aber die Verankerung des Wortes in V 2. Für die Annahme von העם als
Glosse gilt Entsprechendes.

<u>VV 5-7</u> beschreiben den Reiseweg der Zensoren, der den
(idealen) Grenzen des Reiches folgt[3] und sich inhaltlich mit der V 2 genannten Wendung "von Dan bis

----

1 gegen RUPPRECHT aaO 6. Daß die Auffassung vom Zensus
  sich "so sehr mit derjenigen der sekundären redaktionellen Einleitung (v. 1)" decke (ebd.), ist so
  wohl nicht aufrecht zu erhalten. Eine Warnung Joabs
  ist aus V 3 zwar herauszulesen, ist jedoch kein
  Grund, V 3 (und damit auch V 4a) als sekundär zu bestimmen; auch gegen FUSS aaO 155.
2 Daß V 4b auch nahtlos an V 2 anzuschließen ist, kann
  erst dann herangezogen werden, wenn zwischen V 4a
  und V 4b eine unüberbrückbare Spannung bestände.
  Das ist aber nicht der Fall. gegen FUSS aaO 155.
3 mit FUSS aaO 155/156.

Beerscheba" deckt. FUSS[1] möchte den Reiseweg als Einschub fassen und argumentiert mit dem Fehlen der entsprechenden Verse in der Chronikparallele und dem engen Anschluß von V 8 an V 4.[2]
Die Wiederaufnahme des Wortes שום in V 8 ist aber
ebensogut verstehbar als Zusammenfassung der Einzel-
etappen. Das Fehlen der entsprechenden Verse in der
Chronikparallele ist deshalb nicht als Kriterium
heranzuziehen, weil sich hierfür andere Gründe wahrscheinlich machen lassen.[3]
Ein gegenüber der vorhergehenden Königs-Schicht sekun-
däres Verhältnis ist demnach nicht anzunehmen.[4]

<u>V 8</u> faßtden vorausgegangenen Reiseweg zusammen und
gibt zudem die Dauer der Musterung an. Eine Zugehörigkeit zur Königs-Schicht ist deutlich.

<u>V 9</u> Die Erzählung kommt hier zu einem gewissen Ruhe-
punkt. Der enge Anschluß an V 8 und die Voraussetzung
der VV 2-8 erlauben eine eindeutige Zuweisung zur Königs-Schicht, die durch die handelnden Personen Joab
und den König bestätigt wird. Aus V 2 wird das Wort
מספר aufgenommen und der Vorgang selbst als מפקד-
העם bezeichnet. V 9b wirkt durch die Erwähnung

----

1 aaO 151.156.
2 Bei Letzterem ist Hauptargument die Wiederaufnahme
 von שום , das im Gegensatz zu VV 5-7 ein Umherschweifen im Lande voraussetze. (vgl. ebd. 156). Dem ist
 entgegenzuhalten, daß der Reiseweg tatsächlich be-
 fehlsgemäß durch alle Stammesgebiete Israels führ-
 te und somit den Vollzug der königlichen Weisung
 verdeutlicht. Zudem scheint ein Umherschweifen im
 Lande der spezifischen Aufgabenstellung nicht angemessen.
3 Diese sind vor allem theologischer Art. vgl. zu
 1 Chr 21.
4 Auch wenn das Stichwort מלך in diesen Versen nicht
 begegnet, bietet sich die Königs-Schicht als Zuordnung an. Als Indiz für die Richtigkeit dieser Vermutung
 kann die Aufnahme von יצא V 7 dienen, die den Vers
 mit VV 3.4 verbindet.

der Zahl für Juda überfüllt. Zusammen mit der Beobachtung, daß die Königs-Schicht bisher nicht zwischen
Juda und Israel unterschied, ergibt sich der Verdacht
einer sekundären Zufügung. Dieser erhärtet sich, wenn
man die Unterschiede beider Zahlenangaben betrachtet.
Entspricht V 9b mit der Zahl für Israel durch die Er-
läuterung איש חיל שלף חרב genau der Zielsetzung des
פקד , trifft dies für die Zahl für Juda nicht zu.
Die Angabe ist unspezifisch und entspricht damit dem
מנה V 1. Weil sich hier zudem die Unterscheidung
Juda/Israel findet, ist V 9bß der David-Schicht zuzuordnen.

Zwischen V 9 und V 10 klafft ein Riß,[1] was sich auch
formal in der Nennung Davids äußert. Im jetzigen Kontext ist aus den vorhergehenden Versen kein Grund für
die Aussage V 10 festzustellen. Eine negative Auswirkung der Musterung wird nicht erwähnt. Von daher drängt
sich der Eindruck auf, V 10 sei ein redaktionell ge-
schaffener Überleitungsvers. Er knüpft mit dem Ausdruck
ספר העם an מספר מפקד העם V 9 an, doch fehlt V 10
der spezifische Kontext, der מספר V 9 als terminus
technicus der Verwaltungs- und Militärsprache aus-
weist. V 10 geht es demgegenüber einfach um die Feststellung der Zahl, wobei der Kontext der VV 2-9 nicht
vorausgesetzt wird.[3]
Das Sündenbekenntnis Davids stößt sich auf den ersten
Blick mit V 13, wo es nicht berücksichtigt zu sein

----

1 vgl.auch RUPPRECHT aaO 6.
2 vgl. dazu zu V 2.
3 Der einleitende Ausdruck ויך לב begegnet im AT außer
  an dieser Stelle nur noch 1 Sam 24,6 und ist dort unsicher. Die dort bestehenden Schwierigkeiten sind
  bis heute nicht gelöst. vgl. dazu STOEBE, H.J., Das
  erste Buch Samuelis. Gütersloh 1973 (KAT VIII,1)
  438-441, bes. 439f. Aus diesem Grunde kann mit dem
  Ausdruck nicht argumentiert werden.

scheint und mit dem erneuten Schuldbekenntnis V 17,
in dem David seine Alleinschuld beklagt und darum
Jahwe um Schonung des Volkes bittet.[1] Gegen diese
Sicht spricht, daß sowohl V 10 wie V 17 das Wort
חטא [2] in Verbindung mit dem Namen David begegnet,
während sich in dem zweiten verwendeten Verbum, das
die Verfehlung bezeichnet (V 10 סכל (ni), V 17 עוה
(hi)), eine Steigerung feststellen läßt.[3]
Daß V 10 nicht in V 13 berücksichtigt wird, ist ebenfalls zweifelhaft. Hierauf weist schon der direkte
Zusammenhang zwischen dem Bekenntnis Davids und dem
Auftreten Gads hin, der noch deutlicher wird, wenn
man V 11a vor V 13 umstellt.[4] Möglicherweise ist auch
das Motiv der Auswahl der Strafe als Berücksichtigung
von V 10 zu fassen.
Gegenüber Versen der David-Schicht ergibt sich damit
kein unüberbrückbarer Gegensatz, der eine Zuweisung
von V 10 zu dieser Schicht verhinderte.

----

1 vgl. FUSS aaO 156.
2 Hierzu vgl. auch WOLFF, H.W., Zur Thematik der elohistischen Fragmente im Pentateuch. EvTh 29 (1969)
  59-72 (= Gesammelte Studien 2 402-417), der חטא
  bei E als Kontrastwort zur Gottesfurcht faßt (ebd.
  411 Anm. 18).
3 Während סכל (ni) nur 4x im AT belegt ist
  (1 Sam 13,13; 2 Sam 24,10; 1 Chr 21,8; 2 Chr 16,9)
  und am besten wiederzugeben ist mit "sich töricht
  verhalten", drückt עוה (hi) ein Verdrehen aus
  (Jer 3,21; Ijob 33,27) oder aber ein "sich vergehen"
  (2 Sam 7,14; 19,20; 24,17; 1 Kön 8,47; Jer 9,4;
  Ps 106,6; 2 Chr 6,37). Zur inhaltlichen Füllung
  von עוה vgl. KNIERIM, R., Art. עוה -cawōn-Verkehrt-
  heit: THAT II 243-249. Bemerkenswert ist, daß die
  überwiegende Zahl der Belege für das Verb exilisch-
  nachexilischen Ursprungs ist. vgl. ebd. 243.
4 Die Umstellung hat FUSS aaO 154 wahrscheinlich gemacht. Nicht gefolgt kann ihm allerdings werden,
  anstelle David Gad zu lesen und daraus auf ein
  Ergehen des Jahwewortes in der Nacht zu schließen.
  (ebd.)

V 11: V 11a ist wohl vor V 13 umzustellen.[1]
V 11b ist dann die direkte Reaktion Jahwes auf das
Gebet Davids. Für die Zuweisung des Verses zur gleichen Schicht wie V 10 spricht die Einführung Gads als
נביא , erläutert durch חזה דוד. Dieser Zusatz stellt
die Verbindung beider Männer her, wirkt jedoch gezwungen. Doch der Eindruck reicht nicht aus, ihn als sekundär einzustufen.

V 12 schließt direkt an V 11 an und wird von ihm gefordert. Die ausführliche Einleitung des Spruches
V 12a α entspricht genau der prophetischen Botenspruch-
formel. Zudem faßt V 12 den V 13 ausführlich berichteten Spruch zusammen und ergänzt ihn.

V 13 Gad folgt dem Auftrag und verkündet (נגד (hi))[2]
David den Spruch Jahwes, legt ihm die Wahlmöglichkei-
ten vor und drängt zu einer Entscheidung. Der Vers ist
unlösbar mit dem Kontext verwoben.

V 14 David vermeidet in seiner Antwort eine Entscheidung, schließt aber eine Verfolgung durch Feinde aus.[3]
Mit der Begründung seiner Antwort (נפלה-נא ביד
יהוה כי רבים רחמיו) gibt David das Stichwort für das
Handeln Jahwes V 16.
Die VV 10-14 sind so eng verbunden, daß sie als einheitlich angesehen werden müssen. Wortwahl und Vorstellungshintergrund weisen sie der David-Schicht zu.

----

1 mit FUSS aaO 154. Damit erübrigt es sich, den Teil
  als "erratischen Block" zu fassen (gegen RUPPRECHT
  aaO 7), oder mit SCHMID aaO 246 zu vermuten, es habe eine nicht mehr erhaltene Fortsetzung gegeben,
  in der "der Seher Gad auf(trat), der ebenfalls zur
  alten Garde gehört hatte (cf 1 Sam 21,5)".
2 Das Wort wird hauptsächlich im gottesdienstlichen
  Bereich verwendet. vgl. WESTERMANN, C., Art. נגד-
  ngd hi.- mitteilen: THAT II 31-37, bes. 35f.
3 vgl. auch FUSS aaO 153.

<u>V 15</u> Im jetzigen Kontext schließt der Vers an V 14 an.
Allerdings fällt ins Auge, daß V 15^{+} genau parallel zu
V 9 gebaut ist.[1]
Lediglich die Ausdrücke מהבקר ועד את-מועד und מדן ועד
באורשבע haben keine Parallele. Während sich jedoch der letztere Ausdruck in der Königs-Schicht findet, ist der erstere eindeutiger Verweis auf die David-
Schicht.[2] Ohne die Worte מהבקר ועד עת מועד wäre
V 15 gut anzuschließen an V 9 und kennzeichnete den sofortigen Ausbruch der Pest nach Abschluß der Musterung.
Die (erfolglose) Warnung Joabs würde bestätigt. In die
gleiche Richtung weist die Beobachtung, daß V 15 nicht
zwischen Juda und Israel unterscheidet. Für einen Anschluß an V 14 spricht neben dem genannten Ausdruck
die Aufnahme des Stichwortes דבר . Auch בבקר könnte als Wiederaufnahme aus V 14 verstanden werden und
den sofortigen Ausbruch der Pest als Antwort Jahwes
auf die Äußerung Davids kennzeichnen. Beide Zuordnun-
gen sind somit möglich. Gemeinsam ist ihnen, daß der
Ausbruch der Pest auf den Abschluß der Musterung folgt.[3]

<u>V 16</u> Ohne einen erkennbaren Anschluß an V 15 oder einen
vorhergehenden Vers setzt V 16 abrupt mit der Einführung des mal'ak ein.[4]

----

1 ויתן יואב את-מספר מפקד העם אל המלך ותהי ישראל   V 9
..וימת מן העם   בישראל   דבר   ויתן יהוה   V 15
... שמנה מאות אלף איש חיל   V 9
אלף איש   שבעים   V 15.
2 Mit RUPPRECHT aaO 7 ist davon auszugehen, daß ein bestimmter Zeitpunkt gemeint ist.
3 Die hier genannte Zahl ist als runde Zahl zu fassen.
Mit ihr ist nicht gegen die Angabe der Dauer der
Seuche zu argumentieren; so zu Recht RUPPRECHT
aaO 7 gegen FUSS aaO 157.
4 Besonders auffällig ist dabei, daß der mal'ak bei
seinem ersten Auftreten bereits mit Artikel vorgestellt wird. vgl. auch FUSS aaO 158.

RUPPRECHT[1] läßt mit diesem Vers die Altarätiologie
einsetzen. Ein direkter Bezug auf die vorhergehenden
Verse ist nicht festzustellen. Lediglich רעה könnte
als allgemeiner Rückverweis gedeutet werden. Bedeutsam scheint, daß der mal'ak mit Artikel eingeführt
wird, also wohl als bekannt vorausgesetzt ist. Seine
Absicht ist es, Jerusalem zu zerstören (שחת), ein
Wort, das nicht spezifisch ist für die Vernichtung
der Bevölkerung durch Pest.[2] Es beschreibt allgemein
eine vernichtende, zerstörerische Wirkung. Diese Bedeutung wird auch der zweiten Verwendung im Vers
(V 16aß) gerecht.[3] Auf das Wort Jahwes stellt der
mal'ak sein Wüten ein. Bemerkenswert ist, daß erst
V 16b vom mal'ak _jhwh_ spricht, also der Versteil, der
den mal'ak in Beziehung zum Dreschplatz des Jebusiters
Arauna setzt.[4] Im jetzigen Kontext wirkt V 16 wie ein
versprengtes Stück einer anderen Erzählung.[5] Dieser
Eindruck wird noch gestützt durch die abweichende
Schreibung des Namens Arauna. Nur in V 16 und V 18
- in beiden Fällen ist der Name mit היבסי verbunden -
begegnen abweichende Lesarten oder ein von den sonstigen Vorkommen abweichender MT.[6]

----

1 aaO 8.
2 vgl. KEEL, O., Erwägungen zum Sitz im Leben des vor-
  mosaischen Pascha und zur Etymologie von פסח ZAW 84
  (1972) 414-434, bes. 424-426.
3 Dabei legt die bisherige Verwendung von עם nahe, daß
  es sich nicht um die Bevölkerung Jerusalems, sondern
  um die Bewohner Israels handelt.
4 Bezüglich der textlichen Abweichungen von LXX und
  Qumran vgl. zu 1 Chr 21.
5 Soweit ist RUPPRECHT aaO 8 zuzustimmen, nicht jedoch
  in den daraus gezogenen Konsequenzen.
6 vgl. BHS z.St. In V 16 ist der Name mit אורנה angegeben, wobei außerdem der Artikel vor dem Namen ir-
  ritiert. V 18 nennt dieselbe (?) Person ארניה .
  Von daher ist zu bezweifeln, ob der Ort wirklich ursprünglich mit einer Erscheinung verbunden war.
  gegen SCHMID aaO 246f, RUPPRECHT aaO 10f, FUSS
  aaO 162.

V 17 wirkt überfüllt. Auffällig ist die Wiederaufnahme
des ויאמר . Sie wird erklärlich, wenn בראתו את המלאך
המכה בעם (ויאמר) nachträglich zugefügt ist und den
ursprünglichen Gedanken unterbrochen hat.[1] Dann aber
stehen V 17[+] und V 16 unverbunden nebeneinander.[2]
Die Nennung Davids legt eine - zumindest vorläufige -
Zuordnung zu dieser Schicht nahe. Zu beachten ist jedoch die Abweichung in Qumran, die durch 1 Chr 21,17
und LXX[B] gestützt wird: statt העויתי lesen diese Textzeugen הרעה הרעתי .

V 18 Ebenso wie V 10f folgt auf das Gebet Davids sofort - so wird man ביום ההוא zu verstehen haben -
die Weisung Jahwes, vermittelt durch Gad. David soll
einen Altar auf dem Dreschplatz des Jebusiters Arauna
errichten. Ein Zweck wird nicht angegeben.[3] Die Er-
richtung des Altars wird mit הקים מזבה ausgedrückt.
Dieser Terminus findet sich außer an dieser Stelle
nur noch in der Chronikparallele 1 Chr 21,18 und in
2 Kön 21,3, bezeichnet aber in der letzten Stelle das
Errichten von Baalsaltären.[4]
Damit ergibt sich eine terminologische Spannung zu
V 21b (בנה מזבה). Die Motivierung des Altarbaus
mit einem Wort des Propheten Gad ohne Erwähnung einer
Erscheinung macht deutlich, daß der Ort ursprünglich
wohl nicht mit einer Erscheinung in Zusammenhang gebracht wurde.[5]

----

1 mit FUSS aaO 158 gegen RUPPRECHT aaO 8.
2 mit FUSS ebd.
3 vgl. auch RUPPRECHT aaO 10.
4 Die gewöhnliche Umschreibung des Vorgangs lautet
  בנה מזבה . הקים ist in dtn.-dtr., prophetischer
  und priesterlicher Theologie vor allem mit einem
  Handeln Jahwes verbunden und bekommt dadurch je
  spezifische theologische Füllungen. vgl. AMSLER, S.,
  Art. קום -qūm -aufstehen: THAT II 635-664, bes.
  639-641.
5 vgl. auch FUSS aaO 159.

In V 19, der terminologisch eng mit V 18 verbunden ist,
fällt der doppelte Bezug zum Vorhergehenden auf.[1]
Der Ausdruck כדבר גד weist zurück auf V 18. Als Motiv für das Handeln Davids erscheint die Begründung
ausreichend. Die zweite Begründung stört deswegen,
weil sie den Altarbau durch David auf einen (direkt
ergangenen ?) Befehl Jahwes zurückführt. Die ausführliche (doppelte) Begründung läßt das Bemühen erkennen,
jede Willkür Davids (oder des Königs ?) bei der Stand-
ortwahl auszuschließen. Diese Tendenz wird aber nur
dann voll verständlich, wenn der Platz erst sekundär
mit einer Erscheinung verbunden wurde.[2] Insofern bestätigt sich auch sachlich die enge Zusammengehörigkeit mit V 18.
Zwischen V 19 und V 20 ist ein Bruch festzustellen,
der sich vor allem im Wechsel der Erzählperspektive
äußert.[3] Hinzu kommt, daß die handelnden Personen
Arauna und der König (nicht David) sind. Formal fällt
auf, daß V 20a mit שקף und ראה zwei Verben des
Sehens direkt nebeneinanderstellt. Die Zusammenstellung beider Verben auf so engem Raum begegnet nur
noch Klgl 3,50, entferntere Parallelen sind Gen 19,28;
26,8. Eine Auffüllung des Verses scheint demnach möglich, ist jedoch nicht zwingend. Ähnliches läßt sich
für den Ausdruck ראת עבדי עבדים עליו sagen. Auch
bei ihm legt sich der Verdacht einer sekundären Auffüllung nahe, weil die Knechte im weiteren Verlauf
nicht mehr begegnen. Doch auch diese Annahme ist nicht
zwingend. Neben dem Begriff מלך verbindet V 20 die
Wiederaufnahme von יצא mit der Königs-Schicht.

----

1 Die abweichende Lesart בדבר גד (vgl. BHS z.St.)
  ist als Glättungsversuch nicht zu berücksichtigen.
2 vgl. dazu zu V 18.
3 vgl. RUPPRECHT aaO 9.

V 21 führt in seinem ersten Teil V 20 folgerichtig
weiter. Es fällt aber auf, daß in V 21b der Name David
begegnet, obwohl V 21a vom König redet. V 21b bringt
auch erstmals seit V 16 wieder einen Rückbezug auf das
Unheil (מגפה), das David veranlaßt den Dreschplatz
zu kaufen. Die Antwort Davids ist deutlich zweigeteilt:
Kauf des Dreschplatzes und Bau eines Altares mit dem
Zweck, der Seuche Einhalt zu gebieten.[1]
Im Unterschied zu V 18 wird als Wort für den Bau des
Altares בנה verwendet. Um das Aufhören der Seuche zu
kennzeichnen, verwendet der Verfasser עצר (ni), das
in Verbindung mit מגפה Num 17,13.15; 25,8;
2 Sam 24,21.25; Ps 106,30; 1 Chr 21,22 begegnet.[2]
Damit steht V 21 in engem Zusammenhang mit den Versen
der David-Schicht.[3]

In **V 22** fällt auf, daß der Name David genannt ist, obwohl in V 21b in gleicher Situation der Name des Angesprochenen fehlt. Sprachlich unterscheidet sich V 22a
nicht von der Antwort Araunas V 21. Er spricht von seinem Gesprächspartner als "mein Herr und König" und vermeidet die direkte Anrede. Dabei fordert עלה V 22a
die Erwähnung einer Opferabsicht des Königs, damit
eine Antwort auf die Frage V 21a.[4]

----

1 Der angestrebte Zweck wird erreicht. vgl. die wörtliche Wiederaufnahme des Versteils V 25.
2 In Num 17 geht es ebenfalls um eine nicht näher be-
  zeichnete Plage, die durch Räucherpfannen zum Stillstand gebracht wird. In diesem Zusammenhang begegnet Num 17 auch die Verbindung von Plage und Zorn
  Gottes. Ähnliches gilt für Num 25. Ps 106,30 nimmt
  Num 25 auf, und 1 Chr 21,22 ist Parallele zu
  2 Sam 24,21.
3 Zu überlegen wäre, ob eine Antwort des Königs wegen
  V 22 hier notwendig ist. Wenn dies so ist, könnte sie
  gelautet haben: ויאמר [לקנות מעמך את הגרן] לבנות מזבח ליהוה
  Diese erschlossene Formulierung ist zunächst reine
  Hypothese.
4 vgl. vorherige Anmerkung.

V 22b wechselt im Ton. Der König wird direkt angesprochen. Das Angebot Araunas erstreckt sich auf die zum
Brandopfer (עלה) notwendigen Dinge.[1] Aus diesen
Gründen ist die Ursprünglichkeit von V 22b zu bezweifeln. Der Sprachgebrauch weist eher in die Richtung
der David-Schicht.

V 23 ist umstritten. Insbesondere stört das doppelte
Auftreten von מלך V 23a.[2] Eine Textemendation erscheint unvermeidlich.[3] Dabei hilft die Beobachtung,
daß המלך bisher entweder als Subjekt, mit Präposition
oder aber in einer Wortverbindung[4] auftritt. Die Verbindung דבר המלך gibt V 23 keinen Sinn, wohl aber
אדני המלך , das im vorhergehenden Vers im Munde
Araunas begegnet. Eine Auslassung durch einen Bearbeiter oder Abschreiber ist deswegen denkbar, weil
ארונה und אדני relativ leicht zu verwechseln sind.[5]
המלך ist dann als Vokativ zu fassen. In der re-
konstruierten Form setzt V 23 V 22a direkt fort.
V 23b schließt die Rede Araunas. Er setzt neu ein mit
ויאמר . Die Verbindung יהוה אלהיך findet ihre Entsprechung in V 3 (Rede Joabs) und V 24aß (im Munde Davids).

----

1 Zu בקר als Begriff für opferfähige Rinder vgl. die
  gehäuften Vorkommen in Num. Ein seltenes Wort ist
  מורג (Dreschschlitten), das nur noch in der Chronikparallele 1 Chr 21,23 und Jes 41,15 begegnet.
  Auch die Verbindung כלי הבקר ist außer an dieser Stelle nur noch 1 Kön 19,21 belegt. כלים begegnet sonst
  überwiegend in kultischem Kontext.
2 vgl. dazu zuletzt RUPPRECHT aaO 11 mit Anmerkung
  11 und 12.
3 Die von RUPPRECHT aaO 11 angebotene Lösung, המלך
  als "Selbstbezeichnung des in der dritten Person
  von sich redenden Arauna" zu verstehen, vermag nicht
  zu überzeugen.
4 vgl. אדני-המלך VV 3 (2x).21.22; דבר-המלך V 4.
5 Das ו könnte als plene-Schreibung des ḥolem von אדני
  verstanden worden sein.

Das Wort רצה ist vor allem spät belegt und bezeichnet
im (überwiegenden) theologischen Sprachgebrauch das
göttliche Wohlgefallen an einer Person oder Sache.[1]

V 24 In seiner Antwort schlägt der König Araunas Angebot aus. Die Rede ist deutlich zweigeteilt. Einer
kurzen Ablehnung folgt die Formulierung der gegenteiligen Absicht, ausgedrückt durch קנה und verstärkt
durch בכחיר.[2] Mit קנה nimmt der Vers V 21b wieder auf, verwendet jedoch im Unterschied zu V 21b
nicht עם + Suffix, sondern את + Suffix. Zudem nennt
V 24 das Kaufobjekt nicht.[3]
V 24aß nimmt mit עלה V 22a auf, und der Ausdruck יהוה
אלהי verbindet den Versteil mit V 23b. Wichtig scheint
auch, daß V 24aß von עלות (im Gegensatz zu V 22b, wo
der Singular genannt ist) spricht und damit deutlich
auf V 25aß weist. חנם ist sowohl belegt in der Bedeutung "vergebens" als auch "ohne Entgelt". Im jetzigen Zusammenhang korrespondiert es mit מחיר und bezeichnet deswegen wohl eindeutig das Darbringen eines
Opfers ohne Entgelt, also auf Kosten anderer.
Die Beobachtungen legen eine unterschiedliche Zuweisung der VV 24a und 24b nahe, wobei V 24a der Königs-
Schicht, V 24b dagegen wegen des Namens David und der
Wiederaufnahme von קנה , der Kaufobjekte und des

----

1 vgl. GERLEMAN, G., Art. רצה- rṣh - Gefallen haben:
  THAT II 810-813, bes. 812. In der priesterlichen
  Kulttheologie hat רצה (ni) einen festen Platz.
  vgl. ebd. 812.
2 Der letzte Ausdruck begegnet nur noch Dtn 23,19;
  1 Kön 10,28; 21,2; Jes 45,13; 55,1; Jer 15,13;
  Mi 3,11; Ps 44,13; Ijob 28,15; Spr 17,16; 27,26;
  Klgl 5,4; Dan 11,39; 2 Chr 1,16 und bezeichnet in
  allen Fällen den regulären, marktüblichen Kaufpreis.
3 Der Kauf muß sich somit nicht notwendigerweise auf
  den Dreschplatz beziehen.

Kaufpreises zur David-Schicht zu rechnen ist.[1]

Der abschließende Vers <u>V 25</u> berichtet vom Altarbau,
der Darbringung von Opfern, dem Erbarmen Jahwes und
dem Ende der Plage.
In der Altarbaunotiz V 25aα fällt auf, daß neben der
rückweisenden Ortsbezeichnung שם der Name des Erbauers, David, begegnet. Eine solche Zusammenstellung
von Name und Ortsbezeichnung durch שם findet sich aus-
ser in der von 2 Sam 24,25 abhängigen Chronikparallele
1 Chr 21,26 nur noch Ri 6,24.[2] Alle anderen Belegstellen für eine Altarbaunotiz mit dem Terminus בנה verwenden entweder den Namen des Erbauers[3] oder שם ohne
den Namen des Erbauers.[4] An einigen Fundorten steht
keines der beiden Merkmale.[5]
Aus diesem Befund leitet sich die Vermutung ab, daß
David nachträglich in die Altarbaunotiz eingefügt wurde.
In V 25aβ nimmt ויעל עלות   V 24a wieder auf. Der Ausdruck שלמים ist neu. In Verbindung mit עלה (עלות)
begegnet er noch Jos 22;27; 1 Sam 13,9; 2 Sam 6,17.18;
1 Kön 9,25; Ez 45,15; 46,12; 1 Chr 16,1.2; 21,26 (par
2 Sam 24,25).[6]

----

1 Der Kauf der Rinder steht in gewissem Gegensatz zu
  der von David V 21 geäußerten Absicht, den Dreschplatz zu kaufen und ist als Rückverweis auf 22b zu
  verstehen. Dieser Vers und der Ausdruck ואת הבקר
  gehören also zusammen.
2 An dieser Stelle geht es jedoch um die nachträgliche
  Einfügung Gideons in eine vorhandene Altarätiologie.
3 vgl. etwa Gen 8,20; Ex 17,15; Jos 8,30; 22,11;
  1 Sam 14,35; 2 Kön 16,11.
4 vgl. Gen 12,7.8; 13,18; 22,9; 26,25; 35,7; Jos 22,10;
  Ri 21,4; 1 Sam 7,17.
5 vgl. Ex 24,4; 32,5; Num 23,14; 2 Kön 21,5; Esr 3,2;
  2 Chr 33,5.16.
6 Jos 22,27 reiht mehrere Opferarten aneinander,
  2 Sam 6,17.18 (par 1 Chr 16,1.2) bezieht sich auf die
  Feierlichkeiten beim Einholen der Lade durch David,
  1 Kön 9,25 ist eine allgemeine Notiz über den Opferdienst Salomos und Ez 45.46 bestimmt den Anteil der
  Leviten an einem Brand- oder Friedopfer. Allen diesen

Ein Überblick über die Stellen zeigt, daß es bei allen
auf eine Unterscheidung der Opferarten ankommt,[1] sich
also ein Interesse an terminologischer Genauigkeit im
Bereich des Kults zeigt. Zudem ist שלם ein Opfer, "das
Gott Dank erweist und Einheit mit ihm schafft",[2] steht
also in Spannung zu der vorausgesetzten Situation, da
das Ende der Plage erst V 25bα erwähnt wird.
V 25b α erwähnt mit עתר (ni) ein seltenes Wort,[3] das
in Verbindung mit ארץ nur noch 2 Sam 21,14 begegnet.[4]
Auch dort handelt es sich um den Abschluß einer Plage,
in diesem Fall einer Hungerkatastrophe.
V 25bβ nimmt wörtlich V 21bβ (David-Schicht) wieder
auf, ersetzt jedoch עם durch ישראל . Da auch in der
Königs-Schicht eine Notiz vom Ende der Pest zu erwarten ist, könnte V 25bβ in seiner jetzigen From eine ältere Notiz verdrängt haben, die von דבר anstatt jetzt
von מגפה sprach.

Überblickt man die Analyse, lassen sich folgende
Schlüsse ziehen:
Eine Schichtenzuweisung läßt sich in den VV 1-14
leicht durchführen: VV 2-9 zeigen einheitlichen Cha-
rakter und gehören zur Königs-Schicht, VV 1.10-14 zur
David-Schicht. Zu dieser Schicht ist am Ende von V 9

----

(6) Stellen ist die genaue Bezeichnung der Opferarten
    wichtig; von 2 Sam 24,25 par unterscheidet sie je-
    doch der Anlaß. In keinem dieser Fälle wird ein Opfer
    dargebracht, um eine Not abzuwenden. Als entferntere
    Parallele könnte 1 Sam 13 gelten. Allerdings fällt
    dort auf, daß V 9b nur noch von Brandopfern redet
    und V 12 auch wohl nur Brandopfer voraussetzt. Zudem
    wird שלם fast ausschließlich mit זבח als Opferter-
    minus verbunden (vgl. vor allem die Belege in Lev,
    Num).
1 vgl. vorherige Anmerkung.
2 vgl. DE VAUX, R., Das Alte Testament und seine Le-
  bensordnungen. I.II. Freiburg 1962, hier II, 262.
3 Weitere Belege nur Gen 25,21; 2 Sam 21,14; Jes 19,25;
  Esr 8,23; 1 Chr 5,20 und 2 Chr 33,13.
4 Dort aber heißt die Gottesbezeichnung אלהים.

auch die Zahlenangabe für Juda zu ziehen. Die Königs-
Schicht wird V 15 fortgesetzt, die Dauer der Pest gehört jedoch zur David - Schicht. V 16.17[+] (בראתו את
המלאך המכה בעם) zeigen zu keiner der beiden Schichten
eine direkte Verbindung. Sie sind zunächst auszuklam-
mern. Der Rest von V 17 setzt die David-Schicht fort,
die sich bis V 19 hinzieht.[1] V 20.21a setzt die Königs-
Schicht fort, während V 21b der David-Schicht zuzuweisen ist. V 22a[+] (ohne אל דוד). 23 führt die Königs-
Schicht weiter, V 24 ist offensichtlich überarbeitet
worden. Sachliche Gründe sprechen für eine Zuweisung
von V 24aß zur Königs-Schicht, V 24aα.b zur David-
Schicht. V 25a[+] (ohne: דוד und ohne: שלמים).bß sind
der Königs-Schicht zuzuweisen, V 25bα schließt die
David-Schicht.
Die so gewonnene Königs-Schicht (VV 2-9[+].15[+].20.21a.
22a[+].23.24aß.25a[+].bß) ergibt einen fast vollständigen
Bericht, der von einer vom König veranlaßten Volkszählung, ihrer Durchführung und ihrem Ergebnis handelt
und der eine Pest folgt. Sie wird durch ein Opfer des
Königs zum Stillstand gebracht. Lediglich zwischen V 15
und V 20 muß eine Notiz ausgefallen oder verdrängt sein,
die den König und Arauna zusammenbringt, wobei die Erzählung offenläßt, was der König von Arauna kaufen wollte.[2] Dem Bericht sind folgende Kennzeichen eigen:
Der König wird nicht direkt, sondern immer in der dritten Person und mit der Wendung אדני המלך angesprochen.
Die Redestücke sind sehr kurz gehalten und tragen zum
Fortschreiten der Erzählung bei. Sie selbst ist stark

----

1 Eine Überarbeitung könnte in V 19 durch die doppelte
  Begründung für das Handeln Jahwes signalisiert werden. Zudem scheint bemerkenswert, daß gerade VV 16b.
  19 abweichende Lesarten des Namens Arauna verkommen,
  während der Name in den Versen der Königs-Schicht
  immer gleich geschrieben ist.
2 Man könnte etwa daran denken, daß es sich aufgrund
  von V 24aß um den Kauf der Opfertiere handelte.

handlungsorientiert. Ein bestimmter Ort wird nicht
vorausgesetzt. Verbunden mit dieser Schicht ist lediglich Arauna, es fehlt aber seine Kennzeichnung
als Jebusiter. Die Volkszählung wird präzise als militärische Musterung beschrieben. Das Auftreten eines
Propheten kennt die Schicht nicht. Redeelemente am
Anfang und Schluß gliedern die Erzählung.

Die David-Schicht (VV 1.9$^+$.10-14.15$^+$.17$^+$.18.19.21b.
22a$^+$.24aα.b. 25a$^+$.bα) ist deutlich als Überarbeitung
und Ergänzung der Königs-Schicht zu erkennen. Sie verbindet letztere mit David und betont das Sündhafte
einer Volkszählung allgemein. Noch vor dem Eingreifen
Jahwes erkennt David das Sündhafte seines Tuns. Die
Wahlmöglichkeit der Strafe wird David durch Gad übermittelt. Das Ausmaß der Strafe ruft ein weiteres
Schuldbekenntnis Davids hervor, und auch dafür bringt
der Prophet die Handlungsanweisung durch Jahwe. Besonderen Wert legt die Schicht auf die Feststellung,
Jahwe selbst habe - vermittelt durch Gad - den Ort
für den Altar festgelegt. Der Ort wird genauer als
גרן eingeführt, Arauna als Jebusiter vorgestellt.
David handelt nach der Weisung Gads - er erweist sich
somit als gehorsamer Diener Jahwes -, kauft den Dreschplatz und erwirkt durch sein Opfer die gnädige Zuwendung Jahwes, nachdem die Pest bereits nach Ablauf der
ausgemachten Frist zu ihrem Ende gekommen war.
Sehr deutlich ist der David-Schicht das theologische
Interesse anzumerken. Es zeigt sich vor allem in der
Wortwahl, die um Sünde, Strafe, Umkehr und Vergebung
kreist. Daneben ist ein deutliches Interesse am Platz
des Altars festzustellen. Göttliche Weisung wählt ihn
aus, er wird von David käuflich erworben[1] und damit

----

1 Damit ergibt sich eine gewisse Parallele zu Gen 23,
  wo ebenfalls das Angebot, den Ort als Geschenk zu
  nehmen, abgelehnt wird und Abraham darauf besteht,
  den regulären Kaufpreis zu zahlen.

für das Opfer geeignet. Eine besondere Bedeutung bekommt der Prophet als alleiniger Überbringer des sowohl richtenden als auch rettenden Jahwewortes. Gad
spricht David unmittelbar an. Eine Umschreibung in
der dritten Person findet sich nicht. Die enge Verbindung zwischen Schuldbekenntnis und Auftreten des
Propheten Gad läßt an die Einholung eines Orakels als
möglichen Hintergrund denken. Das würde die Schicht
in den Bereich des Kultes weisen, was durch die verwendeten Begriffe mit ihrer eindeutig kultischen bzw.
priesterlichen Ausrichtung gestützt wird. Mit solcher
Ausrichtung, der Betonung Davids als Kultgründer und
der Auswahl des Ortes durch göttliches Geheiß läßt diese Schicht erstmals einen Bezug zum späteren Tempelplatz erkennen.[1] Formale und sachliche Gründe, vor allem das spezifische Interesse am Altarplatz, am kultischen und priesterlichen Bereich und nicht zuletzt die
besondere Bedeutung Davids lassen für diese Schicht
Jerusalemer Ursprung vermuten.

Eine besondere Schwierigkeit bieten die VV 16.17[+],
weil sie der Form nach nicht mit dem Kontext verbunden sind.
V 16 führt den mal'ak ein, betont die Bedeutung
Jerusalems und spricht von dem vorzeitigen Ende eines
Übels durch das Eingreifen Jahwes. V 16b bringt den
Dreschplatz Araunas, des Jebusiters, in Zusammenhang
mit dem mal'ak. Ein sachlicher Anknüpfungspunkt ergibt sich daraus, daß V 14bα als Grund für die Entscheidung Davids das Erbarmen Jahwes angibt, eine Erwartung, die V 16 erfüllt wird. Der Vers wirkt gleichsam als Bestätigung dafür, daß Davids Vertrauen in

----

1 Es sei daran erinnert, daß in den bisherigen Schichten der Name Jerusalem nicht begegnet. Theoretisch
  denkbar wäre daher auch, daß der Dreschplatz Araunas
  außerhalb Jerusalems lag. Dann wäre aber die Kennzeichnung Araunas als Jebusiter V 18 von V 16 abhängig.

Jahwe nicht enttäuscht wird. Gleichzeitig dient er
dazu, die Wahl des Ortes für den Altar zusätzlich zu
begründen. Daß der Abschnitt nur mühsam mit dem nachfolgenden Text verbunden ist, dokumentieren die blei-
benden Spannungen. Denn David sieht den mal'ak beim
Dreschplatz des Arauna (V 17[+]), er selbst kommt aber
erst V 19 dorthin. V 17 motiviert das Schuldbekenntnis mit dem Anblick des mal'ak, ohne VV 16.17[+] wäre
der Ausbruch der Pest auslösendes Moment. Die Beobachtungen deuten auf das nachträgliche Einfügen der Verse
16.17[+] in die um die David-Schicht vermehrte Königs-
Schicht.[1]

Für eine zeitliche Ansetzung ergibt sich folgendes
Bild:
Die ursprüngliche Königs-Schicht ist schwer datierbar,[2]
setzt aber die Reichsteilung kaum voraus. Die David-
Bearbeitung dagegen unterscheidet zwischen Israel und
Juda. Stil und Interessen der David-Schicht weisen
nach Jerusalem, wenn auch unübersehbar ist, daß dem
Propheten Gad ein besonderes Augenmerk geschenkt
wird. Insofern könnte vielleicht an einen deuterono-
misch-deuteronomistischen Hintergrund zu denken sein.[3]
Noch später wurde dann der mal'ak eingefügt.[4]

----

1 In die gleiche Richtung weisen die unterschiedlichen
  Bezeichnungen der Strafe für das Verhalten Davids.
2 Daran ändert auch der Name Joab nichts, denn auch er
  könnte bei der David-Bearbeitung eingetragen sein.
3 Denkbar wäre eine Zeit der Auseinandersetzungen mit
  den Staatsheiligtümern des Nordreiches, die es notwendig machte, den Tempelplatz in Jerusalem stärker
  als bisher als vorrangige Stätte der Jahweverehrung
  zu legitimieren. Doch eine solche Annahme muß Spekulation bleiben.
4 Die Genese wäre bei der in der vorhergehenden Anmerkung beschriebenen zeitlichen Ansetzung durchaus
  plausibel. Denn dann würde die Autorität des Tempelplatzes durch eine Autorität begründet, die gerade
  im Nordreich des 9./8. Jahrhunderts geläufig war.

Die hier vorgelegte Analyse von 2 Sam 24 läßt sich
folgendermaßen zusammenfassen:
Es ist nicht gesichert, daß die ursprüngliche Schicht
mit David, Jerusalem oder dem späteren Tempelplatz verbunden war. Die David-Bearbeitung führt Arauna als
Jebusiter ein, erst V 16 nennt ausdrücklich Jerusalem.[1]
Mit diesem Ergebnis läßt sich zudem der ungewöhnliche
Ort der Erzählung im zweiten Samuelbuch verstehen, der
dann unverständlich wird, wenn ursprünglich der hieros
logos des Jerusalemer Tempels vorgelegen hätte. Gerade
im dtr. Bereich hätte bei der Wichtigkeit des Heiligtums eine exponiertere Stellung des Kapitels erwartet
werden können. Die Chronik zog aus ihrem Verständnis
von 2 Sam 24 die Konsequenz und fügte die Erzählung in
ihre Vorbereitungen zum Tempelbau ein.

Der mal'ak wird vorgestellt als Gestalt mit drohend er-
hobenem Arm. Ob dabei wie Num 22, Jos 5 oder auch in
der Chronikparallele daran gedacht ist, daß er ein
(Flammen)Schwert trägt, wird nicht gesagt.[2] Eingeführt
wird der mal'ak mit dem Artikel. Dies setzt voraus,
daß die Gestalt bekannt ist.[3] Es ist jedoch zu beachten, daß der mal'ak nur bei der Erwähnung V 16 in Verbindung mit dem späteren Altarplatz das Epitheton
"jhwh" trägt. Dies unterstreicht die Bedeutung des
Halbverses.

----

1 FUSS aaO 162 hat zwar die Eigenheit von V 16 richtig
  erkannt, doch die von ihm behauptete Verbindung zu
  VV 22.23a läßt sich nicht aufrechterhalten. Die Vermutung, der mal'ak sei (in der zu postulierenden
  Kultstiftungssage) dem Arauna erschienen, findet keinen Anhalt im Text. Somit ist auch die Überlegung,
  Jahwe und der Verderber-Engel hätten eine andere
  Gottheit (El bzw. Baal) substituiert, abzuweisen
  (gegen RUPPRECHT aaO 10.12).
2 Als positiver Hinweis könnte vielleicht die Verbindung mit נכה (hi) V 17 gewertet werden.
3 Ein grammatisch möglicher Rückverweis auf דבר ist
  m.E. sachlich nicht angemessen.

Über den Standort des mal'ak wird außer einer unge-
fähren Ortsangabe nichts gesagt.[1] Gleiches gilt für
sein Aussehen. Seine Funktion läßt sich nach dem heutigen Kontext so beschreiben: Er vollzieht das Gericht Gottes, nachdem der Prophet die Strafankündi-
gung Gottes gebracht hatte. Dabei ist 2 Sam 24 (par)
die einzige Stelle, an der sich das Handeln eines
mal'ak gegen Israel richtet.[2] Wichtig ist das Nebeneinander von Prophet und mal'ak. In diesem Vergleich
kommt dem Propheten eindeutig eine führende Stellung
in der Überbringung des Jahwewortes zu.
Der mal'ak ist demzufolge an unserer Stelle ausführendes Werkzeug des Zornes Jahwes.[3] Die Rollenverteilung
setzt voraus, daß das Prophetentum zu jener Zeit bereits eine feste Einrichtung in Israel war. Der mal'ak
greift demnach in den spezifisch prophetischen Bereich
nicht ein und wirkt gegenüber den übrigen Belegstellen
seines Vorkommens auffallend blaß.
Festhalten läßt sich allerdings, daß der mal'ak eindeutig von Jahwe unterschieden gedacht wird. Als Bringer der Pest, der Strafe Gottes, ist er Werkzeug
Jahwes, und nur im Rahmen seines Auftrages verdient
er Beachtung. Dem Propheten als Überbringer des Jahwe-
__wortes__ ist er deutlich nachgeordnet.

----

1 Insbesondere ist nicht zu beurteilen, ob der mal'ak
  (in menschlicher Gestalt?) auf der Erde stehend,
  in der Luft schwebend oder noch anders vorgestellt
  wurde. Daß eine diesbezügliche Notiz vermißt wurde,
  zeigt die Chronik.
2 Insofern ergibt sich ein Unterschied zu Jes 37 par,
  wo sich das vernichtende Wirken des mal'ak gegen
  die Feinde Israels richtet.
3 In diesem Punkt besteht eine Parallele zu Jes 37 par.

3. 1 Kön 13,18

1 Kön 13,18 handelt es sich entgegen dem ersten An-
schein nicht um einen mal'ak jhwh.
Die Formulierung des MT lautet:

ויאמר לו גם-אני נביא כמוך ומלאך דבר אלי בדבר יהוה לאמר
השיבהו אתך אל-ביתך ויאכל לחם וישת מים כחש לו:

Die Belegstelle ist demnach nicht für die vorliegende
Fragestellung auswertbar.

----

1 vgl. dazu auch M. Noth, Könige 300: " 'Ein Bote'
  (nicht einmal 'ein göttlicher Bote') habe ihm -
  allerdings בדבר יהוה - diesen Befehl übermit-
  telt". Zu diesem Kapitel selbst vgl. JEPSEN, A.,
  Gottesmann und Prophet. Anmerkungen zum Kapitel 1.
  Könige 13. in: Probleme biblischer Theologie
  (FS G. vRAD) München 1971 171-182 sowie überzeugend
  WÜRTHWEIN, E., Die Erzählung vom Gottesmann aus
  Juda in Bethel. in: GESE, H., und RÜGER, H.P.,
  (Hrsg) Wort und Geschichte (FS Karl ELLIGER)
  Kevelaer 1973 (AOAT 18) 181-189.

4. 1 Kön 19

In neuerer Zeit haben G. FOHRER,[1] O.H. STECK,[2] R.A. CARLSON[3] und K. SEYBOLD[4] eine Analyse vorgelegt, auf die im Folgenden Bezug genommen wird.[5] Innerhalb der Elijaerzählungen nimmt das Kapitel 1 Kön 19 eine Sonderstellung ein. Möglicherweise handelt es sich um eine Einzelgeschichte, die nachträglich mit den Elijaerzählungen verknüpft worden ist.[6]

FOHRER kommt zu dem Ergebnis, 1 Kön 19 sei folgendermaßen aufgebaut:[7]

VV 1-3a   redaktionelle Klammer

3b-8[+].9-12.13abα Erzählung von der Gottesbegegnung auf
              dem Horeb ohne ihren ursprünglichen Schluß.[8]

4a-8a.8b[+](einschließlich der Verdoppelung) Stärkung
              durch den Engel

19-21   Erzählung von der Berufung Elischas.

FOHRER nimmt für die Entstehung des Kapitels drei Überlieferungsstufen an:[9]

----

1 FOHRER, G., Elia. Zürich 1957 (2. Aufl. 1968) (ATHANT 31).
2 STECK, O.H., Überlieferung und Zeitgeschichte in den Eliaerzählungen, Neukirchen 1968 (WMANT 26).
3 CARLSON, R.A., Elie à l'Horeb. VT 19 (1969) 416-439.
4 SEYBOLD, K., Elia am Gottesberg. Vorstellungen prophetischen Wirkens nach 1 Könige 19. EvTh 33 (1973) 3-18.
5 Andere Literatur wird nur erwähnt, sofern sie wesentlich von den genannten Arbeiten abweicht.
6 vgl. FOHRER, G., Elia. 36f, STECK, ebd. 20 (mit weiteren Belegen) SEYBOLD aaO 5, CARLSON, ebd. 416f. vgl. FOHRER aaO 36f, STECK aaO 20 (mit weiteren Belegen), SEYBOLD aaO 5, CARLSON aaO 416f.
7 vgl. aaO 36-40.42.44.
8 "Die ursprüngliche Erzählung wird nach 19,3b also erst in einem Teil von 19,8b aufgenommen, der einfach die Wanderung zum Horeb mitgeteilt hat". FOHRER aaO 37.
9 vgl. ebd. 42-44 .

1. Ein erster Abschluß wurde zu Ende des 9. Jahrhunderts erreicht und umfaßt die einzelnen Erzählungen mit ihren ersten Erweiterungen, also 19,3b. 8b$^+$.9-12.13abα.19-21 mit der Erweiterung VV 4a. 5a.7-8a.15-18. Seine Herkunft dürfte in prophetischen Kreisen liegen.

2. In einem zweiten Stadium sind VV 1-3a.4b.5b-6. 8b$^+$.13bβ-15aα als neue Erweiterungen hinzugekommen. Dieses zweite Stadium ist nicht lange nach dem ersten anzusetzen.

3. Die bereits schriftlich fixierte Elijaüberlieferung ist bei der Einarbeitung in die Königsbücher von deren deuteronomistischem Verfasser noch einmal überarbeitet worden.[1]

Die Parallelen zur Moseüberlieferung[2] lassen erkennen, daß Elija als neuer Mose gesehen wurde, ein Gedanke, den auch der Deuteronomist bejahte.[3]

O.H.STECK sieht Kap 19 ebenfalls in drei Erzählstufen gewachsen.[4]
"Die älteste Schicht einer ehemals selbständigen Einzelgeschichte ist als Fragment in V 3aβ-6 enthalten".[5]
Über Sinn und Entstehung dieses Abschnittes sind jedoch keine sicheren Aussagen möglich.[6]
Diese Einzelgeschichte wurde von einem redaktionellen Erzähler durch die VV 1-3aα an den Erzählzusammenhang Kap 17f angeschlossen. "Irgendeine Verbindung zum

----

1 Einen Beleg hierfür innerhalb des Kapitels führt FOHRER nicht an. vgl. ebd. 45-47.
2 vgl. ausführlich ebd. 48-51.
3 vgl. FOHRER aaO 50.
4 vgl. ebd. 26-28.
5 ebd. 27.
6 Möglicherweise sind als Hintergrund Erfahrungen prophetischer Kreise zu sehen. Außerdem besteht eine Affinität zu Gen 21. vgl. STECK aaO 27, zum letzteren vor allem S. 27 Anm 3. vgl. auch weiter unten.

Horeb hat dieses redaktionelle Erzählungsganze nicht".[1]
Das Motiv der Wanderung zum Horeb wird erst von einem
späteren Erzähler hinzugefügt, der auch die entscheidende Gottesbegegnung mitteilt (VV 7-8.9ab α.11aβb.
12-18). VV 7-8 haben dabei die Funktion einer die Stär-
kungsszene verdoppelnden Verbindung.[2]
Als spätere Glosse sind VV 9bβ.10.11a α zu fassen.[3]
VV 19-21 gehören nicht ursprünglich zur Elija-Überlie-
ferung, sondern sind "vermutlich erst vom Dtr hierher
gesetzt, um die Ausführung von 19,16 zu berichten".[4]
K. SEYBOLD gibt keine genauere Abgrenzung der einzelnen Schichten, läßt aber erkennen, daß er sich der Meinung von STECK weitgehend anschließt.[5]
Insbesondere stimmt er mit ihm in der Wertung der Einleitungsverse, der Ursprünglichkeit und Eigenständigkeit der Ginsterbuscherzählung und der Verklammerung
der Horeberzählung mit der Ginsterbuscherzählung durch
die VV 7.8 überein.[6]
Weiterhin rechnet auch er die VV 19-21 ursprünglich
zum Elischa-Erzählkranz.[7]
Gleichwohl kommt er bezüglich der Abgrenzung der wohl
"ursprünglich eigenständige(n) Einzelerzählung von
Elijas Flucht nach·Beerscheba und dem Ginsterbuscher-
eignis"[8] von der Horebszene zu keinem klaren Ergebnis,
"weil sie in den Versen 7 und 8 mittels des Motivs
der zweiten Erscheinung des Jahweboten und dessen wun-
derbarer Speisung an die Schwelle der Horebszene
führt".[9]

----

1 ebd. 28.
2 vgl. ebd. 28.
3 vgl. ebd. 26.
4 ebd. 5 Anm 1.
5 vgl. SEYBOLD aaO 5.
6 vgl. ebd. 5.
7 vgl. ebd. 5.
8 aaO 5.
9 aaO 5, auch hier wieder die Anlehnung an STECK.

CARLSON geht mehr auf die Strukturprinzipien der heu-
te vorliegenden Erzählung ein, beruft sich im wesent-
lichen aber auf FOHRER.[1]
Die vorgeführten Meinungen zeigen, daß lediglich darin
Einigkeit besteht, daß die VV 1-2 dem redaktionellen
Erzähler zuzuordnen sind.[2]

Von V 3 wird V 3a von FOHRER[3] noch zur redaktionellen
Klammer hinzugerechnet, während STECK das nur für
V 3aα annimmt und V 3aβ zu der von ihm postulierten
selbständigen Einzelgeschichte VV 3bβ-6 zieht.[4]
Seine Meinung begründet STECK mit der Nennung von
Beerscheba in V 3aβ, die auf eine an diesen Ort gebun-
dene und in 1 Kön 19 wiederaufgenommene Erzählung zu-
rückgehe.[5]

----

1 Offensichtlich kennt CARLSON die Analyse von STECK
  noch nicht, sie wird jedenfalls nicht verwendet.
  Da CARLSON selbst nicht auf die traditionsgeschichtliche Sicht eingeht, bleibt er für unsere Untersuchung weitgehend außer Betracht.
  Wichtig ist er allerdings für den Nachweis der deuteronomistischen Überarbeitung der Elijageschichten.
2 vgl. STECK aaO 20, FOHRER 36.
3 aaO 36.
4 vgl. STECK aaO 26 (Anm 1).27.
  Der vermeintliche Unterschied in der Beurteilung
  läßt sich schnell dahingehend auflösen, daß FOHRER
  offensichtlich nicht die masoretische Einteilung
  in Versteile zugrundelegt. Diese setzt nämlich den
  hier maßgebenden Atnah nach ליהודה und nicht, wie
  es bei FOHRER scheinen könnte, nach נפשו . Ein
  sachlicher Gegensatz liegt also nicht vor.
5 STECK aaO 26 Anm.1. "Wieso kommt der Nordreichspro-
  phet Elia überhaupt nach B.? Das Traditionsstück
  selbst gibt darauf keine Antwort. Kommt die Verbindung mit einer Horebwallfahrt schwerlich in Frage,
  ebensowenig aber eine Zuweisung der Ortsangabe an
  den Redaktor, da das Vorhaben Isebels eine Flucht
  gerade nach B. nicht erklärt, so muß die Nennung
  des Ortes bereits mit dem ältesten Traditionsstück
  gegeben sein". STECK aaO 27 Anm 2.

Die Form ויבא bezieht sich zurück auf V 3aויל
und führt das Verb konsequent weiter. Es folgt die
Nennung des Ortes, an dem Elija ankommt. Angefügt ist
ein erklärender Zusatz.

Dieser erklärende Zusatz stimmt bedenklich. Wenn der
Name Beerscheba ursprünglich mit den folgenden Versen
verbunden gewesen wäre, wäre er nicht notwendig gewesen.[1]

Sinn des Zusatzes kann demnach nur sein, Elija aus dem
unmittelbaren Herrschaftsbereich Ahabs und dem Einfluß
Isebels herauszubringen und diesen Umstand durch den
Zusatz zu betonen.[2]

Das aber ist die konsequente Fortführung der Absicht,
die auch in den VV 1-2 (Redaktor) erkennbar wurde. Ein
Grund für eine Abtrennung ist nicht aufweisbar.

Kein Grund liegt auch vor, hier eine neue Erzählung zu
beginnen. Denn der Einsatz wäre nicht begründet, ja
eine Erzählung wie VV 3b-6(8).(7)-18 an dieser Stelle
völlig unmotiviert. Eine solche Episode könnte ihren
Platz nur <u>vor</u> 1 Kön 18 haben.

----

1 Beerscheba ist als so bekannt anzusetzen, daß es keines erklärenden Zusatzes bedurft hätte.
2 Die Überlegung von STECK aaO 27 Anm 2, Beerscheba
  habe sich wegen der guten Beziehungen, die unter den
  Omriden zwischen Nord- und Südreich bestanden hätten,
  nicht als Zufluchtsort geeignet, setzt m.E. ein zu
  gut funktionierendes modernes Staatsgebilde voraus.
  Außerdem ist zu bedenken, daß Beerscheba wegen seiner Lage am Rande des Südreiches notfalls ein schnel-
  les Ausweichen in die Wüste gestattete.
  Andrerseits ist im Text auch nicht gesagt, daß Elija
  in Beerscheba blieb, sondern daß er offensichtlich
  ein anderes Ziel hatte. Beerscheba ist nur - wie
  auch der Ginsterbusch - eine Station auf dem Wege
  Elijas zum Horeb.
  Möglicherweise spielt bei der Nennung des Namens
  Beerscheba auch die Tendenz eine Rolle, Elija mit
  der Vätertradition zu verbinden. Dem gleichen Zweck
  könnten die Anspielungen und die Verwendung von
  Zügen aus Gen 16.21 dienen.

Gegen eine unter diesem Gesichtspunkt ins Auge zu
fassende Umstellung aber spricht der Aufbau der Horebszene und die anschließende Berufung Elischas.

V 3b ist nicht dadurch bedingt, daß Elija "auf einem
viel begangenen Weg" von Beerscheba zum Horeb ging,[1]
sondern dient als Glättung zwischen dem Vorkommen
eines Dieners in 1 Kön 18,43-44 und dem Auftrag Jahwes,
Elischa zum Propheten und Nachfolger zu salben.
Elischa tritt nach 1 Kön 19,21 die Stelle des Dieners
an.[2]

V 4 beginnt mit adversativ zu fassendem וְ und bezieht
sich somit auf V 3b zurück.[3]
In V 4a fällt das Vorkommen des Verbs בוא auf, das im
vorliegenden Kapitel nur VV 3.4.9 begegnet und jeweils
einen Punkt der Reise markiert.[4]

----

1 so ŠANDA Könige 445.
2 Letzteres ist möglich, weil nach der Horebszene
  nicht berichtet ist, daß Elija nach Beerscheba zu-
  rückkehrt. Zu beachten ist die Verwendung des Verbs
  שׁרת ,das nach mit "dienen, bedienen, im Unterschied zu עבד von einem ehrenvollen Dienst, wozu
  jem. gewählt w., oder den er freiwillig übernimmt",
  zu übersetzen ist. (vgl. GESENIUS aaO 865).
  Außerdem ist zu berücksichtigen, daß die Zurücklas-
  sung des Dieners auch in Hinblick auf die Ginster-
  buschszene geschrieben wurde. Andernfalls wäre eine
  derartige Situation des Elija kaum vorstellbar.
  Das zeigt einerseits, daß dem Verfasser von 1 Kön 19
  die Elijaerzählung Kap 18 vorgelegen haben muß und
  gleichzeitig, wie fein die Erzählung 1 Kön 19 durch-
  konstruiert ist.
3 vgl. dazu die betont herausgestellten Personalpronomen.
4 V 3: Beerscheba, V 4: Ginsterbusch, V 9:Horeb. Der
  planmäßige Aufbau der Erzählung wird auch an der
  Tatsache deutlich, daß für die Reise vom Karmelge-
  biet nach Beerscheba keine Zeitangabe gemacht wird,
  der Ginsterbusch von Beerscheba dagegen eine Tagesreise und der Horeb vom Ginsterstrauch 40 Tagesrei-
  sen entfernt gedacht wird. Auch darin ist eine Steigerung festzustellen. Dem entspricht die Steigerung
  mal'ak (Ginsterbusch)- Jahwe (Horeb).

Zu beachten ist auch der Gegensatz von V 4b
וישאל את נפשו למות und V 3 וילך אל נפשו.
Diese Beziehung   legt nahe, daß V 4a vom gleichen
Verfasser gestaltet wurde, dem V 3 zugewiesen wird.

V 4bß γ bringt noch einmal in direkter Rede eine Aus-
breitung des in V 4bα Gesagten.

Bemerkenswert ist, daß die Todesmüdigkeit der Propheten nicht mit der Verfolgung durch Isebel begründet
wird,[1] sondern mit der eigentümlichen Formulierung
כי-לא-טוב אנכי מאבתי.[2]
Diese Formulierung setzt doch voraus, daß Jahwe die
אבות hat sterben lassen. Versteht man unter diesen
'Vätern' "führende Prophetenvorgänger des Elija bzw.
prophetische Führer einer Prophetengruppe",[3] dann
weist der Vers bereits auf V 10 bzw. 14 und erklärt
den Ausspruch, daß von den Jahwepropheten Elija allein
am Leben geblieben ist.
Der Teilvers gewinnt nur einen Sinn, wenn man ihn als
bewußten Vorgriff auf V 10 oder V 14 faßt.

V 5 führt die Erzählung weiter. V 5b tritt der mal'ak
auf.[4] Eingeleitet wird der Halbvers mit והנה-זה, was
einen neuen Einsatz markiert. Das Tun des mal'ak wird

----

1 geg. FOHRER aaO 37.
2 Auf diesen Umstand hat STECK aaO 27 Anm 1 hingewiesen. Er vermutet als möglichen Hintergrund frühprophetische Kreise und deren Erfahrung des Scheiterns.
  Jedenfalls sei diese Bemerkung nur verständlich aufgrund des Scheiterns der Predigt des Elija. Welche
  Personen mit den אבות   gemeint seien, sei nicht
  mehr sicher feststellbar.
3 vgl. STECK aaO 27 Anm 1 sowie die dort genannte Literatur.
4 Die LXX hat hier abweichend τὶς . Das hebt die
  Steigerung jemand - mal'ak jhwh - Jahwe noch besser
  hervor.

mit einem Partizip beschrieben.[1]
Die Anrede ist kurz und besteht aus zwei Imperativen.

<u>V 6</u> führt V 5 konsequent weiter (ו cons).[2]
Es folgt ein Nominalsatz.
Sachlich wird V 6a nicht gesagt, woher Speise und
Trank kommen.
V 6b bringt in kurzer, präziser Ausdrucksweise die
Reaktion Elijas.[3]

<u>V 7</u> trägt eine merkwürdige Vorstellung ein. Nach V 7aα
kehrt der mal'ak jhwh nämlich ein zweites Mal um
(שוב).[4]
Die Abweichungen von V 5 sind bemerkenswert:
- V 5 ist über das Kommen des mal'ak nichts gesagt,
  V 7 schreibt ihm ein שוב zu.
- V 5 hat beim Anrühren eine Partizipkonstruktion,
  V 7 finite Form.
- V 5 erschöpft sich das Wort des mal'ak in einer
  Aufforderung zum Essen und Trinken, V 7 gibt zu-
  sätzlich eine Begründung.
Diese Unterschiede können bei aller sachlichen Über-
einstimmung nicht verleugnen, daß dabei nicht einfach
eine Verdoppelung vorliegt, sondern eine bewußt ge-
setzte Wiederholung im Rahmen einer äußerst kunstvol-
len Darstellung beabsichtigt ist.

----

1 נגע bezeichnet im Qal jede Art von Berührung; sowohl ein Berühren = Anstoßen, wie auch ein gewalt-
  sames Berühren = Schlagen. Daneben ist es auch in
  der Bedeutung 'an etwas reichen' belegt. Zur Bedeu-
  tungsbreite von נגע vgl. DELCOR. M., Art. נגע - ng[c] -
  berühren: THAT II 37-39.
2 נבט (hi) "Augen aufschlagen", "aufmerksam betrachten", meist konstruiert mit einem Verbum des Sehens
  (r'h !). 1 Kön 19,6 ist die einzige Stelle, wo נבט
  mit folgendem הנה belegt ist.
3 vier Verben: essen, trinken, sich setzen, sich ausstrecken.
4 Das שנית ist eindeutig zu וישב zu ziehen, da sonst
  eine Weiterführung mit ו cons wohl kaum möglich wäre.

Eine Klammer zum Vorhergehenden, genauer zu V 4b ist
die Wiederaufnahme des Wortes רב . Während V 4b Elija
am Ende seines Weges zu sein meint, zeigt sich das
Gegenbild in Form des weiten Weges _vor_ ihm.[1]

_V 8_ zeigt eine Reaktion Elijas auf diesen zweiten Anstoß, die der auf den ersten genau entgegengesetzt
verläuft.[2]
Auch hier ist die Reaktion in vier Verben gefaßt, wobei die Anordnung gegenüber V 6 auffällt:[3]
Die Reihenfolge entspricht genau der Anweisung des
mal'ak.[4]
Die Beobachtungen lassen es als sicher erscheinen, daß
דרך in der mal'ak-Rede auf den Horeb als Endpunkt
zielt. Die 40 Tage und Nächte sind in Anlehnung an die
Zeichnung des Elija als zweiter Mose zu sehen.[5]

_V 9_ läßt Elija am Horeb ankommen und in Kontakt mit
Jahwe treten.[6]
Bezüglich der _VV 9-18_ erscheint die Analyse STECKs[7]
tragfähig. Er kommt zu dem Ergebnis, in diesem sonst
einheitlichen Stück seien lediglich " מה-לך (ויאמר)
אליהו am Ende von V 9 bis einschließlich ויאמר am

----

1 Wahrscheinlich liegt daher bereits ein Hinweis auf
  die Umkehrung der Situation Elijas in der Begegnung
  mit Jahwe am Horeb vor.
2 Es fällt auf, daß hier von Elija gesagt wird: וילך.
  Dies wurde V 6b _nicht_ gesagt, d.h. Elija befolgte
  die Aufforderung des mal'ak zunächst nur halb.
3 V 6: אכל שחה ישב שכב.
  V 8: הלך שחה אכל קום.
4 וילך :דרך , ויאכל וישתה:אכל ;ויקם : קום.
5 vgl. dazu FOHRER aaO 48-49. In zweiter Linie ist
  auch an die Angabe als dritte Stufe der Steigerung
  der Entfernungen zu denken.
6 Die VV 9-18 können hier nicht in der gleichen Breite besprochen werden. Allerdings sollen kurz die
  Ergebnisse referiert werden.
7 aaO 21-24.

Anfang von V 11"[1] sekundäre Glosse.[2]

Die deutlichen Rückbezüge von V 14 auf 1 Kön 18 setzen
nach STECK die "vorangehenden Elijaerzählungen bereits
als festformulierte (voraus) ... und zwar ... in der
Gestalt, wie sie auf der redaktionellen Stufe erzählt
worden sind".[3]

Diese Beobachtung führt dazu, die These von der ursprünglich selbständigen Einzelerzählung 1 Kön 19 ab-
zulehnen und das Kapitel der nachredaktionellen Er-
zählschicht zuzuweisen.[4]

Besondere Aufmerksamkeit verdient hierbei die Beobachtung, daß als Gegenspieler Elijas hier Israel genannt
wird, während in den übrigen Erzählschichten Ahab bzw.
Isebel in dieser Eigenschaft auftreten.[5]

Die Struktur der VV 1-9 ist dadurch gekennzeichnet,
daß sie keine Spannungen enthalten. Vielmehr scheint
der Abschnitt äußerst kunstvoll aufgebaut.

Das sei an einigen Punkten verdeutlicht:

a) Reihenfolge der Aktivitäten:

Die Initiative zum Handeln geht von Ahab (V 1) aus.
Sein Bericht an Isebel läßt sie tätig werden. Ihre
Aktivität bezieht sich, vermittelt durch einen Boten
(mal'ak), auf Elija und fordert ihn zu einer Reaktion
heraus.[6] Durch diese Begebenheit angestoßen, kommt er

----

1 ebd. 22.
2 Hauptgrund für die Ausscheidung ist die wörtliche
  Übereinstimmung mit V 13bβ-15aα. (ebd. 22).
3 ebd. 23.
4 vgl. aaO 23/24.
5 vgl. ebd. 24.
  Von STECK nicht beachtet - wohl aber von SEYBOLD
  aaO 9 - begegnet in V 14 der Terminus b[e]rit.
6 Dabei erscheint für den tatsächlichen Geschehensablauf höchst unwahrscheinlich, daß Isebel Elija
  zunächst durch einen Boten warnt, wenn sie ihn tatsächlich umbringen will, was VV 10.14 bekräftigen.

zunächst nach Beerscheba, wo er seinen Diener zurück-
läßt.[1] Elija selbst geht weiter in die Wüste, wo am
Ginsterbusch seine Aktivität völlig erlahmt.
In diesem Augenblick greift eine andere Instanz ein,
die zunächst nicht näher bezeichnet wird, die sich
dann aber als von Jahwe kommend herausstellt (V 7
mal'ak jhwh). Sie aktiviert Elija wieder neu, so daß
er seine Reise zum Horeb fortsetzt und dort in der
Jahwebegegnung neue Kraft für neue Aufgaben erfährt.

b) stilistische Verklammerung

- Es fällt auf, daß in diesem Textabschnitt ungewöhnlich viele Worte mehrfach begegnen und zwar immer
  an bestimmten Stellen.
  קום begegnet V 3 (in Verbindung mit הלך) als Reaktion auf die Drohung Isebels. Zum zweitenmal begegnet
  das Verb als Imperativ im Munde des mal'ak V 5. Da
  Elija auf seine Anweisung nicht reagiert, wiederholt
  der mal'ak - jetzt mal'ak jhwh - seine Aufforderung
  V 7. Dem zweiten Befehl folgt Elija (ויקם V 8) und
  macht sich auf den Weg (הלך) zum Horeb, wo er in
  der Theophanie den Auftrag erhält, auf seinem Weg um-
  zukehren (שוב) und zu gehen (הלך) V 15. Nun führt
  er diesen Auftrag aus (V 19 וילך).[2]
- Auch das diesen Verben entsprechende Substantiv דרך
  kommt 3x im vorliegenden Kapitel vor, erstmals in
  V 4, wo Elija eine Tagesreise in die Wüste weiter-
  geht. Daß dieser Weg am Ginsterbusch jedoch noch nicht
  zuende ist, macht V 7 deutlich: כי רב ממך הדרך .[3]

---

1 vgl. dazu oben S. 195.
2 Wie er auf den Auftrag des mal'ak jhwh reagiert,
  reagiert auch Elisa V 21 auf den Auftrag Elijas
  (ויקם וילך).
3 Bemerkenswert ist, daß diese Aussage des mal'ak
  genau im Gegensatz zu der Aussage Elijas V 4
  steht: רב עתה .

Zum drittenmal begegnet das Wort in der Jahwerede V 15,
wo Elija zum Umkehren (שוב) לדרכך aufgefordert wird.
- Weiterhin fällt das gezielte Vorkommen des Verbums
בוא auf. Es kennzeichnet jeweils die Stationen der
Reise. Elija 'kommt' zuerst nach Beerscheba, dann zum
Ginsterbusch und schließlich zum Horeb.[1]
- Auch bei der Verwendung von הנה ist eine Steigerung
zu spüren. V 5b setzt mit הנה die Wendung für Elija
ein. In V 6a wird das Wort wiederaufgenommen, um zu
zeigen, daß die Speisen als Überraschung empfunden werden. Der nächste, durch הנה gekennzeichnete Einsatz
begegnet V 9, als das Wort Jahwes an Elija ergeht und
schließlich steht es V 11, wo es die Theophanie einleitet. Diese Beobachtungen lassen auf eine bewußte Verwendung schließen. Das Wort kennzeichnet die (unerwar-
tet) einsetzende Aktivität Jahwes zunächst in Gestalt
des mal'ak, dann in der Form des דבר יהוה und schließlich durch Jahwe selbst.
Von daher ist es auch wohl nicht als Zufall zu werten,
daß die gleiche Gestalt V 5 mal'ak und V 7 mal'ak jhwh
genannt wird.[2]

----

1 In VV 3.9 begegnet in unmittelbarer Nähe von בוא
  das Adverb שם, jedoch nicht in V 5. (Die LXX setzt
  zwar auch dort ein שם voraus, aber die Lesart ist
  im hebräischen Text nirgends belegt.
  vgl. BHS z.St.
  Stattdessen wiederholt MT den Ausdruck תחת רתם אחת.
  von V 4. Offensichtlich soll dadurch der Ginsterbusch
  als Zwischenstation gekennzeichnet werden.
  In diesem Zusammenhang fällt auf, daß שם V 9 zweimal
  vorkommt, was als Kennzeichen für den endgültigen
  Abschluß des Weges gedeutet werden kann.
2 Auch hier ergibt sich ein Hinweis darauf, daß das
  zweite Aktivwerden des mal'ak nicht als einfache
  Doppelung zu fassen ist, sondern als gezielt einge-
  setzte Wiederholung. Als solche ist sie auch nicht
  als literarkritisches Zeichen einer Fuge zweier
  Überlieferungsstücke zu fassen. geg. FOHRER aaO 37
  und STECK aaO 28.

Bereits von GUNKEL ist erkannt worden, daß es zwischen
1 Kön 19 und Gen 21, also der 'elohistischen' Hagar-
erzählung, eine Reihe paralleler Züge gibt.[1]
Die Parallelen erstrecken sich vor allem auf die Verse
Gen 21,14-20.
STECK führt folgende an:[2]

Gen 21,14 Beerscheba und die Wüste 1 Kön 19,13f

V 15 תחת אחד השיחים	V 4 תחת רתם אחד
V 16 Sterben	V 4
V 17 Eingreifen des mal'ak	V 5
V 18 קומי	V 5
V 19 באר מים	V 6 צפחת מים

Weiterhin stellt STECK eine "Parallelität zur Situation der vertriebenen Hagar, die auch in Todesnot die
Stärkung durch Gott erfahren hat", fest.[3] Die Parallelen gehen jedoch noch weiter. Die von STECK vermißte
Parallele zur Verheißung an Hagar findet sich in Wirk-
lichkeit VV 15ff.[4]

----

1 Zum Teil gelten sie damit auch für Gen 16. vgl. oben
  S.36. vgl. STECK aaO 27 Anm 3 in Berufung auf und in
  Weiterführung von GUNKEL, H., Elias, Jahve und Baal.
  Tübingen 1906, hier 22.
2 vgl. aaO 27 Anm 3.
3 STECK aaO 27 Anm 3.
4 Auch STECK (vgl. aaO 26 Anm 2) neigt einer solchen
  Annahme zu, wird aber durch sein Insistieren auf
  einer überlieferungsgeschichtlichen Trennung der
  Ginsterbuscherzählung von der Horebszene daran gehindert, diese Möglichkeit zuende zu denken. "Gleichwohl scheint mir die Vermutung, daß Höhepunkt und
  Abschluß der alten Ginsterszene jetzt in die Horebszene aufgegangen ist, nicht ganz von der Hand zu
  weisen, auch wenn dafür keine eindeutigen überlieferungsgeschichtlichen Indizien vorliegen. Inhaltlich wäre hier an den Auftrag zur Berufung Elisas
  zu denken, der sonst in alter Eliaüberlieferung
  fehlte, sich als Inhalt einer Audition an die Stär-
  kungsszene (V.5-6) angeschlossen hätte und sich auch
  sachlich gut als Antwort auf V.4b verstehen ließe.
  Träfe die Vermutung zu, dann würde sich besser verstehen lassen, warum im jetzigen Text von V.15-17
  auch Elisa als tötender Vollstrecker des Gerichtes

Allerdings ist diese Verheißung auf die andersartige
Situation des Propheten abgewandelt.

Bei aller Übereinstimmung sind die Unterschiede den-
noch nicht zu übersehen.
Nach Gen 21[1] ist das Eingreifen Elohims Reaktion auf
das Schreien des Knaben.[2] In 1 Kön 19 ist Ausgangs-
punkt eine Beschwerde des Elija.[3]
Nach Gen 21 spricht der mal'ak elohim vom Himmel her,
in 1 Kön 19 ist er recht konkret als Gegenüber des
Propheten vorgestellt.
Nach Gen 21 zeigt Elohim Hagar eine Wasserstelle,
nach 1 Kön 19 bringt der mal'ak selbst Speise und
Trank. In 1 Kön 19 ist mit dem Kommen des mal'ak ein
Auftrag verbunden, in Gen 21 dagegen nicht.[4]
Nach Gen 21 spricht der mal'ak die Verheißung aus, nach
1 Kön 19 ist das Sache Jahwes.
Außerdem ist zu berücksichtigen, daß in Gen 21 der Name
Beerscheba wohl später eingetragen ist.[5]

----

(4) Jahwes an seinem Volk auftritt, was noch niemand
     zu erklären vermochte; der Erzähler der Horebszene
     hätte dabei dem älteren Überlieferungsbestand Rech-
     nung getragen und überhaupt diese neue Szene nicht
     angefügt, sondern in eine ältere (V.6.[+]15f) einge-
     schoben. Aber dies sind Erwägungen, die mir nicht
     unwahrscheinlich erscheinen, zu deren Erhärtung ich
     aber keine zwingenden überlieferungsgeschichtlichen
     Anzeichen sehe". STECK aaO 26 Anm 2.
1   das Kapitel selbst ist wohl bereits die Überarbei-
     tung einer Vorlage, nämlich von Gen 16 (vgl. dazu
     oben S.51-54).
2   Dieser Zug wird für die Erzählung so wichtig, daß
     der Knabe nach dem Ereignis seinen Namen bekommt.
3   Parallel ist lediglich, daß es eine ausweglose
     Situation zu sein scheint, aus der es nach mensch-
     lichem Ermessen keine Rettung mehr gibt.
4   wohl dagegen in der Parallelerzählung Gen 16.
5   Die Erzählung dürfte ursprünglich an Beer-Lahai-Roi
     gehaftet haben. vgl. auch die Tatsache, daß der Orts-
     name Beerscheba erst im Anschluß an die Hagarerzäh-
     lung erklärt wird (Gen 21,25-31).

Weiterhin 'irrt Hagar umher' (חעה , Gen 21,14), nach
1 Kön 19 geht (הלך) Elija.[1]
Diese Unterschiede lassen es m.E. nicht zu, daß ein
"ortsgebundener, auch Gen 21 verwendeter Stoff auf
Elija übertragen"[2] worden ist. Dafür sind die Abweichungen zu groß. Außerdem deutet die literarische
Verklammerung auf eine stärkere Zusammengehörigkeit
des Kapitels, als STECK anzunehmen bereit ist.[3]

In der Frage der Einheitlichkeit des Kapitels[4] hat
bereits GUNKEL[5] die Ansicht vertreten, die Szene am
Horeb spiegele den gleichen Hintergrund wie die Ginster-
buschszene. Die Erzählung 1 Kön 19 sei einheitlich,
als Einzelerzählung unabhängig von der Karmelerzäh-
lung in Umlauf gewesen und erst nachträglich mit dieser verbunden worden.[6]

----

1 Es ist davon auszugehen, daß הלך keineswegs die Bedeutung eines ziellosen Hin- und Hergehens hat, sondern immer auch ein Ziel impliziert. vgl. auch
 SAUER, G., Art. הלך -hlk-gehen: THAT I 486-493,
 hier bes. 489.
2 STECK aaO 27 Anm 3.
3 Das schließt nicht aus, daß die Erzählung 1 Kön 19
 unter Rückgriff auf einige Züge einer bekannten
 Wüstengeschichte komponiert worden ist. Als solche
 bietet sich in der Tat die elohistische Hagarerzählung an. Allerdings sollte von dieser Warte aus
 auch die Hagargeschichte noch einmal beleuchtet werden.
4 Zunächst kann die Frage ausgeklammert werden, ob die
 doppelte Jahwerede in der Horebszene einheitlich ist
 oder eine sekundäre Erweiterung erfahren hat.
 vgl. dazu STECK aaO 21/22.
5 Elias 20-26.
6 vgl. GUNKEL ebd. 20: "In dieser Mittelszene (gemeint
 sind die VV 11-18 Anm. d. Verf.) wird vorausgesetzt,
 daß eine große Verfolgung der Jahvereligion geschehen ist: Jahves Altäre sind niedergerissen, seine
 Propheten getötet; Elias ist allein übergeblie-
 ben und jetzt geflohen, da man auch ihn töten will
 (V.14). ... Dieselben Voraussetzungen hat die vorhergehende Szene unter dem Ginsterbusch (V.4-7):
 Elias ist in die Wüste geflohen und wünscht sich jetzt
 den Tod!"

Die Analyse der Verse hat ergeben, daß sich keine sichere Bruchstelle zeigt, die (mehrfache) Überarbei-
tungen signalisiert.

Im Gegenteil fanden sich Hinweise auf eine einheitliche Komposition des ganzen Kapitels.[1]

Die Frage, welcher Schicht dieser Passus zugewiesen
werden kann, ist wesentlich mit Hilfe innerer Kriterien
zu beantworten:[2]

- Die Traditionsbezogenheit, die die Kenntnis der Si-
  naitradition und der Elemente des Audienzmodells
  voraussetzt,
- die Typisierung,
- die Theologisierung, die sich etwa in der gefüllten
  theologischen Terminologie zeigt.[3]

----

(6)"Beide Geschichten sind also im weiteren Sinne Va-
rianten: beide erzählen von einer Verfolgung und
dem schließlichen Sieg der Religion Jahves; sie unterscheiden sich aber hauptsächlich dadurch, daß in
der Karmelgeschichte Elias selber den Sieg davon-
trägt, während er in der Horeberzählung nur von ferne schaut und erst sein Schüler Elisa ihn erlebt hat.
Eine spätere Hand hat beide Erzählungen so zusammen-
gefügt, daß sie den Anfang der zweiten ein wenig
überarbeitet hat; dabei hat sie die Flucht des Elias
in die Wüste so motiviert, daß er vor Isebel, die
über den Mord ihrer Propheten am Karmel erzürnt war,
geflohen sei. Eine solche Harmonisierung kann frei-
lich nur notdürftig genügen, denn von dem großen
Siege, den Elias soeben davongetragen haben soll,
ist in der Szene am Horeb so gar nicht die Rede!"
GUNKEL, ebd. 21.
1 vgl. oben S. 200-202.
2 vgl.dazu SEYBOLD aaO 9.
3 "Zentrale Theologumena begegnen: Offenbarungstermini,
Rechtsformeln, Vorstellungselemente kultischer Herkunft, sodann der Salbungsgedanke, das Restmotiv,
die Zahl 7000, Israel als Kollektivum und - horribile
dictu - das Wort ברית , und das bedeutet, daß es hier
um Reflexion, um theologische Theorie geht".
SEYBOLD, ebd. 9.

Hinzu kommt die Beobachtung, daß sich starke Anklänge
an elohistisches Material finden, jedoch auch Differenzen spürbar sind. Diese Unterschiede machen die Annahme der gleichen Herkunft unwahrscheinlich. Andrerseits ist auch der für die elohistische Schicht angenommene Hintergrund früher israelitischer Prophetie
hier angezeigt.[1]

Terminus ad quem scheint die deuteronomistische Theologie zu sein, die einen mal'ak in eigenen Texten nicht
kennt.[2]

Gegenüber Berichten, die von einem 'Erscheinen' des
mal'ak reden, bleibt die Gestalt in 1 Kön 19 merkwürdig blaß. Zwar wird er V 5b mit והנה-זה   eingeführt,[3] doch erschöpft er sich in seiner Funktion als
jemand, der Elija stärkt. Sein Wort ist auch nicht,
wie sonst oft, als Jahwe-Wort eindeutig gekennzeichnet.[4]
Der Erzähler ist lediglich in seinem Zusammenhang an
der Funktion des mal'ak interessiert.

Hierbei ist zu bedenken, daß der mal'ak jhwh das Gegenbild zu dem mal'ak darstellt, den Isebel an Elija
schickt.

Offensichtlich aber ist weder eine Identität mit Jahwe
noch eine wie auch immer geartete Hypostasierung Jahwes
angezielt.

Gerade die Beobachtung einzelner Parallelen zu Gen 16,21
läßt Unterschiede in der Gestaltung des mal'ak

----

1 vgl. STECK aaO 27 Anm 1.
2 Dies schließt nicht aus, daß der Dtr einen mal'ak seiner Vorlage mitüberliefert. Es will lediglich sagen,
   daß Dtr bei der Neuformulierung eines Textes den
   mal'ak nicht verwendet.
3 Dies kennzeichnet, daß etwas Neues beginnt, das die
   Situation grundlegend verändert.
4 Eine solche Qualifizierung wird man auch nicht aus
   der Benennung mal'ak jhwh V 7 ableiten können, da
   der Zusatz jhwh aus Gründen der Steigerung hinreichend erklärt werden kann. Offensichtlich ist auch
   gar keine solche Qualifizierung notwendig oder er-
   wünscht.

deutlich werden.[1]

Er spricht nicht wie Gen 21 vom Himmel herab, sondern
ist (parallel zu Gen 16!) recht real als Gegenüber
vorgestellt. Das paßt in den Kontext der Erzählungen
Gen 16.18f.Ri 2.6.13. Im Gegensatz zu diesen Stellen
hat er aber keinen Auftrag auszurichten, sondern nur
die Möglichkeit herzustellen, daß Elija seinen (als
bereits gewußt vorgestellten) Auftrag erfüllen kann
und so sein Ziel, den Horeb erreicht.[2]
Dem mal'ak kommt also hier keine Eigenständigkeit zu,
sondern er ist funktional dem Auftrag Elijas zugeordnet.
Das führt zu einem merkwürdigen Nebeneinander von
mal'ak und Prophet, wobei das Schwergewicht eindeutig auf dem Propheten liegt. Der mal'ak ist zur Randfigur geworden.[3]
Dennoch scheint auch hier noch etwas von der alten Funktion des mal'ak durch, Schützer und Führer zu sein.[4]
Nur bezieht es sich nicht mehr auf das ganze Volk, sondern auf den Einzelnen, hier Elija, dem er hilft, seinen Auftrag zu erfüllen und den er bereit macht für
die Begegnung mit Jahwe. Die Aufgabe, das Volk zu mah-
nen und dem König das Wort Jahwes mitzuteilen, hat der
Prophet übernommen.

----

1 Auch von hierher ist anzunehmen, daß die Ginsterbuscherzählung nicht auf einen ortsgebundenen Stoff zurück-
  geht. geg. STECK aaO 27 Anm 3.
  Eher ist zu vermuten, daß aus bereits bekannten Erzählungen einzelne Züge zur Komposition von 1 Kön 19
  verwendet wurden. Diese aber bezwecken keine Parallelisierung Hagar - Elija (mit STECK aaO 27 Anm 3).
2 Daß die Rede des mal'ak in VV 5.7 keine Zielangabe
  enthält, deutet nicht darauf hin, daß die Szene
  nicht auf den Horeb hingeordnet ist. Der Aufbau der
  Erzählung zielt im Gegenteil bereits ab V 1 auf den
  Horeb und die dort stattfindende Theophanie.
3 Dies unterscheidet ihn wesentlich vom mal'ak der
  elohistischen Tradition.
4 vgl. HIRTH aaO 130.

5. 2 Kön 1

Über die literarische Abgrenzung von 2 Kön 1 gibt es
in der Literatur keine Meinungsverschiedenheiten:[1]
Das Kapitel ist gerahmt durch die VV 1.[+]17f. Die
hierdurch umschlossene Erzählung VV 2-17aα ist literarisch allerdings nicht einheitlich, sondern gegenüber der ursprünglichen Erzählung erweisen sich
die VV 9-16 als späterer Einschub.
Als Zielrichtung der so gewonnenen ursprünglichen
Elijaerzählung eruiert STECK die Betonung der Tatsache, daß allein Jahwe Gott in Israel ist. Elija
steht erst in zweiter Linie im Zentrum des Interes-
ses.[2]
KOCH[3] stimmt mit dieser Sicht weitgehend überein,
präzisiert jedoch: "Im Vordergrund steht . das pro-
fetische und göttliche Wort. Der Erzähler ist deutlich bestrebt, bei jedem Abschnitt die genaue Entsprechung von ausgesprochenem Wort und nachfolgendem
Geschehen zu vermerken",[4] eine Tendenz, die KOCH
auch in anderen Erzählungen über Elija/Elischa findet.[5]

----

1 vgl. zum Folgenden besonders:
  FOHRER, G., Elia 29-32, zur Literarkritik 42f.
  STECK, O.H., Die Erzählung von Jahwes Einschreiten gegen die Orakelbefragung Ahasjas (2 Kön
  1,2-8[+].17) EvTh 27 (1967) 546-556.
  KOCH, K., Was ist Formgeschichte. Neukirchen, 3.
  verb. Aufl. 1974, 223-238, GUNKEL, Elias 29-30.
2 "Gleichwohl - wenn von ihm erzählt wird, so nicht
  um seiner selbst und seines Charismas willen, sondern um der von ihm vermittelten, aktuellen Präsenz Jahwes, des Gottes Israels,willen, die der
  Erzähler seinen Hörern zeigen will".
  STECK aaO 555.
3 vgl. aaO 226.
4 ebd. 226.
5 vgl. aaO 227 Belege ebd. Anm 3.

Ziel des Einschubes VV 9-16 ist es dagegen, "den Leser zu belehren und anzuweisen, wie man einem Propheten in geziemender Weise zu begegnen hat".[1]
Während die Grunderzählung "ihren Anhalt an den Ge-
schehnissen selbst"[2] hat, deutet der Einschub auf eine
spätere Textstufe hin. Diese aber ist wiederum früher
anzusetzen als die dtr. Redaktion, der die VV 1.[+]17f
zugehören. Wichtig ist in diesem Zusammenhang die
Beobachtung STECKs,[3] daß das Gestaltungsmotiv der Entsprechung Wort - Ergehen vordeuteronomistisch belegt
ist, also nicht als Kriterium für dtr. Zuweisung verwendet werden kann.

Als Tradentengruppe, die den Einschub mit der Grunderzählung verband, kommen die Kreise in Betracht, die
sich um die behandelten Propheten bildeten.[4]

Als Entstehungszeit für die Erzählung 2 Kön 1,2-17a α
ergibt sich damit der Zeitraum zwischen dem Auftreten
Elijas gegen Ahasja (850-849) und der dtr Redaktion.
Dabei spricht sehr viel dafür, die Erzählung näher an
die obere Grenze heranzurücken.[5]

Allerdings kommt eine Ansetzung vor der Regierungszeit
Jehus (842-815) wohl kaum in Frage.[6]

Der Begriff mal'ak jhwh begegnet in V 3 und V 15, also
in der ursprünglichen Erzählung und in der Erweiterung.[7]

----

1 FOHRER aaO 43, ähnlich KOCH aaO 229, STECK aaO 547.
2 STECK aaO 549.
3 vgl. aaO 547 Anm. 7.
4 vgl. STECK aaO 556 Anm 50, KOCH aaO 227.
5 vgl. hierzu STECK aaO 547.
  Als Hauptargument sei in diesem Zusammenhang genannt,
  daß die Erzählung ihren Ort "in den Lehrvorträgen der
  Prophetenkreise (hat), wo angesichts der Zeitereig-
  nisse nach der Präsenz Jahwes gefragt wird". (STECK
  aaO 556). Zu einer ähnlichen zeitlichen Ansetzung
  vgl. bereits PLÖGER, O., Die Prophetengeschichten
  der Samuel- und Königsbücher. Diss. Greifswald 1937
  21f; FOHRER, Elia 44.
6 vgl. dazu SMEND, R., Der biblische und der historische Elia. VT.S 28 (1975) 167-184, bes. 170-173.
7 Es stellt sich damit die Frage, ob das Vorkommen

Über die Zuordnung des Ausdruckes zu einer Schicht
herrscht weitgehend Unklarheit.

KOCH[1] hält ihn für sekundär, weil eine Zwischeninstanz
zwischen Jahwe und seinem Propheten beim Wortempfang
erst nachexilisch belegt sei.

Allerdings scheint dieses Argument nicht durchschlagend, denn in der nachexilischen Prophetie hat der Vermittler deutlich andere Funktionen.[2]

Dort deutet er als "angelus interpres"[3] die Visionen
der Propheten. Diese sind apokalyptisch geprägt,und
das Geschaute ist für den Propheten selbst nicht verständlich. Deswegen wird ein Vermittler notwendig.

Hier dagegen fungiert der mal'ak als Überbringer eines
klaren Jahwewortes an Elija.[4]

Ebenso wie KOCH hält auch FOHRER[5] in V 3 eine Jahwerede
für ursprünglich, die aber "schon bald" in eine Botenrede umgewandelt worden sei.[6]

----

(7) V 15 durch V 3 hervorgerufen wurde oder ob der
    mal'ak V 3 von der Schicht, der V 15 zugehört, ein-
    getragen wurde. Eine spätere Ansetzung scheint nicht
    notwendig.
1 vgl. aaO 229.
2 vgl. etwa die Nachtgesichte des Sacharja oder die
    Visionen Daniels.
3 zu diesem Ausdruck vgl. unten S. 259-261.
4 (lediglich 1 Chr 21,18 wäre als mögliche Parallele
    zu nennen). Diese m.W. einmalige Funktion eines
    mal'ak würde verständlich, wenn die auch von der
    elohistischen Schicht des Pentateuch geteilte Auf-
    fassung vorläge, nach der Jahwe als Gott Gesamt-
    Israels auf dem Sinai/Horeb residiert und von daher
    durch Boten in das Geschehen eingreift, selbst aber
    nicht kommt. Dies würde auch die Reise Elijas zum
    Horeb verständlich machen.
5 vgl. aaO 43.
6 Eine nähere Beschreibung dessen, was er unter
    "schon bald" versteht, gibt FOHRER nicht. Es läßt
    sich jedoch anderweitig aus seinen Ausführungen
    entnehmen, (vgl. bes. aaO 44f), daß er auf jeden
    Fall eine vordeuteronomische Herkunft annimmt.

Ähnlich vorsichtig äußert sich STECK,[1] der auch nicht ausschließen möchte, daß der mal'ak hier ursprünglich ist.

Den Sachverhalt am besten treffen dürfte m.E. PLÖGER,[2] der den mal'ak V 3 als im Zusammenhang mit der Erweiterung VV 9-16 zugefügt ansieht.

Gegen diese Ansetzung ist nicht geltend zu machen, daß die Kompositionselemente der Gegenüberstellung von mal'ak jhwh und mal'akîm des Königs (VV 2.4) oder das für weitere Züge des Kapitels zu beobachtende Korrespondenzverhältnis von ausgesprochenem Wort und nachfolgendem Geschehen[3] auf sehr späte Zeit deuteten. Denn das letztere Motiv ist vordeuteronomisch belegt,[4] und das Mittel der Gegenüberstellung von Exponenten einer Erzählung oder ihrer Repräsentanten gehört zu den allgemein verbreiteten Strukturen einer Erzählung und ist unabdingbar für den Spannungsaufbau.

Aus dem Gesagten ergibt sich, daß der mal'ak jhwh in V 3 wohl sekundär eingefügt wurde, daß er aber V 15 als ursprünglich zu gelten hat.

Hintergrund dieser Vorstellung ist somit der gleiche Tradentenkreis, der den Einschub VV 9-16 einfügte, also Prophetenjünger oder - Kreise, die im Nordreich beheimatet sind und zeitlich im letzten Jahrzehnt des 9., besser aber wohl im 8. Jahrhundert anzusetzen sind.

Mit dieser zeitlichen und räumlichen Ansetzung stellt sich erneut die Frage nach dem Verhältnis dieser Kreise zu den Tradenten der elohistischen Schicht des Pentateuch.[5]

----

1 vgl. aaO 548 Anm 16.
2 vgl. aaO 21.
3 vgl. KOCH aaO 226f.
4 vgl. STECK 547 Anm 7 (mit Stellenbelegen).
5 vgl. hierzu bereits die Versuche von SMEND, R., Die Erzählungen des Hexateuch auf ihre Quellen untersucht, Berlin 1912, 351; BENZINGER, I.,

Beide Tradentenkreise sind wohl zeitlich und räumlich
relativ nahe aneinander heranzurücken. GRAY[1] nimmt gerade die Einführung des mal'ak in der vorliegenden Erzählung zum Anlaß, eine gegenseitige Beeinflussung, ja
sogar Abhängigkeit anzunehmen.[2]
Diese Annahme ist vereinbar mit dem oben erhobenen Befund, nach dem der mal'ak der ursprünglichen Erzählung
sekundär zugewachsen ist. Die Ansetzung ist als weiterer Hinweis dafür zu werten, daß die Abfassungszeit
der Erzählung 2 Kön 1 im 8. Jahrhundert zu suchen ist.
Eine weitere Beobachtung bestätigt die vorgetragene
These: VV 3.15 zeigen Elija als Propheten, der dem Wort
Jahwes sofort und bedingungslos gehorsam ist. Anders
sind die kurzen Beschreibungen der Reaktionen Elijas
wohl kaum zu verstehen.[3]
Eine ähnliche Beobachtung läßt sich in den elohistisch
beeinflussten Abrahamsüberlieferungen machen.[4]
Damit rückt Elija zumindest in dieser Beziehung an
Abraham heran, dem ja im elohistischen Bereich auch
ausdrücklich der Titel 'Prophet' zugesprochen wird.[5]

----

(5) Jahvist und Elohist in den Königsbüchern. Berlin
1921, 46ff, HÖLSCHER, G., Geschichtsschreibung in
Israel. Lund 1952, bes. 179-188. Gegen eine Verbindung dieser beiden Schichten vgl. FOHRER, aaO 45.
1 Kings, 413.
2 "The introduction of the 'angel of Yahweh' in inter-
course between God and man is a feature of the E
source of the Pentateuch, which is associated with
Northern Israel in the eighth century. This is the
time when the traditions of Elijah were crystalli-
zed, those of Eliah being at least half a century
earlier. This suggests that the present passage
reflects the theology of the contemporary E source,
coming from the circles who transmitted the Elisha-
cycle". GRAY, Kings 413.
3 vgl. auch STECK aaO 550.
4 Als Beispiel sei hier nur auf Gen 21.22 verwiesen.
5 vgl. Gen 20,7.

6. 2 Kön 19,35; Jes 37,36; 2 Chr 32,21

In 2 Kön 19,35 par begegnen in dreifacher Gestalt die
Ereignisse um den Rückzug Sanheribs 701 v Chr.[1]
Dabei stimmt der Bericht in 2 Kön so sehr mit dem in
Jesaja überein, daß man den Jesajatext aus 2 Kön
übernommen ansieht, wobei dem Bericht in 2 Kön die li-
terarische Priorität eingeräumt wird.[2]

Die in dem zu untersuchenden Bereich fast ohne Abweichung wörtliche Übereinstimmung gestattet daher, vor
allem die Unterschiede in der Sicht der Chronik und
in der Sicht des 2. Königsbuches zu berücksichtigen.

Bei Jes/ 2 Kön ergibt sich die Abfolge, daß
2 Kön 19,35 par die direkte Erfüllung des Prophetenwortes
einleitet, das seinerseits auf das Gebet des Hiskia
direkt folgt (vgl. auch 2 Kön 19,20). Dem Prophetenwort kommt wirkende Kraft zu.
Der mal'ak tritt auf als selbständig handelndes Wesen,
das in Erfüllung des Prophetenwortes Sanherib zum Abzug zwingt. Damit liegt wohl eine ähnliche Vorstellung
vor wie 1 Chr 21.[3]

----

1 Zur zeitlichen Ansetzung und ihren Schwierigkeiten
  vgl. für viele: KAISER, Jesaja 297.
2 vgl. etwa HERBERT, Isaiah 1-39, 196, KAISER, Jesaja
  291. Zum literarischen Verhältnis der beiden Stellen vgl. ausführlich DEUTSCH VON LEGELSHURST, R.,
  Die Hiskiaerzählungen. Diss Basel 1969, leider fast
  ohne Berücksichtigung der Chronikparallele.
  vgl. auch ROFE aaO XIf.
  Es kann hier nicht der Ort sein, des breiteren die
  Gründe für diese Zuweisung, gegen die sich in der
  atl. Forschung kein nennenswerter Widerspruch erhob
  und der ich mich anschließe, aufzuführen. Deswegen
  sei es gestattet, daß ich mich im Folgenden besonders auf den mal'ak konzentriere.
3 Zum sog. 'Pestengel' vgl. dort. Allerdings ist zu berücksichtigen, daß sich die Stoßrichtung in beiden
  Erzählungen ändert: Sind es 1 Chr 21 die Israeliten
  selbst, die aufgrund einer Verfehlung das Wirken
  des mal'ak zu spüren bekommen, sind es hier die
  Feinde Israels.

Der mal'ak ist der Verderber, eine Funktion, die nach
Ex 12,29 (J) Jahwe selbst zugeschrieben wird.[1]
Mit Ex 12,29 verbindet Jes 37,36 par, daß es sich bei-
demal um ein Eingreifen Gottes zugunsten Israels han-
delt.[2]
Die Wortwahl rückt dabei das Eingreifen Jahwes in den
Vorstellungsbereich des Jahwe-Krieges.[3]
Hierzu paßt die vollständige, plötzliche Niederlage
Sanheribs, die sein ganzes Heer betraf.[4]

Der chronistische Bericht fußt auf den Bericht des 2.
Königsbuches,[5] zeigt aber eine bemerkenswerte Abwei-
chung in der Zeichnung des mal'ak.
Heißt es 2 Kön 19,35:

ויהי בלילה ההוא ויצא מלאך יהוה ויך במחנה אשור מאה
שמונים וחמשה אלף וישכימו בבקר והנה כלם פגרים מתים:
ändert 2 Chr 32,21a:　　　　　　　וישלח יהוה מלאך
ויכחד כל גבור חיל ונגיד ושר במחנה מלך אשור...

----

1 Deswegen scheint der in Kommentaren immer wieder begegnende Hinweis auf Ex 12,29 (vgl. etwa KAISER,
  Jesaja 313) wohl sachlich berechtigt, die Vorstellung aber nicht identisch. Wichtig ist, daß nicht
  Jahwe, sondern ein mal'ak das Verderben bringt.
  Demzufolge ist trotz der anderen Stoßrichtung doch
  eher 2 Sam 24 par 1 Chr 21 heranzuziehen.
2 Dabei erscheint der tatsächliche Hintergrund der
  Ereignisse gleichgültig. Es ist unwichtig, ob man
  eine Mäuseplage als Hintergrund in Gefolge von
  Herodot II/141 annimmt (vgl. etwa DUHM, Jesaja 248,
  MONTGOMERY/GEHMAN, Kings 498, CURTIS, Chronicles
  488) oder aufgrund der Tatsache, daß die Maus als
  Todessymbol bekannt ist, daher eine Pest für möglich
  hält. Wichtig scheint in diesem Zusammenhang der unmittelbare (zeitliche) Zusammenhang zwischen dem
  durch den Propheten vermittelten Jahwewort und der
  Befreiungstat Jahwes durch den mal'ak.
3 vgl. besonders die chronist.Darstellung. Der Ort
  spielt keine Rolle: eine Lokalisierung scheint überhaupt nicht intendiert. vgl. auch KAISER, Jesaja
  313f.
4 vgl. dagegen den chronist. Bericht.
5 vgl. etwa CURTIS, Chronicles z.St.

In 2 Kön 19,36 folgt dann die Nachricht vom Abzug
Sanheribs, im folgenden Vers die Notiz seiner Ermor-
dung und der Name seines Nachfolgers.
2 Chr 32,21b dagegen qualifiziert die Rückzugsnotiz
von 2 Kön als שוב בבשת und stellt den Abzug als
Flucht Sanheribs zu seinem Gott dar. Die Todesnach-
richt ist gegenüber 2 Kön gekürzt. 2 Chr 32,22.23
sind ohne Parallele, wobei V 22 noch einmal mit Nach-
druck die Rettungstat Jahwes betont.
Diese unterschiedliche Betrachtung wirkt sich auch
auf die Sicht und Stellung des mal'ak aus.[1]
Die Unterschiede lassen sich so formulieren:
2 Kön 19,35 ist der mal'ak determiniert durch jhwh,
während in 2 Chr 32,21 der determinierende Zusatz
fehlt. Die Wichtigkeit dieser Beobachtung wird durch
weitere bestätigt:
In 2 Chr handelt es sich um (irgend) einen mal'ak,
der mit einem bestimmten Auftrag geschickt wird. Er
hat keinerlei Selbständigkeit, sondern ist lediglich
ausführendes Organ des rettenden Eingreifens Jahwes,
reines Werkzeug, dessen sich Jahwe bedient. Ihm gegenüber ist der mal'ak von 2 Kön 19,35 auffallend selbständig, was sich darin zeigt, daß er die Initiative
zum Einschreiten selbst ergreift. Eine ausdrückliche
Rückführung des Handelns auf Jahwe fehlt.
Damit hat dieser mal'ak Ähnlichkeit mit der Gestalt,
die Ex 14,19 auftritt und auch ohne Vermerk der Initiative Jahwes tätig wird.
Demgegenüber zeigt die chronistische Version als Hintergrund deutlich die Vorstellung des himmlischen
Hofstaates. Das Gebet Hiskias und Jesajas richten
sich an Jahwe, den König des Himmels, gegen den

----

1 vgl. ansatzweise dazu CURTIS, Chronicles 488.

sich nach Aussage des Chronisten der Angriff Sanheribs
wendet.[1]

Vor diesem Hintergrund wird auch das Fehlen der Determination klar: es handelt sich nicht um einen spezifischen Boten Gottes, sondern darum, daß Jahwe durch
einen Boten, dessen Identität vollkommen nebensächlich
ist, handelnd eingreift.

Dieses Modell vom himmlischen Hofstaat ist in 2 Kön
(noch?) nicht als Hintergrund zu spüren. Vielmehr
scheint hier zwischen Jahwe und dem mal'ak jhwh nicht
klar unterschieden zu werden, da das Gebet an Jahwe
geht (vgl. 2 Kön 19,15-19) und er durch ein Prophetenwort antwortet (2 Kön 19,30-34).
Es handelt aber der mal'ak jhwh, ohne daß der Text
eine ausdrückliche Beauftragung erwähnte.

----

1 vgl. Mosis, aaO 73/74. Nach Mosis aaO 74 "stammt in
  allen vier Fällen die Ausweitung ins Universale und
  Grundsätzliche sowie die klare Herausarbeitung der
  Konfrontation des jeweiligen Gegners mit dem Königs-
  tum Jahwes und nicht nur mit Israel sicher von ihm
  (dem Chronisten. Anm d.Verf.). Durch die redaktionelle Stellung dieser Kriegserzählungen sowie durch die
  ausdrückliche Begründung des Eingreifens Jahwes mit
  den Bemühungen dieser Könige, Jahwe zu suchen, seine
  Weisung zu beachten und seine Anerkenntnis und Verehrung durchzusetzen und zu fördern, wird jeweils
  dargetan, daß Jahwe dann die Kriege Israels führt,
  wenn Israel ihn als König anerkennt und sich auf
  ihn verläßt".

7. 1 Chr 21

1 Chr 21 ist der chronistische Parallelbericht zu
2 Sam 24. Die Parallelen lassen erkennen, daß der
Chronist 2 Sam 24 in der heute vorliegenden Fassung
benutzt hat. Eine weitere Quelle scheint ausgeschlossen,[1] obwohl Bearbeitungen durchgängig festzustellen
sind.[2]

Die im Zusammenhang der vorliegenden Fragestellung
wichtigen Änderungen gegenüber dem Samueltext seien
kurz dargestellt:

1. Im Gegensatz zu 2 Sam 24 motiviert der Chronist
den Befehl Davids zur Volkszählung mit einer Versuchung durch שטן .[3]

Möglicherweise hat dafür die theologische Überlegung
durchgeschlagen, nach der man sich Unheil nicht als
von Jahwe ausgehend denken konnte.[4]

----

1 vgl. RUDOLPH, Chronikbücher 142. Allerdings gibt es
  Anzeichen dafür, daß der Chronist möglicherweise
  eine vom MT des Buches Samuel abweichende Textfas-
  sung benutzt hat. vgl. dazu unten zu V 16.
2 vgl. dazu RUDOLPH, Chronik 142, ACKROYD, Chronicles
  73, MYERS I Chronicles 146-150.
3 Zu diesem Ausdruck vgl. SCHÄRF, R., Die Gestalt des
  Satan im Alten Testament. Diss. Zürich 1948, bes.
  168 ff sowie WILLI, T., Die Chronik als Auslegung.
  Göttingen 1972 (FRLANT 106) 155f (dort auch Literatur), MOSIS, R., Untersuchungen zur Theologie
  des chr. Geschichtswerkes.Freiburg 1973 (FThST 92)hier
  108, neuestens auch WANKE, G., Art.שטן - śatān-
  Widersacher: THAT II 821-823.
4 vgl. dazu RUDOLPH, Chronik 142f. WILLI aaO 156
  sieht hier eine deutliche Anspielung auf Ijob 2,3.
  Eine Minderung der Schuld Davids aber ist damit
  nicht intendiert; im Gegenteil wird durch die bewußte Herausstellung Joabs die Sünde Davids noch besonders unterstrichen (mit MOSIS aaO 108, ähnlich
  WILLI aaO 171: "Joabs Explikation führt David und
  dem Leser der Chronik die theologische Tragweite
  des königlichen Verlangens vor Augen").

2. Der Chronist verzichtet auf die Beschreibung des Reiseweges der Zensoren.[1]

Die Auslassung ist mit der Änderung zusammenzusehen, daß die Stämme Benjamin und Levi von der Zählung ausgenommen werden.[2]

Letzteres führt auch zu den von 2 Sam 24 abweichenden Zahlenangaben. Weil die beiden Stämme nicht mitgezählt wurden, verminderte der Chronist die ihm vorliegende Zahl um je 100 000 für beide Stämme.[3]

Der Reiseweg aber, den die Zensoren nach 2 Sam 24 nehmen, führt genau durch das Stammesgebiet Benjamins, zumal der Chronist seine Vorlage dahingehend abändert, daß die Zählung von Beerscheba bis Dan (Samueltext:

----

1 Die Meinung von FUSS, W., II Samuel 24. ZAW 74 (1962) 145-164, hieraus auch auf den sekundären Charakter des Weges in 2 Sam 24 rückschließen zu können, scheint nicht hinreichend begründbar.
2 Zu den möglichen Gründen vgl. RUDOLPH, Chronik 145, kritisch dazu MOSIS aaO 108-110. MOSIS läßt die aus Num 1,48f; 2,33 abgeleitete Meinung, Levi dürfe nicht gezählt werden, nicht gelten. Ebensowenig erkennt er die Lage Jerusalems bzw. Gibeons im Stammesgebiet Benjamin als Grund an, diesen Stamm von der Zählung auszunehmen. Seine Beobachtungen führen ihn zu dem Ergebnis, Levi sei für Juda eingesetzt worden, weil Levi nirgendwo im AT mit einem anderen Stamm zusammen genannt werde, die Verbindung "Juda und Benjamin" dagegen beim Chronisten geläufig sei. Einen Beleg dafür findet MOSIS auch in den Zahlenangaben V 5a. "Juda und Benjamin sind aber die beiden Stämme bzw. Stammesgebiete, in denen sich für den Chr das nach der Reichstrennung übriggebliebene und mehr noch das aus dem Exil heimgekehrte 'ganze Israel' verkörpert. Joab hat hier also die 'Verschuldung für Israel' (V 3) gerade von jenen beiden Stämmen ferngehalten, die für das gesamte nachexilische Israel stehen, von dem Israel also, das sich selbst als den aus dem Exil gerettteten 'Rest' verstand". MOSIS aaO 110.
3 vgl. RUDOLPH, Chronik 144, MOSIS aaO 108, WILLI aaO 109 Anm 132.
Zu der gegenüber der Zahl von 500 000 für Juda in 2 Sam 24, 9 abweichenden Zahl von 470 000 vgl. RUDOLPH, Chronik 144f.

von Dan bis Beerscheba) angeordnet wird.[1]
Eine Aufnahme des Reiseweges aus der Samuelvorlage
wäre somit nicht ohne große Schwierigkeiten möglich
gewesen.[2]

3. Die Kapitel 2 Sam 24 und 1 Chr 21 sind in ihren
Kontext außerordentlich verschieden eingebunden. Ihre
Stellung innerhalb des jeweiligen Zusammenhangs weist
auf unterschiedliche Gewichtung hin.[3]

Während 2 Sam 24 Teil des den Samuelbüchern sekundär
zugewachsenen Anhangs ist und eine Einbindung in einen
größeren Zusammenhang vermissen läßt,[4] ist 1 Chr 21
eine wichtige Station im Leben Davids und gleichzeitig
ein bedeutender Schritt im Rahmen der Vorbereitungen
zum Tempelbau.[5]

ACKROYD sieht darin die Tendenz, David als einzig und
eigentlich Verantwortlichen für den Tempelbau darzustellen, den nur göttliche Weisung von der Ausführung
seines Vorhabens abhielt.[6]

----

1 Die Umstellung verrät nach WILLI aaO 121 den judäischen Blickpunkt des Verfassers der Chronikbücher.
2 Demzufolge ist es kaum zutreffend, wenn RUDOLPH,
  Chronik 142 als Gründe für die Auslassung angibt,
  der Text sei dem Chronisten unwichtig gewesen oder
  er habe ihn nicht verstanden. "... bei der größten
  Auslassung, der Musterungsreise Joabs und ihrer
  Dauer (2 Sm 24,5-7.8b), mögen beide Gründe zusammen
  wirken". (ebd. 142) vgl. auch WILLI aaO 99.
3 hierzu vgl. bes. ACKROYD, P.R.-EVANS, C.F., The
  Cambridge History of the Bible. From the Beginnings
  to Jerome. Cambridge 1970, hier 89, ACKROYD, Chronicles 73f. MOSIS aaO 107.112f.116.
4 vgl. oben z.St.
5 vgl. MOSIS aaO 44. Die Wichtigkeit des Kapitels ist
  auch aus dem ausdrücklichen Rückverweis in 2 Chr 3,1
  zu ersehen. mit MOSIS aaO 107.
6 "The story as now presented is central to the whole
  David narrative. It continues the temple-theme and
  provides the basis for the subsequent commissioning
  of Solomon and the actual building described in
  II Chron.

Er trifft sich damit zumindest teilweise mit MOSIS,
der eine doppelte Sicht in 1 Chr 21 vertreten sieht,
nämlich einerseits David vom Tempelbau auszuschlies-
sen, andrerseits ihm aber im Rahmen der vorbereiten-
den Maßnahmen eine unverzichtbare Position einzuräu-
men.[1]

4. Gegenüber der knappen Skizzierung des mal'ak in
2 Sam 24 ist die Figur in 1 Chr 21 erheblich farbiger.
Das läßt sich bereits an der Anzahl der Erwähnungen
des Terminus ablesen. Begegnet er 2 Sam 24 nur V 16f
als stummer Vollstrecker des Zorngerichts Gottes,[2] ist
er 1 Chr 21 in den Versen 12.15.16.18.27.30 erwähnt.[3]

----

(6) It also paves the way for the Chronicler's fuller
    affirmation that, though David was not permitted
    to build the temple - and the reason for this is
    to be disclosed in 22.8 - he could nevertheless be
    regarded as its founder, both as the one who made
    all the necessary preparations and also as the
    organizer of the worship and personnel of the shrine.
    The Chronicler ventures as near as he may to affirming
    that it was really David who was responsible rather
    than Solomon; the latter is depicted basically as the
    one who carried out what had already been ordained".
    ACKROYD, Chronicles 73/74.
1 vgl. MOSIS aaO 107.
2 vgl. oben S 189.
3 Nicht in diese Aufzählung mitaufgenommen ist das Vorkommen V 20 (MT). Nach diesem Vers sehen Arauna und
  seine vier Söhne ebenfalls den mal'ak. Ein Vergleich
  mit der Vorlage 2 Sam 24,20 ergibt jedoch, daß
  1 Chr 21,20a gegen MT מלך statt מלאך zu lesen ist.
  (vgl. auch BHK z.St., ebenso BHS)! Von besonderer Bedeutung ist dabei, daß die LXX ebenfalls מלך voraussetzt.
  (geg. WILLI aaO 139 Anm 129, vgl. auch MOSIS aaO 113f).
  Die Fortführung 2 Sam 24,20 עבדיו עליו את עבדיו עברים
  mußte als unsinnig empfunden werden, wenn מלאך statt
  מלך gelesen wurde, da von Knechten bzw. Dienern des
  mal'ak nie die Rede war bzw. eine solche Annahme auch
  wohl kaum vorstellbar scheint.
  In dieser Situation bot sich als möglichst textge-
  treue Rekonstruktion an, von vier Söhnen Araunas zu
  sprechen.
  Der Zusatz מתחבאים dient der Verdeutlichung. Diese
  Überlegung wird dadurch gestützt, daß die Söhne
  Araunas nicht mehr begegnen (gegen ACKROYD, Chronicles 76).

Neben der bereits aus der Vorlage bekannten Tätigkeit
kommt ihm zusätzlich die Aufgabe zu, dem Propheten Gad
ein Wort Jahwes zu überbringen (V 18).[1]
Die einzelnen Belegstellen seien kurz dargestellt:
V 12 erweitert der Chronist die Parallele (2 Sam 24,13)
um die Kennzeichnung der Pest als חרב יהוה und den
Zusatz ומלאך יהוה משחית בכל גבול ישראל.
Dabei steht חרב יהוה in direkter Entsprechung zu חרב
אויבים und ist in Zusammenhang zu sehen mit V 16.[2]
Beide Vorkommen von חרב sind im Samueltext ohne Vorlage.[3] Während MOSIS darin eine Anspielung auf Jos 5,13
findet,[4] ist für WILLI[5] das Problem nur in Rückgriff

----

(3) Die psychologisierende Sicht von RUDOLPH, Chronik
147 wird von MOSIS aaO 114 Anm 102 zu Recht zurückge-
wiesen. Als weiterer Grund kommt hinzu, daß die vier
Söhne nur bei David sinnvoll erscheinen (mit MOSIS
aaO 115 Anm 106), weil damit Salomo wenigstens pas-
siv an dieser Szene beteiligt ist (ebd. 115).
Nicht zu teilen ist die Auffassung von WILLI aaO 157,
1 Chr 21 sei "als Typologisierung nach der Begegnung
Gideons mit dem Engel Jahwes" entstanden. So sucht er
das Verstecken der Sönne Araunas als Bezug auf Ri 6,
11b, das Dreschen, den Altarbau, das verzehrende
Feuer und die Bereitwilligkeit Araunas zu erklären.
Demzufolge nimmt er auch die Lesart מלאך hier als richtig an. (aaO 157) Haupteinwand gegen diese Sicht
ist m.E. die völlig unterschiedliche Ausrichtung
beider Kapitel. Geht es in Ri 6 um die Berufung
Gideons zum Retter (vgl. dort z.St.), so geht es hier
doch wohl um die Auswahl des Tempelplatzes. Die sich
bereits zeigenden Schwierigkeiten verstärken sich
noch, wenn man die unterschiedliche Funktion des
mal'ak berücksichtigt und die unterschiedliche Stellung Gideons bzw. Davids/Araunas zu ihm. Es sei nur
darauf hingewiesen, daß in Ri 6 Gideon dem mal'ak
begegnet, während David in 1 Chr 21,20 keinerlei Verbindung zum mal'ak zu haben scheint. Gegenspieler sind
hier David und Jahwe. vgl. im übrigen zu Ri 6.
1 Zu beachten ist, daß V 9 (par 2 Sam 24,11) Jahwe
  selbst zu Gad spricht.
2 vgl. dazu unten.
3 vgl. auch MOSIS aaO 115.
4 vgl. ebd. 115.
5 vgl. aaO 157.

auf Lev 26,25 zu lösen.[1]
Dieser Versuch einer Erklärung scheint jedoch nicht
überzeugend. Allerdings ist nicht von der Hand zu weisen, daß die Pest tatsächlich als Schwert Jahwes gelten konnte. In dem speziellen Fall scheint jedoch die
näherliegende Parallele Jos 5,13 zu sein.[2] Denn die
angezogene Parallele gehört zweifellos eher in die Ge-
samtvorstellung eines mal'ak jhwh als die Leviticus-
stelle.

V 15 ist gegenüber der Vorlage abgeändert: der mal'ak
zieht nicht mehr wie in 2 Sam 24,15.16 aus, sondern
Jahwe sendet ihn. Der mal'ak wird damit zum Funktionsträger, ohne daß ihm eine Eigenbedeutung zuerkannt
wird.[3]
Die vernichtende Kraft des Gottesgerichts wird stili-
stisch unterstrichen durch die dreimalige Verwendung
der Wurzel שחה , wobei das Wort beim drittenmal

----

1 "So ist gewiß die Änderung von והוא רדפך
   (2.Sam. 24,13) in למשגת (txt?) וחרב אויביך
   (I 21,12) durch Lev. 26,25 bedingt. Denn dieser Vers
   ist gleich auch für den folgenden Zusatz zur Vorlage
   und seine Formulierung maßgebend: das Schwert Jahwes
   [nämlich eine Pest im Lande (so nach der Vorlage)],
   und zwar den Vernichtungsengel Jahwes im ganzen Gebiet
   Israels (I 21,12). Der Chronist identifizierte das
   Racheschwert von Lev. 26,25a mit der Pest von
   Lev. 26,25b; und da dieses Racheschwert eigentümlich
   hypostasiert dasteht, konnte es ihm sehr wohl als
   das Schwert Jahwes gelten". WILLI aaO 157.
2 mit MOSIS aaO 115. Da MOSIS vor allem mit V 16 argumentiert, ist dort noch einmal auf das Problem zurückzukommen.
3 Die gleiche Tendenz findet sich in 2 Chr 32,21, wo
   der Satz der Vorlage 2 Kön 19,35 (= Jes 37,36)
   "Und der mal'ak jhwh ging aus" umformuliert wird in
   "Und Jahwe sandte einen mal'ak". WILLI ist zuzustimmen, wenn er aaO 126 bemerkt: "Durch diese Kundgabe
   Gottes durch sein Wort in Schrift und Prophetie wird
   jedem anderen Offenbarungsmodus eine allenfalls mögliche Eigenwertigkeit genommen".

Epitheton des mal'ak ist.[1]

V 15 bringt auch den späteren Tempelplatz in direkte
Verbindung mit dem Stehenbleiben des mal'ak, d.h. mit
dem (vorläufigen) Aufhören der Pest.
Die relativ geringfügige Abweichung des Chroniktextes
von 2 Sam 24,16b[2] erfordert nähere Betrachtung, ist sie
doch gegen MT in 4QSam[a] belegt.[3]
Die Qumranparallele macht deutlich, daß der Chronist
nicht selbst gestaltend tätig wurde, sondern den
mal'ak in seiner von der Samuelvorlage abweichenden
Zeichnung übernahm. Eine schöpferische Ausgestaltung
des mal'ak-Bildes durch den Chronisten ist daher nicht
festzustellen.

----

1 Damit ergibt sich ein Anklang an Ex 12,23 und möglicherweise an 2 Kön 19,35 par.
2 Chr setzt für היה der Vorlage עמד , zudem ergibt
  sich eine Differenz im Namen des Jebusiters.
3 vgl. zu dem Text CROSS, F.M., A New Qumran Biblical
  Fragment Related to the Original Hebrew underlying
  the Septuagint, BASOR 132 (1953) 15-28, allerdings
  ohne Parallele zum vorliegenden Text. Letztere ist
  m.W. erstmals greifbar in CROSS, F.M., Die antike
  Bibliothek von Qumran und die moderne biblische Wissenschaft. Neukirchen 1967, 175 Anm 43.
  Da der Text bisher kaum Beachtung gefunden hat (Ausnahme: WILLI aaO 174 Anm 247), soll er hier zitiert
  werden:

```
2. Sam 24,16b    wml'k jhwh hjh  'm grn h'wrnh hjbsj
1. Chron. 21,15b wml'k jhwh 'md  'm grn 'rnn   hjbsj
4QSam^a         (wml'k jhwh 'wmd '(m grn 'rw)n hjbsj
```

```
2.Sam 24         <                                          >
1.Chron.21,16a wjs'... h'rs wbjn hšmjm whrbw šlwph bjdw...
4QSam^a        wjs'(...) h'rs wbjn (hšmj)m whr(b)w šlwph bjdw(
```

```
2.Sam.24,17aMT     ...w'nkj <       > h'wjtj w'lh hş'n mh ...
2.Sam.24,17a LXX^OL ...w'nkj hr'h hr'wtj w'lh hş'n mh ...
```

```
1.Chron.21,17a   ...<  > whr' hr'wtj w'lh hş'n mh 'sw
4QSam^a          w')nkj hr'h hr' tj w'lh h(ş)'n
```

CROSS schließt daraus, daß zwischen 2. Sam 24,16 und
17 MT ein Vers durch Homoioarkton ausgefallen ist.
vgl. ebd. 43.

<u>V 16</u> hat in 2 Sam 24 keine Parallele, ist jedoch
4QSam[a] belegt.[1] Das flammende Schwert des mal'ak ist
demnach nicht auf eine Erweiterung des Chronisten zurückzuführen, der damit das mal'ak-Bild ausgestaltet
hätte, sondern von seiner Vorlage übernommen. Aus der
von CROSS geäußerten Feststellung, "daß der vom Chronisten benutzte Samueltext der durch die Rolle aus der
Höhle 4 vertretenen Texttradition näher stand als derjenigen, die in der masoretischen Tradition fortleb-
te",[2] ergibt sich, daß eine Interpretation dieser Abweichungen besonderer Vorsicht bedarf. Umso mehr stellt
sich damit aber die Frage nach dem Verhältnis der vorliegenden Stelle zu Jos 5,13-15, zu der gerade V 16
wörtliche Übereinstimmungen zeigt.[3]
Gegen MOSIS[4] allerdings ist einzuwenden, daß der Chronist 2 Sam 24 nicht wegen der beabsichtigten Parallelisierung zu Jos 5,13 geändert hat.[5] Möglicherweise
greift hier eine gemeinsame Vorstellung.[6]

----

1 vgl. vorherige Anmerkung.
2 aaO 175
3 vgl. dazu MOSIS aaO 115.
4 ebd.
5 Diese Meinung ist durch den Qumranfund hinfällig.
6 Überzogen aber scheint es, Jos 5,13-15 als "direkte
  literarische Quelle" der vorliegenden Stelle zu bezeichnen. (MOSIS aaO 115 Anm 107). Die Tatsache, daß
  der gleiche Ausdruck Num 22 begegnet, mahnt zur Vorsicht vor solch weitgehenden Formulierungen. Auch
  die Proskynese angesichts des mal'ak ist zu allgemein,
  als daß sie als Argument für eine Abhängigkeit herangezogen werden sollte. "Ob die Bileamszene dem Chr
  nicht zugleich vor Augen stand, da ja der Schrecken
  vor dem Engel Jahwes David wie Bileam davon abhält,
  den Weg nach Gibeon zu gehen?" (MOSIS ebd. 115).
  Die Frage ist wohl nicht restlos zu klären, erscheint aber unwahrscheinlich. Denn in beiden Erzählungen handelt es sich um eine grundlegend andere
  Situation. In Num 22 geht es darum, einen (feindlich
  gesinnten) Seher davon abzuhalten, Israel durch einen
  Spruch Schaden zuzufügen, während hier doch wohl davon ausgegangen werden kann, daß David sich auf den
  Weg nach Gibeon machte, um ein Jahwewort einzuholen.

V 18 weicht von der Vorlage insofern ab, als der mal'ak
hier dem Propheten ein Jahwewort vermittelt. Möglicherweise ergibt sich hier eine Beziehung zu 2 Kön 1. Eine
Parallele zum angelus interpres der Apokalyptik ist dagegen nicht festzustellen.[1]
Im jetzigen Zusammenhang soll der Vers den Spruch Gads
als Jahwewort legitimieren, was in der Vorlage erst im
nachhinein (2 Sam 24,19b) erfolgt.[2]

V 27 entspricht sachlich 2 Sam 24,25bß. Während aber
die Vorlage einfach das Ende der Pest feststellt, bleibt
der Chronist im Rahmen seiner Erzählung. Dadurch, daß
der mal'ak das Schwert in die Scheide steckt, verdeutlicht er, daß die Gefahr nach V 16 noch nicht endgültig
gebannt war; dies ist erst jetzt der Fall.[3]

V 30 findet, ebenso wie VV 26b.28.29 keine Parallele in
2 Sam 24 und wird allgemein als Erklärung dafür gewertet, "warum David nicht nach Gibeon ging, wo doch ein
regelmäßiger Opferdienst eingerichtet war".[4]

----

(6) Dieser Weg wird unnötig, weil das Jahwewort ihm durch
    Gad, den Propheten, zukommt (V 18). vgl. auch zu V 30
    unten.
    Keine Parallele läßt sich von hier zu Gen 3,24 zie-
    hen, weil dort nicht ein mal'ak das Flammenschwert
    trägt, sondern es sich um zwei verschiedene Hinder-
    nisse auf dem Weg zum Baum des Lebens handelt.
    vgl. auch oben S. 112 mit Anm 2.
1 zu diesem Terminus vgl. unten S. 259-261.
2 vgl. dazu auch WILLI aaO 103.
3 Damit ergibt sich ein merkwürdiger Widerspruch zu
  V 18. Denn es scheint nicht möglich, daß einerseits
  der mal'ak dem Propheten ein Wort Jahwes überbringt,
  andrerseits - und das setzt doch wohl V 27 voraus -
  an seinem Platz bleibt. Von daher ist die Frage zu
  stellen, ob das Wort mal'ak V 18 nicht vielleicht
  als Glosse in den Text hineingeraten ist. Dafür
  spricht, daß V 18 eine Instanz zwischen Gad und Jahwe
  geschoben wird, die V 9 (noch ?) nicht kennt. In dieselbe Richtung weist auch V 19b: אשר דבר בשם יהוה.
  Eine hinreichende Sicherheit ist allerdings nicht zu
  erreichen.
4 RUDOLPH aaO 148.

Diese Erklärung befriedigt jedoch nicht. Einige Fragen
bleiben offen: So erscheint V 30 nach V 27 nicht mehr
motiviert, da ja die Bedrohung gewichen ist. Der Vers
wird m.E. nur dann verständlich, wenn es von der berichteten Begebenheit an nicht mehr gestattet war, Jahwe
in Gibeon aufzusuchen,[1] d.h. wenn mit dem Opfer und seiner Annahme V 26 bereits der neue Kult konstituiert
ist.[2]
Für die Figur des mal'ak heißt dies, daß er nach V 26
als "Wächter" auf dem Weg zum Jahweheiligtum in Gibeon
steht. Das ist m.E. nicht ohne (zumindest indirekte)
Polemik gegen Gibeon zu verstehen.[3]
Gibeon scheint damit als Kultstätte durch den Tempelplatz abgelöst zu sein. Trifft diese Vermutung zu, dann
ergibt sich daraus für den mal'ak die Aufgabe, über die
Einhaltung der rechten Kultstätte zu wachen, d.h. in
diesem speziellen Fall David von einem Gang zu einer
nicht (mehr) legitimierten Kultstätte abzuhalten.

Der mal'ak hat also in 1 Chr 21 den Auftrag, die Pest
als Strafe Gottes für das Vergehen des Königs und damit des ganzen Volkes zu verhängen. Das trifft sich mit
dem Bild des mal'ak aus 2 Sam 24. Dabei erinnert die
konkrete Ausformung, die erheblich farbiger ist als
2 Sam 24[4], an Vorstellungen, die in Traditionen des
Nordreiches beheimatet sind.

----

1 דרש hat in diesem Zusammenhang wohl den deutlichen
   Hintergrund: ein Orakel einholen.   Zu diesem Terminus vgl. GERLEMANN, G., RUPPRECHT, E., Art. דרש
   -drš-fragen nach: THAT I 460-467, bes. 462f.
2 vgl. dazu die auffallende Parallele 2 Chr 7,1.
   vgl. MOSIS aaO 118.
3 vgl. auch die Kennzeichnung dieses Ortes als במה.
4 vgl. jedoch 4QSam^a oben S.224.

Insbesondere fällt das Schwert als Darstellungsmittel
auf. Als Bringer der Strafe Gottes hat der mal'ak keine Eigenbedeutung, er ist vom Wort Jahwes abhängig.
Insofern kann man ihn als Funktionsträger mit aus-
schließlichem Werkzeugcharakter bezeichnen. Damit ergibt sich eine gleichartige Vorstellung wie
2 Chr 32,21.[1]
Mit dieser Stelle verbindet 1 Chr 21 auch das furcht-
bare Wirken des mal'ak, das sich in einer außerordentlich großen Zahl von Toten ausdrückt.
In V 18 zeigt sich eine zweite Tätigkeit, die an 2 Kön 1
erinnert. Dort tritt der mal'ak als Mittler zwischen
Prophet und Jahwe auf.[2]
Möglicherweise kündigt sich damit eine Entwicklung an,
die zum Angelus interpres der Apokalyptik führt.

Ein dritter Wirkungsbereich zeigt sich ansatzweise
V 30. Er deutet den mal'ak als Wächter, der bestellt
ist, die rechte Jahweverehrung am richtigen Ort sicherzustellen. Damit rückt der mal'ak hier an die Vorstellung heran, die bereits ansatzweise mit dem mal'ak des
Exodus der elohistischen Pentateuchschicht verbunden
ist und die etwa Ri 2,1-5 greifbar wird. Auch hier werden also alte Vorstellungen aufgenommen und verwendet.

Zusammenfassend bleibt festzustellen, daß der Chronist
nicht selbst schöpferisch bei der Ausgestaltung des
mal'ak tätig geworden ist, sondern sich der ihm überkommenen mal'ak-Vorstellung bedient hat. Allerdings
hat er gegenüber der Samuelerzählung einige Akzente
anders gesetzt.

----

1 vgl. dort z.St. Besonders ist dort hinzuweisen auf
  die Änderung der Vorlage 2 Kön 19,35 = Jes 37,36.
2 Allerdings ist hier keine Verbindung zu Num 22 zu
  ziehen, weil ursprünglich ein schroffer Gegensatz
  zwischen dem mal'ak jhwh und Bileam bestand.
  Bileam ist in der ältesten Schicht der (gefährliche)
  Seher, den es abzuwehren gilt (vgl. dort z.St.).

8. Zusammenfassung

In den Berichten über die Königszeit lassen sich zwei
Gruppen von Stellen abgrenzen: Zur ersten Gruppe, in
denen eine Person mit einem mal'ak verglichen wird,
gehören 1 Sam 29,9; 2 Sam 14,17.20; 19,28. Aus ihnen
lassen sich keine weiteren Schlußfolgerungen ziehen.
Wichtiger ist die zweite Gruppe. (2 Sam 24 par 1 Chr 21;
1 Kön 19; 2 Kön 1; 2 Kön 19,35 par Jes 37,36 par
2 Chr 32,21), weil an ihnen ein mal'ak handelnd in
ein Geschehen eingreift und sich dadurch ein Vergleich
mit den behandelten Stellen des Pentateuch und der
Richterzeit anbietet.
2 Sam 24[1] und 1 Chr 21[2] sind Parallelberichte über die
von David vorgenommene Volkszählung. Im Samueltext begegnet der mal'ak nur in der Schicht, die der ursprünglichen Erzählung gegenüber als sekundär einzustufen
und zeitlich zwischen der Reichsteilung 932 vChr und
dem Deuteronomium anzusetzen ist. Der mal'ak wird relativ blaß gezeichnet. Er tritt nicht selbständig handelnd auf, sondern ist Bringer der Pest, die von Jahwe
als Strafe wegen des Vergehens Davids über Israel ver-
hängt worden war. Der mal'ak begegnet in Zusammenhang
mit der Nennung Jerusalems. Er ist ausführendes Organ
Jahwes, hat aber kein Wort Jahwes zu überbringen.
Letzteres ist im vorliegenden Text eindeutig Sache des
Propheten Gad. Er verkündet dem König das Wort Jahwes,
während der mal'ak das Strafgericht vollzieht, ohne
mit David oder einem anderen Menschen in Verbindung
zu treten. Damit ist der mal'ak ganz in die Nähe
Jahwes gerückt, er ist nicht mehr verbindendes Glied
zwischen Jahwe und dem König und damit den Menschen.
Diese Aufgabe übernimmt der Prophet. Vom mal'ak werden

----

1 vgl. oben S.188f.
2 vgl. oben S.218-222.

über dies hinaus keine weiteren Aussagen gemacht.
Gegenüber der recht knappen Skizzierung zeichnet die
Chronikparallele ausführlicher, indem sie den mal'ak
als Gestalt mit flammendem Schwert in der Hand beschreibt. Diese Darstellung ist jedoch nicht als Ausbau der mal'ak-Vorstellung zu werten, weil die gleiche
Formulierung 4QSam^a belegt ist. Aus weiteren Beobachtungen ergibt sich, daß der Chronist möglicherweise
einen vom Masoretentext abweichenden Samueltext benutzt hat.[1] Die Vorstellung vom mal'ak ist der in
Num 22 und Jos 5 ähnlich und könnte auf einen gemeinsamen Vorstellungshintergrund aller Texte deuten.
Hierfür kämen als Tradenten Kreise des Nordreiches
vor dessen Untergang in Betracht.
Eine Änderung der Funktion des mal'ak ist mit der Darstellung des Chronisten gegenüber 2 Sam 24 nicht verbunden. Der mal'ak bleibt das (unselbständig) handelnde Werkzeug Gottes, das Jahwes Strafgericht an Israel
vollzieht. Auch dieses Kapitel ist vom Nebeneinander
von Prophet und mal'ak gekennzeichnet. Während der
mal'ak die Pest als Strafe Gottes bringt, obliegt dem
Propheten die Übermittlung und Verkündigung des Gotteswortes. Dieses Wort empfängt er in 2 Sam 24 und
1 Chr 21,9 direkt. In 1 Chr 21,18 dagegen scheint der
mal'ak eine Mittlerstellung zwischen Jahwe und Prophet einzunehmen, indem er dem Propheten das Wort
überbringt, das der Prophet seinerseits dem Empfänger
auszurichten hat. Die hier spürbare Zweistufigkeit des
Vorgangs rückt den mal'ak noch näher an Jahwe heran,
als es bereits 2 Sam 24 geschah.[2]

----

1 vgl. dazu oben S. 224.
2 Da es sich jedoch um die Legitimierung eines Jahwewortes handelt, ist auch eine nachträgliche Zufügung möglich (vgl. oben S. 216), so daß aus dieser Stelle keine weiteren Folgerungen gezogen werden
  sollten.

Als Änderung gegenüber dem Samueltext ist hingegen
1 Chr 21,30 anzusprechen.[1] Von einer Aufgabe des
mal'ak, David von Gibeon fernzuhalten, weiß die Vorlage nichts. Die Formulierung des Verses gibt als Grund
für das Verhalten Davids sein Erschrecken vor dem
Schwert des mal'ak an.
Dieser Zug der Chronikerzählung ist wohl nur zu verstehen, wenn mit der erfolgten Annahme des Opfers
Davids und der damit gegebenen Einrichtung eines Kultes auf dem späteren Tempelplatz Gibeon als legitime
Opfer- und Orakelstätte abgelöst war. Dann aber hat
der mal'ak in diesem Vers die Aufgabe, David von einem
nicht (mehr) legitimierten Opferdienst abzuhalten, und
er bekommt so etwas wie eine Wächterfunktion.

Eindeutig ist der Hintergrund der frühen nordisraelitischen Prophetie bei der Belegstelle 1 Kön 19[2] zu bestimmen, wo der mal'ak den verzweifelten Elija auf seinem Weg zum Horeb, zu Jahwe, stärkt und auf die Begegnung mit Jahwe vorbereitet. Doch auch hier ist die
Zeichnung blaß. Vom mal'ak wird berichtet, daß er Elija
mit Speise und Trank stärkt. Sein Wort an Elija wird
nicht als Jahwewort charakterisiert und enthält keinerlei Weisung. Mit Elija selbst kommt er nicht ins Gespräch. Es ist nicht einmal sicher auszumachen, ob
Elija ihn bemerkt,[3] obwohl nichts vom mal'ak berichtet
wird, was einer menschlichen Erscheinungsform widersprä-
che. Er ist als Mensch gezeichnet, der dem Elija begegnet.[4] In der Komposition der Erzählung ist der rettende mal'ak jhwh das Gegenbild zu den verderbenbringen-
den Boten der Isebel. Die Rettung aus verzweifelter

----

1 vgl. oben S. 226f.
2 vgl. oben S. 207f.
3 vgl. dazu auch zu Ex 3,2.
4 Damit ergibt sich eine sachliche Parallele zum Auftreten des mal'ak in den Abrahamserzählungen.

Lage ist so auch das Hauptcharakteristikum des mal'ak
jhwh und verbindet ihn mit dem mal'ak der Hagarerzählung. Ebenso wie dort aber ist kein Wert auf seine Erscheinungsform oder seine Identität gelegt. Als mal'ak
ist er Funktionsträger Jahwes,gesandt mit einem speziellen Auftrag zu einem bestimmten Menschen und tritt sofort aus dem Blick der Erzählung, sobald sein Auftrag
ausgeführt ist. Wie in der Hagar-Erzählung wird er ge-
wissermaßen zur Randfigur, die aber dem Propheten das
Erreichen seines Zieles ermöglicht. Damit wird dem
mal'ak eine Art Schutzfunktion für den Propheten bei-
gelegt, auch wenn dieser im Mittelpunkt der Erzählung
steht und das Interesse des Berichts auf sich zieht.
Ein Mittler zwischen Jahwe und dem Propheten ist er
nicht, wohl aber von Jahwe zum Propheten gesandt und
somit auch von Jahwe unterschieden. Sein Wort und seinen Auftrag teilt Jahwe dem Propheten direkt mit (vgl.
1 Kön 19,15-18). Insofern ist auch eine klare Trennung
zwischen mal'ak und Prophet festzustellen. Der mal'ak
ist Funktionsträger ohne beschriebene Eigenständigkeit,
während der Prophet zuständig ist für Empfang, Verkündigung und Ausführung des Jahwewortes.
In 2 Kön 1[1] begegnet der mal'ak im Rahmen der sekundären
Zufügungen und hat die Aufgabe, Elija ein Jahwewort zu
überbringen. Dieses Jahwewort enthält jeweils eine klare Anweisung. Doch ist der mal'ak in diesem Text nicht
dem angelus interpres gleichzusetzen, der in der spätnachexilischen Prophetie apokalyptischen Einschlags
begegnet.[2]
Das vom mal'ak überbrachte Wort hat für den Propheten
den gleichen Verbindlichkeitsgrad, als wenn er es von
Jahwe direkt empfangen hätte. Eine weitere Kennzeichnung des mal'ak fehlt. Dennoch läßt sich aus der

----

1 vgl. oben S. 211.
2 vgl. S. 259-261.

Erzählung entnehmen, daß die Vorstellung selbst als
bekannt vorausgesetzt wird. Mit den vorher genannten
Belegstellen verbindet 2 Kön 1, daß der mal'ak von
Jahwe selbst unterschieden wird.

2 Kön 19,35 (= Jes 37,36) begegnet der mal'ak im
Zusammenhang der Ereignisse um den Rückzug Sanheribs
701 vChr.[1] Der mal'ak hat den Auftrag, das Heer
Sanheribs entscheidend(in der Nacht) zu schlagen und
so den Großkönig zum Rückzug zu zwingen. Er tritt auf
als relativ selbständig handelndes Wesen, das ohne
ausdrücklich überlieferten Befehl Jahwes eingreift.
Sein Einschreiten erfüllt das vorausgegangene Prophetenwort, indem es Sanherib zum Abzug zwingt. Als Parallele ist die Vorstellung des mal'ak aus 2 Sam 24
heranzuziehen, obwohl sich einige Unterschiede ergeben. So ist hier die Selbständigkeit des mal'ak stärker betont, während ihm im Samueltext reiner Werkzeugcharakter eignet. Gerade diesen Unterschied aber hebt
die Chronikparallele 2 Chr 32,21a auf. Der mal'ak wird
zu einem reinen Funktionsträger ohne eine irgendwie
geartete Eigenständigkeit. Gegenüber der Vorlage 2 Kön
19,35 fällt auf, daß der mal'ak nicht mehr das Epitheton יהוה trägt. Vielmehr heißt es unbestimmt וישלך יהוה
מלאך . Die Formulierung deutet auf eine gewandelte
Vorstellung hin. Es handelt sich wohl nicht mehr um
einen bestimmten Boten Jahwes, sondern um irgendeinen
Boten aus dem Bereich des himmlischen Hofstaates.

Faßt man diese Ergebnisse zusammen, lassen sich folgende Thesen aufstellen:
- Durchgängig wird in den behandelten Belegstellen
  der mal'ak als Funktionsträger gesehen, der lediglich im Rahmen seines Auftrages Beachtung verdient.

----

1 vgl. oben S. 214-217.

Außerhalb der Aufgaben kommt er nicht in den Blick.

- Alle Belegstellen unterscheiden zwischen der Funktion des mal'ak und der Aufgabe des Propheten. Der Prophet ist der Übermittlung und Verkündung des Jahwewortes zugeordnet, während der mal'ak im Bereich des Eingreifens Jahwes im Handeln angesiedelt ist. Dabei ist es gleichgültig, ob der mal'ak die Strafe Jahwes vollzieht, indem er die Pest bringt (2 Sam 24 par), zur Rettung des einzelnen Propheten eingreift (1 Kön 19), oder ganz Israel vor Feinden rettet (2 Kön 19,35 par). Nur 2 Kön 1 und 1 Chr 21,18 kennen den mal'ak als Zwischeninstanz zwischen Jahwe und dem Propheten.
- 2 Chr 32,21a verblaßt die Gestalt des individuellen mal'ak jhwh. Sie geht auf in den himmlischen Hofstaat.
- Das Auftreten des mal'ak an den behandelten Stellen verbinden sachliche und terminologische Gemeinsamkeiten mit der mal'ak-Vorstellung der Väterzeit, des Auszugs und der Richterzeit.
- Der hier vorgestellte mal'ak hat seinen geistigen Hintergrund vermutlich in den Kreisen der frühen nordisraelitischen Prophetie.

VI. KAPITEL

DIE VORSTELLUNG VOM MAL'AK

IN DEN PROPHETENBÜCHERN

1. Jes 42,19

Innerhalb des Abschnittes Jes 42,18-22(25) wird der
Begriff mal'ak in V 19 auf Israel bezogen.[1] Bezeichnenderweise fällt nicht die Wortverbindung mal'ak
jhwh, was nach der Parallelität zu V 19b (עבד יהוה)
zu erwarten wäre. Hinzu kommt die abweichende Lesart der Vulgata, die den Text unsicher macht. Zudem
stimmt bedenklich, daß in V 19aß die Parallelisierung
zu V 19a durchbrochen wird, während V 19b aus zwei
parallel aufgebauten Gliedern besteht. Mit einer Text-
verderbnis rechnen deshalb WESTERMANN[2] und ELLIGER[3].
Letzterer sieht מלאכי als Verschreibung und liest
stattdessen V 19aß חרש כי-אם-משליו . Schon aus diesem Grund können aus dem Beleg keine zu großen Schlußfolgerungen gezogen werden. Doch selbst wenn der Text
in seiner masoretischen Form in Ordnung sein sollte,
ist dennoch nicht die bisher dargestellte Vorstellung
eines mal'ak jhwh wirksam. Denn der Ausdruck wird
nicht auf einen konkreten Auftrag bezogen und kennt
auch keinen bestimmten Adressaten. Vielmehr ist davon
auszugehen, daß an dieser Stelle der Begriff mal'ak
in seiner allgemeinen, 'profanen' Bedeutung und
nicht in dem besonderen Sinn als mal'ak jhwh verwendet wird.

----

1 vgl. McKENZIE, Second Isaiah 46; HERBERT, Isaiah
  47. MELUGIN, R.F., The Formation of Isaiah 40-55.
  Berlin 1976 (BZAW 141) 109.113f bezieht die Stelle auf das Israel der Vergangenheit. Vgl. auch
  LEUPOLD, H.C., Exposition of Isaiah. Vol. II:
  Chapters 40-66. Grand Rapids, Michigan 1974(2. Auflage)
  71-73, hier 72.
2 WESTERMANN, Jesaja 91.
3 ELLIGER, Jesaja II 270.

2. Hos 12

Bei Hosea begegnet der mal'ak im 12. Kapitel innerhalb
des Rückgriffs des Propheten auf die Jakobstradition
(Hos 12,5). Der Vers ist so stark in das sonst relativ
selbständige Kapitel eingebunden, daß die Interpretation des V 5 (und damit des mal'ak) einen Blick
auf das gesamte Kapitel erfordert.[1]
Die Interpretation wird dadurch erschwert, daß in der
Forschung noch keineswegs geklärt ist, ob die Gestalt
des Patriarchen in Hos 12 positiv oder negativ gesehen wird.[2] Eine Vorentscheidung in dieser Frage beeinflußt stark die Stellungnahme zu vorgeschlagenen Text-
emendationen oder Umstellungen im Text.[3]

In V 1 richtet sich der erste Halbvers (V 1a) ankla-
gend gegen Efraim, das in V 1aß gleichgesetzt wird
mit dem ישראל בית . Formal handelt es sich um einen
steigernden Parallelismus, bei dem das Verb für beide
Glieder betont am Anfang steht.[4]

----

1 vgl. RUPPERT, L., Herkunft und Bedeutung der Jakob-
  Tradition bei Hosea. Bib. 52 (1971) 488-504.
2 so ausdrücklich RUDOLPH, Hosea 223. Für eine positive Sicht seien als neueste Veröffentlichungen genannt ACKROYD, P.R., Hosea and Jacob. VT 13 (1963)
  245-259 und GARLAND, D.D., Hosea - A study guide
  commentary. Grand Rapids, Michigan 1975 bes. 72f.
  Negativ dagegen werten WOLFF, Hosea 274, ROBINSON,
  Hosea 47, RUDOLPH, Hosea 227f und GOOD, E.M.,
  Hosea and the Jacob Tradition. VT 16 (1966) 137-151,
  schließlich auch RUPPERT aaO 500f und VOLLMER, J.,
  Geschichtliche Rückblicke und Motive in der Prophetie des Amos, Hosea und Jesaja. Berlin 1971 (BZAW
  119) bes. 105-115.
3 Methodisch empfiehlt sich daher, die Frage zunächst
  offenzulassen.
4 Schwierigkeiten macht die Pluralform des Verbs. Als
  Konsequenz könnte man vermuten, Efraim und das Haus
  Israel seien unterschiedliche Größen. Dagegen aber
  spricht, daß V 1b auf Juda als Gegengröße abhebt.
  Mit EDEL, R.F., Hebräisch-Deutsche Präparationen
  zu den Kleinen Propheten I. Marburg 1968 31 ist
  die Pluralform deswegen als Angleichung an den ver-
  meintlichen Plural Efraim zu deuten.

V 1b ist umstritten. Nach WOLFF[1] kennzeichnet bereits
die Inversion mit der Voranstellung Judas einen ad-
versativen Sinn, während RUDOLPH[2] wegen V 3a auch in
V 1b eine ungünstige Aussage über Juda vermutet. Vom
Text her bietet keine der beiden Deutungen größere
Anhaltspunkte.[3] Berücksichtigt man, daß V 1a Efraim
und Israel als Angesprochene nennt und Juda außer in
V 3 nicht mehr begegnet, erscheint es einleuchtend,
V 1b mit ROBINSON[4] als Glosse eines judäischen Bearbeiters des Propheten anzusehen. Hos 12 richtet sich
also als Rede an das Nordreich, an Efraim und Israel.
Hinzu kommt, daß in der Zuordnung der beiden Namen
Efraim und Israel während des ganzen Kapitels eine
gewisse Ordnung zu erkennen ist.[5]
__V 3__ tritt WOLFF[6] dafür ein, Juda durch Israel zu ersetzen, eine Maßnahme, die RUDOLPH[7] als "Gewaltakt"
ablehnt. Allerdings ist zu bedenken, daß Juda, wie bereits erwähnt, im ganzen Kapitel nicht mehr begegnet,
dieses sich im Gegenteil ganz mit dem Nordreich beschäftigt. Weiterhin ist ernstzunehmen, daß V 4 auf
den Namen Jakob (V 3aß) anspielt und die Anspielung
V 5 demzufolge den Namen Israel in V 3 vermuten läßt.
Zudem fordert לפקד den gleichen Bezugspunkt wie
die VV 3a.b.[8]

----

1 vgl. Hosea 267.
2 vgl. Hosea 221.
3 Nach übereinstimmender Meinung ist der Text so ver-
  derbt, daß eine Emendation zwingend erscheint, was
  aber das Vorverständnis als entscheidend einbringt.
4 vgl. Hosea 46.
5 VV 2.9-12.15 richten sich besonders an Efraim,
  VV 3-7.13f an Israel. Zum Ordnungsprinzip des Kapitels vgl. auch unten S. 244f.
6 vgl. Hosea 267.
7 vgl. Hosea 221.
8 vgl. auch RUPPERT aaO 493: "vom unmittelbaren Kontext gefordert". ebenso HOLLADAY, W.L., Chiasmus,
  the Key to Hos 12,3-6. VT 16 (1966) 53-64, hier 56.
  Vgl. auch WOLFF, Hosea 267, ROBINSON, Hosea 45.

Die Ersetzung von Israel durch Juda dürfte im Rahmen
der judäischen Bearbeitung und Aktualisierung erfolgt
sein. Das erscheint umso eher möglich, als Jakob im
Nord- und Südreich als Patriarch anerkannt war.

V 4 bezieht sich auf die Geburtsgeschichte Jakobs
Gen 25,26. Die dort beschriebene Volksetymologie des
Namens Jakob, die selbst nicht wertet,[1] wird von Hosea
aufgenommen. Eine Anspielung auf Gen 25,29ff oder
Gen 27,36 scheint nicht wahrscheinlich.[2] Die bisherige
Forschung sieht in dem Halbvers betont, daß Jakob
bereits zum frühestmöglichen Zeitpunkt (בבטן   ) be-
trügerisch gehandelt habe, eine Haltung, die seinem
späteren Handeln als Mann (באונו) entsprach.[3] Diese Wertung, die sich wesentlich auf die Bedeutung
des Verbs עקב stützt, erscheint fragwürdig. Das Substantiv[4] עקב begegnet in der Bedeutung Ferse, Fuß
(Fußspur) Gen 3,15; 25,26; 49,17.19; Jos 8,13;
Ri 5,22; Jer 13,22; Ijob 18,9; Ps 41,10; 56,7; 77,20;
89,52; Hld 1,8 jeweils als Begriff, der einen Gegenstand beschreibt. Eine Bedeutung "Betrug" oder ähnlich
ist nicht belegbar.[5] Das Verbum begegnet dreimal im Qal
(Gen 27,36; Jer 9,3; Hos 12,4) und einmal im Pi'el
(Ijob 37,4), wobei letzterer Stelle die Übersetzung
"zurückhalten" angemessen ist. Eine mit dem Substantiv
korrespondierende Übersetzung scheint auch Gen 27,36
und Hos 12,4 möglich. Eindeutig negativ gefärbt ist
Jer 9,3.[6] Zwischen Gen 27,36 und Hos 12,4 ergibt sich

----

1 vgl. RUPPERT aaO 494.
2 gegen MAYS, Hosea 161ff.
3 Der Begriff ist als Gegenstück zu בטן zu fassen
  und nicht mit עון (Sünde) in Verbindung zu bringen.
  Gegen eine negative Wertung vgl. ACKROYD, Hosea 612.
  und GARLAND, Hosea 72f.
4 vgl. LISOWSKY, Konkordanz 1109.
5 Mögliche Ausnahme ist Ps 49,6, doch fehlt auch dort
  die spezifische Betrugskomponente.
6 vgl. auch den Kontext dort.

zudem noch ein gravierender Unterschied. Hos 12,4
zielt durch den Zusatz בבטן eindeutig auf die Geburtsgeschichte Gen 25, wo von einem "Zurückhalten
(an der Ferse)" berichtet wird. Gen 27,36 dagegen
bezieht sich nicht auf Gen 25,26, sondern auf
Gen 25,29-34 (Erstgeburtsrecht) und Gen 27 (Segen).
Aus diesen Beobachtungen ergibt sich, daß dem Ausdruck עקב lediglich eine Anspielung auf den Namen
Jakob zu entnehmen ist, nicht aber eine negative
Sicht des Erzvaters.

V 5 nimmt in V 5a V 4b wieder auf, bietet aber eine
grammatikalische Schwierigkeit. Formal ist kaum zu
entscheiden, wer in V 5aß Subjekt ist, Jakob oder
der mal'ak. Dieser Zwiespalt schließt einen sachlichen
mit ein, denn Gen 32 ist weder von einem Weinen Jakobs
noch von dem eines mal'ak die Rede. Demgegenüber stimmt
V 5aα mit Gen 32 überein, insofern nämlich Jakob
seinen Gegner, der abweichend vom Bezugstext nicht
als איש , sondern als mal'ak bezeichnet ist, besiegt.
V 5a ist somit nicht als Doppelung zu V 4b anzusehen
und zu eliminieren,[1] sondern als steigernder Parallelismus zu V 4b zu fassen. Die gegenüber V 4 abweichende Präposition ist hinreichend zu erklären durch die
gezielte Anspielung auf den Namen Israel.[2] Ein Ausscheiden des Begriffes mal'ak erscheint unnötig,

----

1 gegen VOLLMER aaO 106.
2 gegen RUDOLPH, der wegen der wechselnden Präpositio-
  nen ויישר nicht von שרה "streiten" ableiten will,
  sondern von שור "sich verwandeln, ausweichen". Er
  übersetzt: "Er (Gott) verwandelte sich in einen
  Engel" und sieht damit in V 5a eine Jakob ent-
  schuldigende Glosse (vgl. Hosea 233). Gleichzeitig erübrigt sich der Vorschlag von WOLFF, Hosea 267,
  die Präposition אל als verlesenes אל zu deuten und
  mal'ak als eine in den Text geratene Glosse zu
  streichen. Bei WOLFF wird dieser El dann zum Subjekt.
  Vgl. auch RUPPERT aaO 495-497, HOLLADAY aaO 56.

zumal sonst der Vers grammatisch unklar würde, weil אל
dann als grammatisches Subjekt gefaßt werden könnte.[1]
Hinzu kommt, daß sich im vorliegenden Masoretentext
ein im Ausdruck abwechselnder Parallelismus zeigt, was
genau der von HOLLADAY festgestellten Struktur entspricht. Die Untersuchung von HOLLADAY[2] bietet zudem
wohl die beste Lösung für die Schwierigkeiten in V 5aß.[3]
Sie deutet den Teil als Anspielung auf die Begegnung
Jakobs mit Esau Gen 33. Dadurch ergibt sich ein Chiasmus mit den Außengliedern VV 4a.5aß (Bezugspunkt Esau)
und den Innengliedern VV 4b.5aα (Bezugspunkt Jabbokge-
schichte).[4] Subjekt von V 5aß bleibt demzufolge Jakob,
eine Feststellung, die sich auch von der Grammatik her
nahelegt. Gleichzeitig ist mit dieser Deutung der Vermutung, Hosea habe eine eigene abweichende Jakobser-
zählung gekannt, die Grundlage entzogen.[5]
Gen 32,27 aber ist es auch, und hier speziell das Wort
"Segen", das gedanklich Hos 12,5a mit 12,5b verbindet.
Die Anspielung auf Bet-El muß sich nicht, wie meistens
angenommen wird,[6] auf Gen 28 beziehen, sondern kann
auch die Begegnung Gen 35 meinen.[7] Gerade wegen dieser

----

1 gegen HOLLADAY aaO 56.
2 vgl. aaO 56f.
3 Auch wenn man gegen ihn mal'ak nicht als Glosse wertet, bleibt seine Beobachtung unangetastet.
4 vgl. HOLLADAY aaO 57. Das Prinzip findet HOLLADAY
  im ganzen Abschnitt VV 3-6. Der Vorteil seiner Überlegungen ist der Verzicht auf weitgehende Textemenda-
  tionen oder Umstellungen. Aufgrund seiner Beobachtungen erhält er folgende Struktur: "(a) Yahweh - (b)
  Israel (accepting the emendation in 3a) - (c) Jacob -
  (d) Jacob and Esau at birth - (e) Jacob with the
  divine being - (e') Jacob with the divine being -
  (d') Jacob and Esau at their reunion - (c') God and
  him (Jacob the patriarch) at Bethel - (b') God and
  us (Israel the nation) at Bethel - (a') Yahweh".
  HOLLADAY aaO 64.
5 vgl. ebd. 64: "There ist no need for us to posit a
  patriarchal tradition other than that found in Genesis for Hosea's allusions to Jacob".
6 vgl. etwa RUPPERT aaO 498.
7 Hierfür spricht besonders die Erkenntnis HOLLADAYs,
  daß Hos 12,5aß auf Gen 33 zu beziehen ist.

Doppeldeutigkeit ist der Rückgriff auf Bet-El hervor-
ragend geeignet, Ausdruck für die umgreifende Führung
Jahwes zu sein.[1] Es fällt auf, daß Bet-El bewußt an
den Anfang gesetzt ist und der Ausdruck מצא begegnet.
Das Wort ist bei Hosea Erwählungsterminus.[2] Der Vers
will demnach betonen, daß nicht der Sieg über den
mal'ak für das Gottesverhältnis des Jakob konstitutiv
ist, sondern die in Bet-El frei erfolgte Erwählung.
Gerade die Verbindung der Vorstellung vom mal'ak mit
der מצא -Tradition spricht für die Echtheit des ganzen Verses.

Einer vorschnellen Ausscheidung von <u>V 6</u> als Glosse[3]
steht die Struktur des Abschnittes entgegen, in der
dem Vers eine spezifische Stellung zukommt.[4]

<u>V 7</u> ist eine den Rückblick abschließende Mahnung an
das heutige Haus Jakob. Geht man mit H.W. ROBINSON
von der Idee der corporate personality[5] aus, erscheint
es ohne Anhalt im Text, und zudem durch keine Hand-
schrift belegt, אלהיך (MT) in אהליך zu ändern.[6]
Für die Ursprünglichkeit von אלהיך spricht m.E.
ganz entscheidend, daß es in der ganzen bisherigen
Rede um das Gottesverhältnis ging und im vorhergehenden Vers auf die Erwählung des Stammvaters angespielt

----

1 Die Nebeneinanderstellung der Ereignisse aus der
  Jakobüberlieferung hat dann wohl den Nebensinn,
  daß nicht die Versuche Jakobs, Segen von Jahwe zu
  erlangen, ausschlaggebend sind, sondern die unver-
  diente Erwählung in Bet-El.
2 vgl. KÜMPEL, R., Die Berufung Israels. Ein Beitrag
  zur Theologie Hoseas. Diss. Bonn 1973. bes. 18-36.
  ebenso HOLLADAY aaO 59f.
3 vgl. ROBINSON, Hosea 47.
4 mit HOLLADAY aaO 63 gegen VOLLMER aaO 107.
5 ROBINSON, H.W., The Hebrew Conception of Corporate
  Personality. Berlin 1936 (BZAW 66) 49-62; so auch
  RUPPERT aaO 494.
6 gegen ROBINSON, Hosea 46.47.

wurde. Zu diesem Gott, der sich in Bet-El offenbarte
und dem der Stammvater anhing, soll sich das Volk wieder bekehren.[1]
VV 8.9 setzen neu ein mit einer Entgegnung auf das
Wort des Propheten V 7, das zur Umkehr auffordert.
Die Zuhörer versuchen, ihre Schuld auf Kanaan zu schieben. Kanaan - das erklärt die betonte Voranstellung
V 8 - sei es, das falsche Waage benütze und Unrecht
übe, während man selbst auf ehrenhafte Weise zu seinem Reichtum gekommen sei. Der Vers versucht V 1 zu
korrigieren und den dort erhobenen Vorwurf zurückzuwei-
sen. Bemerkenswert sind auch hier wieder die Wortspiele. Efraim beruft sich darauf, Reichtum (און) "gefunden" oder "sich erwählt" (מצא) zu haben, ohne daß
daran etwas Schuldhaftes (עון) gefunden (מצא) werden könne.
Auf solche Einlassungen antwortet der Prophet mit einer
Jahwerede V 10. Jahwe weist auf die Herausführung als
grundlegende Tatsache der Erwählung hin und droht an /
verheißt, er wolle Efraim wieder in die Zelte[2] führen wie zur Zeit der Wüstenwanderung.[3] Der Einsatz
verweist in einem zweiten Durchgang auf die Geschichte,
setzt aber zeitlich viel später an als V 3.

----

1 gegen VOLLMER aaO 107, der die VV 5-7 als Glosse
  faßt, "die die Kritik Hoseas am Erzvater mildern
  und schließlich auffangen sollen".
2 Auch hier wieder ist auf die Wortwahl zu achten:
  V 7: באלהיך תשוב   V 10: אשיבך באהליך
  Die Beobachtung spricht für die Richtigkeit des
  MT an beiden Stellen.
3 ימי מועד bezieht sich wohl eindeutig auf die Zeit
  der Wüste, obwohl מועד selbst doppeldeutig ist und
  einerseits das Zeugnis meinen kann, das Israel sei-
  nerzeit vor Jahwe gegeben hat wie auch als Anspielung
  auf das Zelt der Begegnung (אהל מועד) verstanden
  werden kann. Letzteres ist sogar wegen der Nähe von
  אהלים V 10b wahrscheinlich.

V 11 führt den Gedanken fort und bringt als zusätzliches Argument das Wort der Propheten, die von Jahwe Gesichte empfangen und denen es obliegt, Jahwes Plan und Willen zu erkennen zu geben.[1]

V 12 bringt wieder einen Einwurf, der sich zunächst auf das Schicksal Gileads bezieht. Der verderbte Text[2] ist nicht vollständig zu klären. Aus der Parallelität mit dem zweiten Teilstück läßt sich aber soviel schliessen, daß es sich um einen Untergang handeln muß, der als Folge von Götzendienst angesehen wird.

V 12aβ ist mit GRIMM[3] "Stiere" zu lesen. V 12b zielt dann mit einem neuerlichen Wortspiel auf die Folgen solchen Tuns ab (גלים-גלגל).

VV 13.14 fassen noch einmal beide Anklagereden zusammen: sie heben auf Jakob/Israel ab und nehmen damit V 4f auf. Dadurch wird gleichzeitig der erste Pol der abschließenden Anklage aufgebaut: Jakob flieht und hütet Schafe, während V 14 das Handeln Jahwes herausstellt, der sein Volk sammelt und durch Propheten führt. Dem genau parallelen Aufbau der beiden Verse entspricht die kunstvolle Verknüpfung durch Anspielungen und Wortspiele.[4]

V 15 ist als der die Rechtssache entscheidende Richterspruch zu verstehen.

Als Aufbau des Kapitels ergibt sich somit:
VV 1.2 formulieren eine Anschuldigung, um die es im nachfolgenden Rechtsstreit zwischen Jahwe und Israel/ Efraim geht. In einem ersten Beweisgang wird der

----

1 mit WOLFF, Hosea 268.
2 vgl. BHS zur Stelle.
3 GRIMM, D., Erwägungen zu Hos 12,12 "in Gilgal opfern sie Stiere". ZAW 85 (1973) 339-347.
4 vgl. V 13a יעקב - יעבד V 13b
     V 13 שמר - נשמר V 14.

Ahnherr Jakob/Israel als selbstbewußter Mann dargestellt, der von Jahwe erwählt wurde, von Jahwe, den
seine Nachkommen verlassen haben. Deswegen hat hier
auch der Aufruf des Propheten an das Volk seinen Platz,
zurückzukehren (V 7). Die Zeit des Jakob wird so als
erste Zeit gewertet, in der das Gottesverhältnis noch
in Ordnung war, als Zeit der Nähe Gottes.
Parallel dazu beziehen sich VV 10.11 auf die zweite
Zeit der Nähe Gottes, die Zeit der Wüstenwanderung.
Zwischen beiden Zeiten aber gibt es Unterschiede: Re-
dete Jahwe mit Jakob selbst (V 5b), so redet er im
Auszug (und später) durch die Propheten. Leitete Jahwe
selbst Jakob, ist das nun Aufgabe des Propheten.
Wird in Anschluß an V 5 das Volk aufgefordert, zurückzukehren, ist der Handelnde in V 10 Jahwe selbst.
VV 13.14 fassen beide Zeiten der Gottesnähe zusammen
und werden zu einer Anklage gegen das Volk, das sich
anders verhält als in den angesprochenen Zeiträumen.
V 15 spricht in diesem Rechtsstreit, in dem der Ange-
klagte VV 8f und V 12 zu Wort kommt, das Urteil, das
eindeutig zu Gunsten Jahwes ergeht.
Durch die beschriebene Strukturierung des Kapitels
als Streitgespräch (zwischen realen oder fiktiven
Partnern) werden am ehesten die Schwierigkeiten des
Textes behoben. Vor allem können große Umstellungen,[1]
starke Eingriffe in den Text[2] oder die Annahme großer
Lücken[3] vermieden werden. Im Gegenteil spricht die gesamte zielstrebige Ausrichtung des Kapitels für ein
einheitliches zugrundeliegendes Konzept.[4]
Die Frage, ob Hosea 12 eine positive oder negative
Wertung Jakobs vollziehe, ist nach dem Stand der Untersuchung so zu beantworten: Eine ausdrückliche Wertung

----

1 vgl. RUDOLPH, Hosea.
2 vgl. WOLFF, Hosea.
3 vgl. ROBINSON, Hosea.
4 gegen ROBINSON, Hosea 45/46, der Kapitel 12 als
  Sammlung von Einzelsprüchen wertet.

erfolgt nicht. Als Hinweis auf eine zumindest nicht
negative Wertung scheint aber V 7 möglich, wo im
direkten Anschluß an die Bezugnahme auf Jakob (VV 3-6)
das Volk zur Umkehr aufgefordert wird.[1]

Hos 12,5 spricht von einem mal'ak, mit dem Jakob ge-
kämpft habe. Im Unterschied dazu wird Gen 32,23-33
der Gegner Jakobs einfach als איש bezeichnet. Allerdings hat dieser Mann die Fähigkeit, Jakob zu segnen
(ברך), weswegen er in Gen 32,29 als אלהים bezeichnet wird. Andrerseits reagiert Jakob auf die Begegnung anders als mit den sonst bei Begegnungen mit der
Gottheit üblichen Schreckensrufen.[2]
Bestand im Zuge der Quellenkritik die Tendenz,
Gen 32,23-33 auf verschiedene Quellen aufzuteilen,[3]
geht die Meinung heute dahin, den Abschnitt für relativ einheitlich zu halten und die im jetzigen Text auftretenden Spannungen als durch überlieferungsgeschicht-
lich zu erklärende Zusätze verursacht zu betrachten.[4]

----

1 V 3b gehört auch noch zu der Einleitung des Rechts-
  streites V 3a. Das wird daran deutlich, daß V 15 die
  Formulierung ישיב לו aus V 3b wiederaufnimmt. Der
  erste Beweisgang beginnt erst V 4. Hinzu kommt die
  Beobachtung, daß V 3b genau die beiden Redegänge widerspiegelt; während im ersten hauptsächlich vom Weg
  Jakobs (vgl. V 3b α) die Rede ist, stehen im zweiten
  die Taten Israel/Efraims zur Debatte (V 3bβ). Zu
  diesem Ergebnis vgl. auch FRETHEIM, T.E., The Jacob-
  Traditions. Interp. 26 (1972) 419-436, bes. 426-431,
  der für die elohistische Überlieferung ein durchgängig positives Jakobbild ansetzt. Nicht ausreichend
  motiviert scheint die negative Wertung Jakobs durch
  HOLLADAY aaO 63.
2 vgl. etwa Gen 16,13; Ri 6,22; 13,22; der hier überlieferte Ausruf ותנצל נפשי ist sonst nicht belegt.
3 vgl. etwa GUNKEL, Genesis 359f.
4 vgl. neuestens HERMISSON, H.J., Jakobs Kampf am Jabbok
  (Gen 32, 23-33). ZThK 71 (1974) 239-161.
  Durch seine abgewogene Behandlung des Textes kann
  HERMISSON mit dieser Arbeit als repräsentativ für
  den gegenwärtigen Stand der Forschung gewertet werden.

HERMISSON[1] unterscheidet fünf Wachstumsstufen:
Eine ursprüngliche Nomadenerzählung sei bei der Landnahme der Jabbokleute in Penuel im Jabbokgebiet lokalisiert worden und habe durch die Deutung des Lokalna-
mens als neues Element den Kampf mit der Gottheit hin-
zuerhalten. In einer dritten Stufe sei die Umbenennung
Jakobs hinzugekommen, als Jakob bereits für ganz Israel
Bedeutung gehabt habe. Die Erzählung sei dann um die
Ätiologie der Speisesitte der Israeliten erweitert worden, um so in das Werk des Jahwisten aufgenommen zu
werden.[2] Für eine negative Beurteilung Jakobs ergeben
sich aus der jahwistischen Erzählung keine Anhaltspunkte, besonders nicht für eine irgendwie geartete
Vermessenheit Jakobs. Mit der Genesiserzählung stimmt
Hosea in dieser Beurteilung überein. Auch der Zug, daß
Jakob seinen Gegner bezwungen habe, findet sich bei ihm.
Die Annahme, Hosea habe eine eigene Jakobtradition vom
Jabbokkampf gekannt und verwendet, findet so auch von
hierher keine Stütze.

Aus diesen Beobachtungen wird klar, daß der mal'ak bei
Hosea identisch gedacht ist mit dem איש der Genesiserzählung. Die Ersetzung des Begriffes ist ineinzusehen
mit der Aussage Hoseas, der Führer des Auszuges und
der Wüstenwanderung sei ein _Prophet_ gewesen.

Bereits in früheren Stellen war klargeworden, daß der
mal'ak wahrscheinlich im elohistischen Raum beheimatet
ist. Andrerseits ist dort eben dieser mal'ak der Führer
des Auszuges und der Beschützer des Volkes, nicht aber
eigentlich Mose, obgleich dieser in der elohistischen
Überlieferung stark prophetische Züge trägt. Der Aufgabenkreis, den die elohistische Schicht mit dem mal'ak
verband, ist bei Hosea auf den Propheten übergegangen.

----

1 vgl. vorhergehende Anmerkung sowie ELLIGER, K.,
  Der Jakobskampf am Jabbok Gn 32,23-32 als hermeneutisches Problem. ZThK 48 (1951) 1-31.
2 vgl. HERMISSON ebd. bes. 249-251.

Der mal'ak rückt damit näher an Jahwe heran; er wird
zu einem Wesen, dem אלהים -Qualität zu eigen ist.[1]
Mit der Verwendung des Begriffes in dieser Art weicht
Hosea von der elohistischen Vorstellung ab. Die Unterschiede sind aber nicht so groß, daß auf einen verschiedenen geistigen Hintergrund geschlossen werden
müßte. Vielmehr verbindet beide der gemeinsame Hintergrund prophetischer Kreise des Nordreiches.[2]
Die so geartete Verwendung des mal'ak bei Hosea kann
damit als Hinweis für die Richtigkeit der These gelten,
daß die mal'ak-Vorstellung im angegebenen Raum ihre
Wurzeln hat.

----

1 Daß Hosea "auch sonst keinen Engel" kenne (WOLFF,
  Hosea 275), darf nicht zum Kriterium für die Arbeit
  am Text werden. Im vorliegenden Fall dient es sogar
  als Zeichen der Echtheit des MT.
2 vgl. auch RUPPERT aaO 503: "erstaunliche Geistesver-
  wandtschaft mit dem ... elohistischen Geschichtswerk".
  Im Deuteronomium, dessen Zusammenhang mit diesen
  prophetischen Kreisen des Nordreiches immer noch
  nicht hinreichend geklärt ist, findet sich allerdings
  kein mal'ak mehr. Es läßt sich aber eine verstärkte
  Betonung des Prophetischen feststellen. Inwieweit
  man von einer geradlinigen Entwicklung sprechen kann,
  nach der eine Verlagerung vom mal'ak auf den Propheten stattfindet, wobei der Prophet immer stärker zum
  (ausschließlichen) Verkünder des Wortes Gottes wird,
  während der mal'ak immer mehr in die Sphäre Gottes
  abgedrängt wird, muß letzlich offen bleiben.
  Bemerkenswert scheint aber, daß Dtn und Dtr, obwohl
  sie selbst keinen mal'ak verwendeten, ihn nicht aus
  früheren Texten, die sie bearbeiteten, getilgt haben.

3. Ez 30,9

Der Vers ist an die Einheit Ez 30,1-8 angehängt. Er
nimmt V 4b wörtlich wieder auf und ist als sekundäre
Zufügung zu werten.[1] Die Entscheidung wird dadurch gestützt, daß der Vers sich sachlich "als erklärendes
Interpretament zum Vorhergehenden" erweist.[2] Die breite Übereinstimmung der Forschung bezieht sich auch auf
den Grund für die Einfügung. Der Zusatz beruht auf der
Kenntnis von Jes 18. Dort schickt Kusch Boten, die
aber "vom Propheten Jesaja zur Heimkehr aufgefordert
werden, um ein Orakel über das unmittelbar bevorste-
hende Gericht nach Hause zu bringen".[3] Insofern ist
der Vers als "interessantes Zeugnis für die Benützung
älterer Weissagungen in Prophetenkreisen"[4] zu fassen.
Obwohl Jahwe der Absender der Boten ist, wird aus der
Forschungslage deutlich, daß eine Verbindung des Verses
mit der Fragestellung der vorliegenden Arbeit nicht gegeben ist.[5]

----

1 vgl. GARSCHA, J., Studien zum Ezechielbuch. Frankfurt
  1974 (EHS.T 23), 175-182, hier 175; FOHRER, G., Die
  Propheten des Alten Testaments. Gütersloh 1974ff,
  hier III, 167 Anm 155; ders., Die Hauptprobleme des
  Buches Ezechiel. Berlin 1952 (BZAW 72) 89 Anm 117;
  ebd. 100; EICHRODT, Ezechiel 283 Anm 5; ZIMMERLI,
  Ezechiel II 723-740, hier 733; neuestens HOSSFELD, F.,
  Untersuchungen zu Komposition und Theologie des
  Ezechiel. Würzburg 1977 184-229, bes. 196.206.222f.
2 ZIMMERLI, Ezechiel 728.
3 EICHRODT, Ezechiel 283 Anm 5.
4 EICHRODT, Ezechiel 283 Anm 5.
5 Möglicherweise könnte man vermuten, daß die Vorstellung des himmlischen Hofstaates durchschlägt.

4. Hag 1,13; Jes 44,26; 2 Chr 36,15.16

Hag 1,13 ist insofern von Bedeutung, als der Ausdruck mal'ak jhwh sich eindeutig auf den Propheten
bezieht.[1] Die Selbstbezeichnung des Propheten als
Bote von Jahwe findet sich außer in dieser - gegenüber dem genuinen Haggaitext wohl sekundären - Stelle[2] nur noch Jes 44,26[3] und 2 Chr 36,15.16.[4] Neben
der formalen Übereinstimmung der Texte läßt sich auch
eine sachliche feststellen. In Haggai und Sacharja
steht das Vorkommen im Zusammenhang einer Heilsbot-
schaft; der gleiche Hintergrund ist auch der Chronik-
stelle zu entnehmen. In allen Fällen sind die Boten
Gottes, hier die Propheten, als Überbringer einer
letzlich für Israel zum Heil ausschlagenden Botschaft
gesehen. Erst die Absage Israels - und so wird man
2 Chr 36,15f deuten müssen - machte das Exil unausweichlich.
Demnach findet sich der mal'ak auch hier wieder in
einem positiven Zusammenhang.

----

1 vgl. für Viele: ROSS, J.F., The Prophet as Yahweh's
  Messenger. in: ANDERSON, B.W.(Hrsg), Israel's Prophetic Heritage. London 1962 98-107, hier bes. 105-107.
  vgl. auch HORST, Haggai 206.
2 vgl. HORST, Haggai 206: "sekundär eingeschobenes,
  vielleicht aus anderem Zusammenhang entnommenes
  und dabei reduziertes Prophetenwort".
  ähnlich FOHRER, Die Propheten des Alten Testaments.
  Gütersloh 1974ff, hier V,37.
3 vgl. zu dieser Stelle FOHRER aaO IV, 114, neuestens
  MELUGIN, R.F., The Formation of Isaiah 40-55.
  Berlin 1976 (BZAW 141) 38f und LEUPOLD, H.C.,
  Exposition of Isaiah Vol. II: Chapters 40-66.
  Grand Rapids, Michigan 1974 (2. Auflage) 114f.
4 Hierzu vgl. COGGINS, Chronicles 307, MYERS,
  Chronicles 222f; MOSIS aaO 208; RUDOLPH, Chronik
  337; besonders aber WILLI aaO 208.216-229.

5. Sach 12,8

Der Vers gehört zu der großen Einheit Sach 12,1-13,6,
in deren Mittelpunkt der Tag Jahwes steht.[1]
V 8 selbst wird als Abschluß einer kleinen Einheit gesehen,[2] als eingebunden in die VV 1-9 betrachtet,[3]
oder als nachträglicher Vorsatz zur Einheit 12,9-13,1
gewertet.[4] Der letzteren Sicht ist zuzustimmen.[5]
Die Einführung des mal'ak-Motivs hängt wohl mit einer
Hochschätzung des Hauses Davids zusammen, die nach
SAEBØ[6] am ehesten an die chronistische Sicht der David-
dynastie erinnert. Da vom MT nicht abzugehen ist,[7] ist
auf das Verhältnis von אלהים zu מלאך יהוה in diesem
Vers näher einzugehen.
V 8aß.b zeigt einen dreifachen Ansatz, wobei das zweite und dritte Glied chiastisch einander zugeordnet und
so eng verbunden ist. Die inhaltliche Aussage bestätigt
die Vermutung, daß im Grunde nur eine Zweistufigkeit
vorliegt.[8]

----

1 vgl. die Kommentare von BALDWIN, BRUNNER, SELLIN,
  JUNKER, WATTS, UNGER, MITCHELL, ELLIGER z.St.
  Zum Problem Deuterosacharja vgl. SAEBØ, M., Die deuterosacharjanische Frage. Eine forschungsgeschicht-
  liche Studie. ST 23 (1969) 115-140.
2 WATTS, Zechariah 353.
3 UNGER, Sacharja 212, BRUNNER, Sacharja 158f.
4 SAEBØ, M., Sacharja 9-14. Neukirchen 1969 (WMANT 34)
  273. Er wertet V 7 als Bindeglied zwischen 12,1-6
  und 12,9ff und trifft sich damit in gewisser Weise
  mit ELLIGER, Sacharja 168.174, der V 7f aus formalen und inhaltlichen Gründen als Zusatz ansieht.
5 vgl. die überzeugende Argumentation von SAEBØ,
  Sacharja 254-275 bes. 273f.
6 vgl. Sacharja 273.
7 Zum Text vgl. SAEBØ ebd. 95f. Die von BHK z.St.
  vorgeschlagene Änderung von בית דוד in בן דוד
  wird abgelehnt und begegnet auch in BHS nicht mehr.
8 vgl. auch ELLIGER, Sacharja 174, JUNKER, Sacharja
  178, ähnlich SEYBOLD, K., Spätprophetische Hoffnungen auf die Wiederkunft des davidischen Zeitalters in Sach 9-14. Jud 29 (1973) 99-111, hier 108.

Das läßt wohl darauf schließen, daß אלהים   und
מלאך יהוה   auf eine Ebene gestellt sind, was für
אלהים die Bedeutung "himmlische Wesen" nahelegt.[1]
Der Vergleich des Hauses Davids mit einem mal'ak
jhwh ist einerseits als Anspielung auf 1 Sam 29,9;
2 Sam 14,17.20; 19,27 zu verstehen,[2] andrerseits ist
durch das nachfolgende לפניהם   deutlich auf die elohistische Auszugstradition angespielt.[3] Beide Bezüge
spielen ineinander und machen das Verhältnis des
davidischen Hauses zu Juda deutlich,[4] wobei David
Züge eines kommenden Messias trägt.[5]
Von diesem Ergebnis her läßt sich eine Beziehung herstellen zur Aufnahme der mal'ak-Vorstellung in Mal 3,1,
wo eine ähnliche Verbindung mit der Auszugstradition
begegnet.

----

1 Mit ELLIGER, Sacharja 174, Watts,Zechariah 356, gegen UNGER, Sacharja 213, der das dritte Glied als
  Korrektur faßt und im מלאך יהוה den präexistenten
  Logos verkörpert sieht und deshalb (wohl aus unaus-
  gesprochenen dogmatischen Gründen) auf der Bedeutung <u>Gott</u> bestehen muß. JUNKER, Sacharja 178 kommt
  aufgrund seiner Gleichsetzung von אלהים und מלאך
  יהוה ebenfalls zu der Annahme, hier sei mit <u>Gott</u>
  zu übersetzen. Der Ansatz krankt an dem Verständnis
  des mal'ak als Repräsentanten Jahues, der mit diesem fast identisch gesehen wird. Mit dem vorgeschlagenen Verständnis von אלהים erübrigt es sich auch,
  das letzte Glied als abschwächende Glosse zu verstehen (geg. SELLIN, Sacharja 573).
2 mit BALDWIN, Zechariah 190, SEYBOLD aaO 107.
3 mit JUNKER, Sacharja 178.
4 mit MITCHELL, Zechariah 326.
5 vgl. dazu TOURNAY, R., Zacharie XII - XIV et
  l'histoire d'Israel. RB 81 (1974) 355-374,
  bes. 362f. In die gleiche Richtung zielt SEYBOLD
  aaO 108: "So erklärt sich die Verwendung des mal'ak-
  Motivs in 12,8 aus der Hoffnung auf eine Wiederkunft des goldenen davidischen Zeitalters, indem
  der Schwächste diesem großen König gleich, das
  Fürstenhaus wie der Engel Gottes sein wird, der
  Jahwe in und für Israel vertrat".

6. Mal 1,1; 2,7; 3,1

Im Buch Maleachi begegnet das Wort mal'ak in 1,1; 2,7
und 3,1 (2x).[1]

Trotz der Angabe in 1,1 ist das Buch als anonyme
Schrift zu betrachten.[2] "Denn das Wort ist kein Eigenname (LAETSCH), sondern das aus 3,1 entnommene _mein_
Bote, da man den Boten Jahwes, der diesem den Weg be-
reiten soll, mit dem Verfasser der Schrift gleich-
setzte".[3]

Insofern ist es gerechtfertigt, das Vorkommen in 1,1
unberücksichtigt zu lassen und - soweit notwendig -
bei der Besprechung von 3,1 darauf zurückzukommen.

Mal 2,7 bezieht den Begriff auf den Priester, der
die Tora auslegt und insofern als Verkünder des Jahwewortes gelten kann.[4]

Der Vers _Mal 3,1_ steht im Rahmen der Einheit
Mal 2,17-3,5. Unmittelbar bezieht er sich als Ant-
wort auf die Frage Mal 2,17bß "Wo ist der Gott, der
Gericht hält?"

Der Vers beginnt mit והנני , das die Aufmerksamkeit
auf das Folgende lenkt. Dessen Inhalt ist das Senden
des Boten, ausgedrückt durch ein Partizip Qal.

V 1aß umschreibt die Aufgabe des genannten Boten.
   Die Wortwahl erinnert an Jes 40,3.

V 1b setzt neu ein mit ופתאם (und plötzlich), das
   hier eine ähnlich Funktion hat wie der Beginn von
   Vers 1a. Es folgt das Verb in der 3. sg. impf.
   verbunden mit der Zielrichtung des Geschehens.

----

1 vgl. auch ROSS, J.F., The Prophet as Yahweh's
  Messenger. in: ANDERSON, B.W./HARRELSON, W. (ed),
  Israel's Prophetic Heritage. Essays in Honour of
  J. MUILENBURG. London 1962, 99-107, bes. 107.
2 vgl. FOHRER, Einleitung 515.
3 ebd. 515/516, vgl. neuestens RUDOLPH, Maleachi 253.
4 vgl. HORST, Maleachi 269, ELLIGER, Maleachi 195.
  Der Vers(teil) ist zudem wohl als sekundärer Ein-
  schub zu fassen. (vgl. etwa BHK, BHS z.St.) dagegen
  RUDOLPH, Maleachi 266 mit Anm 20.

Betont hervorgehoben schließt sich dann das Subjekt
des Geschehens an, das näher bestimmt wird durch eine
Partizipialkonstruktion.

V 1bβ setzt betont an den Anfang den מלאך הברית,
wieder näher bestimmt durch eine Partizipialkonstruktion. Das dem so umschriebenen Subjekt zugeordnete
Verb wird durch vorgeschaltetes הנה hervorgehoben und
steht im Perfekt.

Den Vers schließt die Formel אמר יהוה צבאות.

V 2 setzt neu ein mit der Vorstellung des Tages
Jahwes, die bereits V 1b angeklungen ist.
Übereinstimmend sind die Exegeten der Ansicht, daß mit
dem Terminus בהראתו Jahwe gemeint sei.[1]
Keine eindeutige Meinung aber herrscht bezüglich der
Gestalt(en) des mal'ak.

Der in V 1a beschriebene mal'ak ist zurückzuführen auf
die Übernahme einer altorientalischen Vorstellung, vor
einer hochgestellten Persönlichkeit Boten herzuschicken,
um eine entsprechende Aufnahme sicherzustellen.[2]
VERHOEF sieht darin eine Beziehung zu dem mal'ak, der
Israel den Weg nach Kanaan bereitet habe.[3]
Das Kommen dieses mal'ak ist als bereits gegenwärtig
geschehend vorgestellt.[4]
Allerdings ist hier nicht der Ort, die Identität der

----

1 vgl. z.B. KEIL, Maleachi 703; JUNKER, Maleachi 215;
  HORST, Maleachi 271; RUDOLPH Maleachi 279.
2 vgl. SMITH, Maleachi 62.
3 vgl. Maleachi 195.
  Damit aber verbindet der Vers Jes 40,3 (Wortwahl)
  mit der Auszugstradition (Vorstellung eines mal'ak);
  vgl. oben.
4 vgl. ELLIGER, Maleachi 206: "Die Partizipialkonstruktion in V.1 ist wahrscheinlich ... auf die
  Gegenwart, die die Hörer schon erleben, (zu beziehen)".

mit diesem Ausdruck gemeinten Person festzustellen.[1]
Wichtig in unserem Zusammenhang erscheint lediglich,
daß dieser mal'ak <u>nicht</u> identisch ist mit dem מלאך ברית
V 1bß.[2]

Diese Nichtidentität ist für ELLIGER[3] verbunden mit
der Beobachtung, daß der mal'ak V 1bß erst begehrt
wird, ein Grund dafür, den Teilvers als spätere Zufügung zu qualifizieren. "Hinter dem Allherrn erwartet
man keinen anderen mehr und V.2 redet seinem ursprünglichen Verstande nach von Gott. V.1bßγ ist also ein
Einschub".[4]

Über die Gestalt, die hinter dieser im AT einmaligen
Wortverbindung steht, ist viel gerätselt worden:
Er sei der, der den Levibund wiederherstellen solle,[5]
er sei Repräsentant des zum Gericht erscheinenden
Bundesgottes Israels,[6] eine menschliche Gestalt, und
zwar Elija,[7] oder der Schutzengel der jüdischen

----

1 Die Meinungen differieren sehr stark. ELLIGER,
  Maleachi 206 sieht ihn identisch mit dem Propheten
  selbst, KEIL, Maleachi 702 vermutet in ihm den V 23
  angekündigten Elija, ähnlich SMITH, Maleachi 62/63.
2 vgl. dazu u.a. SMITH, Maleachi 63, DEDEN, Maleachi 394,
  VERHOEF, Maleachi 196.
3 vgl. Maleachi 208.
4 ELLIGER, Maleachi 208.
  KUTSCH, E., Verheißung und Gesetz. Berlin 1972
  (BZAW 31), 130 folgt der Ansicht, V 1bß γ sei als
  Einschub zu werten, setzt jedoch den מלאך הברית
  mit dem in V 1a genannten mal'ak eins. Ziel der
  Einfügung ist seiner Meinung nach die Unterstrei-
  chung der Gewißheit der Zusage von V 1a. (vgl. ebd.
  131). Gegen diese Ansicht spricht eindeutig die
  Beobachtung von KEIL, Maleachi 703 , daß der parallele Aufbau der Versglieder die Identität des "Bundesengels" mit dem Herrn beweise und eine Identifizierung des Bundesengels mit dem mal'ak von V 1a
  unmöglich mache.
5 HORST, Maleachi 271.
6 JUNKER, Maleachi 216, ähnlich BENNETT,Maleachi 388.
7 VERHOEF, Maleachi 196 .

Gemeinde.[1]

Seit KEIL[2] wurde immer wieder die Meinung vertreten,
der מלאך הברית sei mit dem mal'ak jhwh früherer
Zeit gleichzusetzen.[3]

Dieser Ansicht ist CHARY[4] entgegengetreten mit dem
Argument, die Rolle des מלאך הברית sei völlig verschieden von der des mal'ak jhwh.[5]

Ein Beitrag zur Klärung[6] könnte vielleicht so versucht werden:

J.A. FISCHER[7] hat überzeugend klargelegt, daß Hintergrund der Botschaft Maleachis das deuteronomistische
Bundesverständnis ist und die angesprochenen Verfeh-
lungen des Volkes Verstöße gegen eben diese Bundes-
bestimmungen sind.[8]

----

1 ELLIGER, Maleachi 108.
  Die in jüngerer Zeit noch von SKRINJAR, R., Angelus
  Testamenti (Mal 3,1). VD 14 (1934) 40-48 vertretene
  messianische Deutung hat in der Exegese zu Recht
  keinen Anklang gefunden. vgl. auch RUDOLPH,
  Maleachi 278 Anm. 3.
2 Maleachi 702
3 vgl. die umschreibende Deutung bei HORST,
  Maleachi 271, JUNKER, Maleachi 215/16; DEDEN,
  Maleachi 394, SMITH, Maleachi 63.
4 Maleachi 264.
5 vgl. ebd. 264: "Il n'est pas nécessaire, non plus,
  d'entendre cet "Ange" comme l'équivalent de
  "l'Ange de Yahwé" (Ex 3,2; 32,34; Jg 6,11-23;
  13,2-23). Son rôle est tout à fait distinct de
  celui de Yahwé, désigné aussitôt par "Seigneur"
  (אדון)".
  Bezeichnenderweise erwähnt der neueste Kommentar
  von RUDOLPH diese Deutung nicht mehr. vgl. ebd.
  278f.
6 Der Standpunkt von SMITH, Maleachi 63: "It is
  impossible to tell what the exact significance
  of the term is" befriedigt nicht.
7 FISCHER, J.A., Notes on the Literary Form and
  Message of Malachi. CBQ 34 (1972) 315-320.
8 Trotz der Diskussion der letzten Jahre über den
  Bundesbegriff scheint mir der Ausdruck noch durchaus tragfähig zu sein als "Deutungskategorie für

Die Verwendung des Begriffs ברית in Mal 2,4.5.10.14
und die - allerdings sekundäre - Aufforderung
Mal 3,22, die Horeb-Tora zu halten, bestätigen diese
Grundtendenz.

Im Zusammenhang mit der so gekennzeichneten Botschaft
Maleachis kann ein mal'ak, der vor bzw. beim Kommen
Jahwes(mit-) kommt, seinen Platz nur im Bereich der
ברית haben.

Das will der Zusatz ברית wohl ausdrücken. Nicht gesagt ist, ob dieser mal'ak in der Funktion des Anklä-
gers oder des Fürsprechers und/oder Retters tätig sein
wird. Dieser Unsicherheit begegnen die Verse Mal 3,23.
24, die Mal 3,1 wiederaufnehmen und ihn wohl deuten
wollen. Anstelle des mal'ak ist dort der Name Elija
eingeführt, was seinen Grund wohl in der 1 Kön 19
erfolgten Parallelisierung zwischen Mose und Elija
hat. Nicht umsonst heißt hier wie in 1 Kön 19 der
Gottesberg Horeb. Die nach Mal 3,1b offene Aufgabe
des מלאך הברית umschreibt V 24 eindeutig als vor
dem Zorngericht Gottes rettende Tat.

Gegenüber dem mal'ak von Mal 3,1a, der mit dem Propheten von Mal 1,1 identisch sein dürfte,[1] dürfte der
Einschub V 1bß mit Mal 3,22-24 zusammenzusehen sein.
Es scheint demnach verfehlt, in der Gestalt des
מלאך הברית eine Entsprechung zu dem mal'ak jhwh
der früheren Schriften zu sehen.

----

(8) bestimmte biblische Texte, die von der Grundlegung
   des Verhältnisses zwischen Israel und seinem Gott
   handeln". (vgl. SCHARBERT, J., BZ (NS) 19 (1975)
   136-139 (Rezension) Zitat ebd. 137). vgl. auch
   WEINFELD, M., B^erit - Covenant vs Obligation.
   Bib. 56 (1975) 120-128; EICHRODT, W., Darf man heute noch von einem Gottesbund mit Israel reden?
   ThZ 30 (1974) 193-206. WESTERMANN, C., Genesis 17
   und die Bedeutung von berit. ThLZ 101 (1976) 161-170,
   bes. 169.
1 mit ELLIGER, Maleachi z.St.

Die Tendenz der Zusätze dürfte also weniger darin liegen, daß "Anstoß ... an der Hereinziehung des transzendenten Gottes in die Welt"[1] genommen wird, sondern
daß eine Reaktion auf das ופתאם   Mal 3,1bα   erfolgt.
Sinn des Zusatzes ist dann, auch nach der Ankündigung
des plötzlichen Gerichts noch eine Möglichkeit zur Umkehr offenzulassen, eine Möglichkeit, die durch Elija
realisiert werden soll.[2]

----

1 NOWACK, Maleachi 422/23.
2 In einer solchen Deutung hat auch der Zusatz אמר יהוה
  צבאות im Sinne einer Bekräftigung seinen Sinn.
  Möglicherweise ist in der Spätzeit des AT auch
  bereits mit Einschüben zu rechnen, die von apokalyptischen Interessen geleitet werden.
  Im gleichen Zusammenhang ist auch das Verhalten
  der Priester und Leviten gegenüber Johannes dem
  Täufer zu sehen, die ihn aufgrund seines Auftretens, seines Aussehens (vgl. 1 Kön 18) und seiner
  Botschaft fragen, ob er der Messias, ELIJA oder
  DER PROPHET sei (vgl. Joh 1,19-22).

7. Der Angelus interpres - Deuteengel[1]

Im Gegensatz zur vorexilischen und exilischen Prophetie, in der sich die Offenbarung Jahwes unmittelbar
an den Propheten richtete und durch diesen an das
Volk, zeigt sich in der nachexilischen Prophetie ver-
einzelt eine neue Vorstellung, in der zwischen den
Propheten und Gott ein deutender Mittler tritt, eine
Zwischeninstanz, die dem himmlischen Bereich ange-
hört.
Eine Vorstufe des Deuteengels findet sich bereits in
dem 'Mann' von Ez 40.[2]
Ausgeprägter begegnet die Gestalt mit unterschiedli-
cher Bezeichnung im Buch Daniel.[3]
Eine vorläufige Endstufe erreicht die Vorstellung im
Buch Sacharja durch den 10x als Titel verwendeten
Ausdruck המלאך הדבר בי ,[4] der jeweils die Visionen
deutet.

----

1 Im Rahmen der vorliegenden Arbeit ist es nicht vorgesehen und auch nicht möglich, ausführlich auf den
  Deuteengel einzugehen. Hierfür sind folgende Gründe
  maßgebend:
  - Der Deuteengel begegnet ausschließlich in Visionen.
  - Er ist eindeutig in der himmlischen Sphäre behei-
    matet.
  - Er ist eindeutig in Aufgabe und Auftreten unter-
    schieden von den Gottesboten, die sonst im AT be-
    gegnen, besonders auch vom mal'ak jhwh.
  vgl. die Kommentare. Eine zusammenfassende Darstellung des Problems ist m.W. bisher nicht erschienen!
2 vgl. SCHAEFER, P., Rivalität zwischen Engeln und
  Menschen. Berlin 1975 (SJ 8) 10. Über die Abhängigkeit Daniels von Ez, vgl. PLÖGER, Daniel 128.139.
  148.; PORTEOUS, Daniel 105.126.
3 Dan 7,16 allgemein als 'einer der Umstehenden' bezeichnet, wird die Gestalt, die aussieht "wie ein
  Mann" (Dan 8,15) in Dan 8,17 Gabriel genannt und
  dadurch mit der Gestalt Dan 9,21 identifiziert.
  Ob mit diesem der in Dan 10,5 beschriebene 'Mann
  mit dem Linnengewand' ineinszusetzen ist, bleibe
  dahingestellt. Funktional ergibt sich kein Unterschied.
4 vgl. Sach 1,9.13.14; 2,2.7; 4,1.4.5; 5,5; 6,4.

Bei all diesen Vorkommen sind gemeinsame Züge festzustellen:

- Die Gestalt wird im Rahmen einer Vision geschaut,
  nicht aber (im Wachzustand) in der Begegnung erlebt.[1]
- Die Gestalt ist eindeutig der himmlischen Welt zu-
  gehörig (vgl. Dan 7,16; 10,13; Sach 1,9; 2,2.7).
  Außer ihr gibt es gleichgeartete Wesen, die ebenfalls im himmlischen Raum als vorhanden wahrgenommen werden (vgl. bes. Dn 7,16; Sach 2).
  Eine Exklusivität ist nicht festzustellen.
- Der Deuteengel ist bei Sach nicht identisch mit dem
  mal'ak jhwh, neben dem er begegnet und der eine besondere Stellung einnimmt (vgl. etwa Sach 3.1,4).[2]
  Sie wird besonders dadurch gekennzeichnet, daß ihm
  der Satan als Gegenspieler zugeordnet ist.[3]
- Die Deutungen der Visionen durch die Gestalt beziehen sich auf die (ferne) Zukunft und stehen in apo-
  kalyptischem Zusammenhang.
- Die Gestalt ist Mittler zwischen Jahwe und dem Propheten, dem in den Visionen der direkte Kontakt zu
  Jahwe nicht möglich ist.[4]
  Dabei bedient sich der Deuteengel seinerseits der
  sonst von den Propheten verwendeten Botenformel
  (vgl. bes. Sach 1,13f).
- Erstmals bei Daniel (8,15.16) begegnet ein Name
  für einen solchen Mittler, während der mal'ak jhwh

----

1 vgl. dagegen etwa Gen 16.18.21; Ri 6.13.
2 Dient das Epitheton jhwh hier etwa dazu, den ober-
  sten der mal'akîm kenntlich zu machen?
  vgl. "Gottesbäume", "Gottesberge".
3 Hier hat STIER bereits die entscheidenden Beobachtungen gemacht. vgl. ebd. 76-79. vgl. auch HIRTH
  aaO 183-186.
4 Zu betonen ist, daß dieser direkte Kontakt sehr
  wohl möglich ist außerhalb der Visionen, was die
  Verwendung der Wortergehensterminologie deutlich
  zeigt.

<u>ausnahmslos</u> ohne Namen eingeführt wird, d.h. die Bezeichnung bleibt reine Funktionsbezeichnung.[1]
Der Befund läßt erkennen, daß der Deuteengel nur denkbar ist auf dem Hintergrund einer entfalteten Angelologie. Sie muß bereits eine himmlische Hierarchie mit unter- und übergeordneten Engeln kennen und außerdem für einzelne Engel bestimmte Aufgabenbereiche vorsehen (vgl. Dan 9).[2]
Vom ersten Auftreten einer Mittlerfigur oder eines angelus interpres in Ez 40,3 zieht sich demnach eine (gradlinige) Entwicklung über die danielischen Visionen bis zu den Nachtgesichten des Sacharja.
Dabei nimmt der Deuteengel die Position ein, die in der vorexilischen/exilischen Prophetie die Propheten gegenüber den Königen eingenommen haben.[3]
Es hat demnach eine Verlagerung stattgefunden: Mittler zwischen Jahwe und Volk ist nicht mehr (einstufig) der Prophet, sondern das Wort Jahwes wird dem Propheten vermittelt durch den angelus interpres. Der Prophet wiederum übermittelt das Wort weiter an das Volk, so daß der Vermittlungsvorgang zweistufig wird. Er ist nur denkbar auf dem Hintergrund einer fortschreitenden Transzendenz Jahwes, die so stark ausstrahlt, daß bereits vor einem "Boten Jahwes" die Proskynese vollzogen wird (vgl. Dn 8,17).

----

1 Diese Beobachtung kennzeichnet den Danieltext als Zeugnis einer besonders späten Stufe nachexilischer Prophetie, weil die Mitteilung des Namens eines nichtmenschlichen Wesens in der atl. Überlieferung sonst auch nicht ansatzweise belegt ist. Hinzu kommt, daß sich der mal'ak dem Daniel selbst vorstellt, ohne daß dieser ihn nach seinem Namen gefragt hätte (vgl. dagegen Gen 32,30, Ri 13,17-19. Im ersten Fall wird der Name ganz verweigert, im zweiten Fall verhüllt er eher die Identität des Trägers als daß er sie offenbart).
2 Dieses Stadium rückt sehr in die Nähe der Apokryphen, vor allem des (äth) Henochbuches. vgl. SCHAEFER aaO 10
3 vgl. die Funktion Daniels gegenüber Nebukadnezzar (so PORTEOUS, Daniel 91f) sowie die Funktion Josefs dem ägyptischen Pharao gegenüber.

8. Zusammenfassung

Innerhalb der prophetischen Literatur ist die Vorstellung vom mal'ak jhwh selten belegt. Das wird dadurch erklärlich, weil die Propheten sich selbst als von Jahwe gesandt verstehen.[1] Deswegen ist es auch verständlich, daß auf sie der mal'ak-Begriff angewendet wird (Jes 44,26; Hag 1,13; 2 Chr 36,15.16). Andrerseits verwundert es, daß dies nicht in mehr Belegstellen zutrifft und die Fundstellen selbst ein spätes Stadium der Prophetie kennzeichnen.

Ein möglicher Grund könnte darin liegen, daß die Propheten wesentlich Verkünder von Gericht und Strafe waren, was sich mit der durchgängig festgestellten positiven Zeichnung des mal'ak nicht vereinbaren ließ.

In die gleiche Richtung könnte überdies der jeweils Heil verheißende Zusammenhang deuten, in dem der Begriff mal'ak in den genannten Stellen begegnet.

Auch Mal 2,7 - in der Übertragung auf den Priester - ist der mal'ak in einem positiven Umfeld gesehen. Ähnliches gilt für Jes 42,19. Als eschatologische Gestalt mit messianischen Zügen vollends begegnet der mal'ak in Mal 3,1.[2]

Nicht in die Untersuchung ist der Deuteengel bei Sacharja mit seinen Vorstufen Ez 40,3 und Daniel einzubeziehen. Die Vorstellung ist zu unterschieden von der genuinen mal'ak-Vorstellung.

Damit bleibt als einzige Belegstelle Hos 12,5, die sich innerhalb des Rückgriffs des Propheten auf die Tradition vom Jakobskampf am Jabbok Gen 32,23-33 findet und den dort genannten שׁיא als mal'ak interpretiert.

----

1 Zum Zusammenhang zwischen Prophetie und Botenvorstellung vgl. ROSS, J.F., The Prophet as Yahweh's Messenger. in: ANDERSON, B.W. - HARRELSON, W. (Hrsg), Israel's Prophetic Heritage. Essays in Honour of James MUILENBURG. London 1962, 98-107.
2 vgl. oben z. St.

Die Aussage, daß die Gestalt mit Jakob "kämpfte"
(שרה), setzt einen konkreten Gegner voraus. Das
legt nahe, den mal'ak als unter menschlicher Gestalt
vorgestellt zu denken. Weitere Hinweise lassen sich
aus dem Text nicht entnehmen. Doch auch diese knappe
Skizze macht deutlich, daß der mal'ak als von Jahwe
unterschiedlich gedacht wird. Zudem ergeben sich keine Hinweise dafür, daß die Vorstellung bei Hosea vom
Verständnis der übrigen Belegstellen entscheidend abweicht. Zeit und Ort der Verkündigung Hoseas weisen
zudem darauf hin, daß im Nordreich des 8. Jahrhunderts der mal'ak als bekannt vorausgesetzt werden
konnte. Andernfalls wäre die Verwendung ohne weitere
Erklärung nicht möglich gewesen. Der damit sich ergebende Hinweis auf eine zeitliche und räumliche Ansetzung der Vorstellung stimmt mit dem aus anderen
Belegstellen erhobenen Befund überein, so daß die
Hoseastelle als Beleg für die gemeinsame mal'ak-Vorstellung gelten kann.

Damit zeigt sich das eigenartige Bild, daß nur Hosea
die genuine mal'ak-Vorstellung verwendet, während sich
in der übrigen vorexilischen/exilischen Prophetie kein
Beleg findet und erst die späte, ausklingende Prophetie
die Vorstellung verändert wieder aufgreift. Mal'ak jhwh
ist nun nicht mehr ein besonderer Bote Jahwes, sondern
der, der Weisung Jahwes verkündet. Bei aller damit verbundenen Ausweitung auf Priester und Propheten bleibt
als kontinuitätssicherndes Element die positive Zeichnung des mal'ak.[1]
Keine Kontinuität aber besteht zwischen dem mal'ak
und der Vorstellung des Deuteengels. Diese Gestalt,

----

1 Vielleicht erforderte gerade die Heilszusage der
  Propheten Haggai und Maleachi eine zusätzliche
  Legitimation mit dieser alten Vorstellung, damit
  sie nicht in den Verdacht der Falschprophetie
  gerieten.

die ihren Platz zwischen Gott und dem Propheten hat,
setzt voraus, daß Gott bereits so weit entfernt ist,
daß sogar der Prophet eines deutenden Mittlers bedarf.

Soweit demnach in der prophetischen Literatur die genuine mal'ak-Vorstellung greifbar wird, weist sie auf
den gleichen geistigen Hintergrund wie die Belegstellen in anderen Büchern des AT.

VII. KAPITEL

DIE VORSTELLUNG VOM MAL'AK

IN DEN PSALMEN

In den Psalmen begegnet der Ausdruck mal'ak dreimal
im Singular (Ps 34,8; 35,5.6) und dreimal im Plural
(Ps 91,11; 103,20; 148,2) in der Bedeutung, die meist mit
Engel wiedergegeben wird. Hinzu kommen die Stellen
Ps 78,49 und Ps 104,4 (beide Plural), in denen der
Terminus "übertragen"[1] gebraucht ist; die Wiedergabe
erfordert in beiden Fällen die Übersetzung mit Boten =
Dienern.[2]
Die beiden Stellen können damit für die hier zu lei-
stende Untersuchung außer Acht gelassen werden.

1. Ps 34,8

Ps 34 gehört zu den alphabetischen Psalmen[3] und ist
als individuelles Danklied zu kennzeichnen.[4]
Als Sitz im Leben hat der spät anzusetzende Psalm
wohl die Erzählung an heiliger Stätte.[5]
Innerhalb des Liedes steht V 8 im Abschnitt VV 6-11,
in dem alle Hilfebedürftigen aufgefordert werden, auf
Jahwe zu blicken. "Als Organ der wirksamen Hilfe
Jahwes, die dem Bittenden und Gottesfürchtigen zuteil
wird, nennt V 8 den מלאך יהוה.
Besonders das Verb חנה läßt erkennen, daß der Psalm-
sänger hier auf eine uralte Tradition Bezug nimmt
(vgl. Gen 32,1.2; Ex 14,19; Jos 5,14; Sach 9,8;
Ps 103,20f). Ein 'Bote' aus dem himmlischen Heer

----

1 so VAN DER PLOEG, Psalmen 219.
2 Dies wird in Ps 104,4 überdies durch den Parallel-
  begriff משרתיו deutlich.
3 vgl. KRAUS, Psalmen 267.
4 KRAUS, Psalmen 267, der eine Tendenz feststellt
  zum Lehrgedicht. (ebd.) vgl. auch RIDDERBOS, Psalmen 248: Dankpsalm mit Einschlag eines Lehrgedich-
  tes. Ähnlich KIDNER, Psalms 138, DAHOOD, Psalms I,
  205.
5 vgl. KRAUS, Psalmen 268, ebenso WEISER, Psalmen I
  57 geg. HIRTH aaO 122.

schlägt rings um den Heilsempfänger sein Lager auf.
Diese Aussage bringt anschaulich die schützende und
helfende Gegenwart des Gottesheils zur Geltung
(vgl. Ps 91,11)".[1]
Bemerkenswert erscheint die Rolle der Gottesfurcht in
Ps 34.[2]
V 8 ist nach RIDDERBOS[3] inhaltliche, nicht formale
Parallele zu V 6. Während sich in der Parallele V 5/
V 7 jedoch auch formale Parallelen (Synonyme) feststellen lassen, ist dies bei V 6/V 8 nicht so.
Im mal'ak von V 8 sieht VAN DER PLOEG ein "eigenstän-
diges (Geist)Wesen",[4] das nicht identisch zu setzen
ist mit der "half personlijke emanatie van oudere
teksten".[5]
Aufmerksam zu machen ist auf die Tatsache, daß der
mal'ak im Singular begegnet. Gegen die von KRAUS[6]
vorgenommene Aneinanderreihung seiner Stellen erheben sich deswegen Bedenken.[7]

----

1 KRAUS, Psalmen 269. vgl. auch WEISER, Psalmen I
  200/201, ähnlich KIDNER, Psalms 140: "The angel
  of the Lord is regularly a term for God himself
  come down to earth". KIDNER zieht die Verbindung
  zum Anführer der Heere Jahwes in Jos 5,14, vgl.
  auch ANDERSON, Psalms I 271, DURHAM, Psalms 239.
2 vgl. auch KRAUS, Psalmen 272. Hier könnte eine Verbindung zur elohist. Thematik vorliegen. vgl. unten zur eloh. Theologie.
3 vgl. Psalmen 248.
4 Psalmen 219: "zelfstandige Geest".
5 Psalmen 219. Er wertet den mal'ak als in einem
  dichterischen Bild gezeigten Anführer von (Engel)
  Heeren, die sich zum Schutz um die Frommen lagern.
6 vgl. oben Anm. 1.
7 Es wird sich zeigen, daß der Unterschied im Nume-
  rus begründet ist in einem unterschiedlichen Vorstellungshintergrund, der der Erwähnung eines
  mal'ak oder von mal'akim zugrundeliegt.

2. Ps 35,5.6

Ps 35 gehört zu den individuellen Klageliedern[1] und hat seinen Sitz im Leben im Rechtsstreit eines Gerechten mit seinen Feinden. Eine Datierung erscheint nicht möglich.[2]

Der Beter nimmt in seiner Auseinandersetzung Zuflucht zu Jahwe als Richter und Kriegsmann. Der mal'ak begegnet im Rahmen der "tödlichen Gerichtswünsche"[3] VV 5.6. Dabei erinnern die angezogenen Bilder an Ps 1,4 (Spreu, die der Wind verweht) und Ps 73,18 (schlüpfriger und finsterer Weg). Der mal'ak wird vorgestellt als "unsichtbarer Krieger des himmlischen Heeres (vgl. zu 34,8) und Zeuge der gegenwärtigen Macht Gottes".[4]

Wichtig scheint in diesem Zusammenhang, daß RIDDERBOS den ersten Teil des Psalms (VV 1-10) auf den Krieg ausgerichtet sieht. Als möglicher Beter käme dann der König in Frage, der von außerisraelitischen Feinden bedrängt würde und deswegen mit innerisraelitischen Gegnern (VV 11-28) zu kämpfen hätte.[6]

Demnach läge in dem mal'ak, der die Feinde vernichtet, eine ähnliche Vorstellung vor wie 2 Kön 19,35, allerdings in abweichender Terminologie.[7]

KIDNER weist auf die Ähnlichkeit der Vorstellung mit

----

1 vgl. KRAUS, Psalmen 275, WEISER, Psalmen I 203, RIDDERBOS, Psalmen 251, DAHOOD, Psalmen I 210.
2 vgl. KRAUS, Psalmen 276
3 so KRAUS, Psalmen 276.
4 KRAUS, Psalmen 276. Überzogen scheint WEISERs (Psalmen I 203/204) Formulierung, nach der der mal'ak nur genannt ist, um "Gott selbst nicht in die Niederungen seiner (des Beters Anm. d. Verf.) leidenschaftlichen Flüche" hinabzuziehen.
5 Psalmen 252.
6 "Eine Möglichkeit wäre etwa, daß der König von ausländischen Feinden bedrängt wurde und infolgedessen innerisraelitische Spannungen auftraten. V 1-10 bezögen sich dann besonders auf die ausländischen Feinde, V 11-28 auf die Gegner im eigenen Lande". RIDDERBOS, Psalmen 252 Anm. 3.
7 vgl. auch VAN DER PLOEG , Psalmen 226.

Ex 23,20-23 hin.[1]

3. Ps 103,20

In diesem "zum Hymnus tendierenden individuellen Danklied",[2] bei dem besonders sprachliche Indizien auf
eine späte Abfassungszeit deuten,[3] werden im Abgesang
(VV 19-22)als erste, die zum Lob Jahwes aufgefordert
werden, in V 20 die מלאכים genannt, die in V 20aß
als גברי כח עשי דברו näher spezifiziert werden und offensichtlich als Angehörige des himmlischen Hofstaates
gedacht sind.[4] Eine Eigenständigkeit dieser Wesen im
Umkreis der übrigen Schöpfung ist nicht zu erkennen.[5]
Obwohl die nähere Beschreibung in die Terminologie
der Militärsprache führt, gehören die genannten
mal'akim doch wohl in den Vorstellungskreis, der sich
auch in der Rahmenerzählung des Buches Ijob nieder-
schlägt.[6]

1"The contrast between these verses and 34:5,7 whether
   specifically intended or not, is an important one,
   since shame or being confounded, is of the essence
   of damnation (Dn.12:2), while the angel of the Lord
   (see on 34:7) is either our salvation or our doom;
   cf. Exodus 23:20-22". KIDNER, Psalms 142/143.
   vgl. auch ANDERSON, Psalms I 278.
2 KRAUS Psalmen 701, ähnlich WEISER, Psalmen 450.
3 vgl. KRAUS, Psalmen 702.
4 zu dieser Anschauung vgl.auch Ps 29,1ff; 148,1ff.
5 vgl. KRAUS, Psalmen 704, ähnlich ANDERSON, Psalmen
   III 717.
6 WEISER, Psalmen 454 zieht die Parallele zu Jes 6,
   zur Schau Gottes als des königlichen Herrschers
   des Weltalls auf erhabenem Himmelsthron.
   vgl. auch KIDNER, Psalms 367, DURHAM, Psalms 379.

4. Ps 148,2

Der Hymnus[1] aus der nachexilischen Epoche[2] nennt die
mal'akîm (plural) im ersten Teil (VV 1-6), in dem
die himmlische Welt zum Lobpreis Jahwes aufgefordert
wird.

Auch hier sind, wie in Ps 103, die mal'akîm eine Gruppe neben anderen, die zum Lobe Gottes aufgerufen werden,
Wesen, die zum himmlischen Hofstaat gehören.[3]

KRAUS[4] sieht in ihnen "die zu Boten und Dienern Jahwes
depozentierten Wesen der Überwelt", während WEISER[5]
VV 3f als Explikation von V 2 faßt.[6]

Dabei verweist er auf Ps 19,2.

Für die vorliegende Untersuchung genügt der Hinweis,
daß diese Gestalten Mitglieder des himmlischen Hofstaates ohne nähere Spezifizierung sind.

Auf dem Hintergrund der Vorstellung dieses Hofstaates
ist der Psalm zu sehen.

----

1 vgl. KRAUS, Psalmen 961.
2 vgl. ebd. 961.
3 vgl. KIDNER, Psalms 487, ähnlich ANDERSON, Psalms
  III 949.
4 Psalmen 962.
5 Psalmen 578.
6 Boten Jahwes sind demnach auch Sonne, Mond und
  Sterne. vgl. ebd. 579/80.

5. Zusammenfassung

Die herangezogenen Stellen lassen erkennen, daß in
den Psalmen der Begriff mal'akîm (plural) auf dem
Vorstellungshintergrund des himmlischen Hofstaates
verwendet wird. (vgl. Ps 91; 103; 148). In den gleichen Vorstellungskreis dürften auch Ps 78,49 und möglicherweise Ps 104,4 weisen. Die in ihnen begegnende
Vorstellung ist aus Ijob und Jes 6 geläufig.

Die Nennungen des mal'ak (Singular) haben einen anderen
Hintergrund. In Ps 34,8 ist er auf die Errettung des
einzelnen Beters hingeordnet, in Ps 35,5.6, wenn man
der Deutung von RIDDERBOS[1] folgen kann, auf die Rettung
des Volkes im Einzelnen.[2]
Als gemeinsamer Zug ist so die Beziehung auf eine konkrete Notlage des Beters und das durch den mal'ak erfolgte rettende Eingreifen Jahwes festzuhalten.
Auf dem Hintergrund der Erwartung kämpferisch-krie-
gerischen Engagements Jahwes für seine Frommen ist die
Psalmenaussage in Verbindung zu bringen mit dem Einsatz Jahwes im mal'ak des Auszugsgeschehens.
Die gleiche Aufgabe - Rettung aus akuter Not - läßt
sich beim Vorkommen des mal'ak in Gen 16.21.22.
beobachten. Eine Variante stellt die vom mal'ak ausgehende Initiative zum Ingangsetzen eines heilvollen
Vorgangs in Ri 6.13 dar.

----

1 vgl. oben.
2 Ps 91,11 scheint eine Zwischenstufe zu repräsen-
  tieren, insofern die Vorstellung des himmlischen
  Hofstaates vorliegt, es sich um keine augenblick-
  lich bestehende Notlage des Beters handelt, sondern nur um eine mögliche Gefährdung, andrerseits
  sich der Schutz aber auf den Einzelnen bezieht.
  Unterscheidendes Kriterium zu den Stellen Ps 34,8
  und 35,5.6 bleibt demnach nur die Verwendung des
  Terminus im Singular oder Plural.

Gegen die These, der mal'ak sei ursprünglich im
elohistischen Bereich beheimatet, spricht keines
der genannten Vorkommen in den Psalmen, weil für
keine der in Frage kommenden Stellen eine gegenüber
der Ansetzung des Elohisten frühere Entstehungszeit
in Frage kommt.
Besonders bemerkenswert scheint indes die Tatsache,
daß in den Psalmen der mal'ak jhwh offensichtlich
keinen Platz in Theophanieberichten einnimmt, sondern immer als von Jahwe geschickter - damit ihm
untergeordneter - Bote verstanden wird. Denn die Kla-
gen oder Preisungen richten sich an Jahwe, von ihm
wird Hilfe erhofft und erfahren. Der mal'ak ist dabei lediglich die Mittlergestalt, deren sich Jahwe
bedient. Er ist Werkzeug, und so von Jahwe unterschieden.

Mit diesen Grundzügen entspricht die Vorstellung dem
Bild der übrigen atl. Belegstellen.

VIII. KAPITEL

ERGEBNISSE

1. Ergebnisse

Die Vorstellung vom mal'ak (jhwh) erweist sich innerhalb des hebräischen Alten Testaments als inhaltlich
relativ einheitlich und zeitlich verhältnismäßig genau eingrenzbar. Es wird erkennbar, daß sich durch
alle Belegstellen ein einheitliches Grundmuster
durchzieht, dessen Hauptlinien sich folgendermaßen
beschreiben lassen:

- Der mal'ak wird immer von Jahwe unterschieden gedacht. Er ist reines Werkzeug und erschöpft sich
  in seinem Auftrag.
- Sein Auftrag läßt sich beschreiben als Überbringen
  des rettenden, schützenden und leitenden Wortes
  Gottes.[1] Innerhalb dieses Rahmens wird er tätig als
  Führer im Auszug und bei der Landnahme, als der,
  der Israel zur Umkehr ruft, es vor Feinden schützt
  und die Retter Israels beruft. In den Patriarchenerzählungen erweist sich sein Auftrag im rettenden
  und richtungsweisenden Wort Gottes.
- Die Vorstellung des mal'ak ist davon geprägt, daß er
  dem Adressaten seiner Sendung in sinnlich wahrnehm-
  barer Gestalt begegnet. Sofern sein Auftreten und
  sein Verhalten überhaupt beschrieben werden, ist er
  als Mensch gezeichnet, der am ehesten im Gottesmann
  der frühen Prophetie eine Parallele findet.

Die genannten Kennzeichen finden sich im ganzen AT.
Die Einheitlichkeit der mal'ak-Vorstellung weist auf
eine einheitliche Herkunft zurück. Diese Annahme bestätigt sich, wenn man folgende Einzelbeobachtungen
zusammensieht:

- Innerhalb des Pentateuch begegnet der mal'ak ausschließlich in der elohistischen Schicht. Dies trifft

----

1 Zur scheinbaren Ausnahme 2 Sam 24 vgl. zur Stelle
  oben S. 187f.

sowohl für die Patriarchenerzählungen zu als auch
für die Erzählungen von Auszug und Landnahme.
- Außerhalb des Pentateuch deuten Terminologie,
  Zeichnung des mal'ak und andere inhaltliche Kriterien auf Kreise der frühen nordisraelitischen
  Prophetie als geistigen Hintergrund hin. Das gilt
  besonders für die Erzählungen der Königsbücher.
- Die einzige Belegstelle in der vorexilischen Prophetie findet sich bei Hosea und lenkt den Blick damit
  auf den gleichen geographischen und zeitlichen Raum.
- Aus den Psalmen spricht keine Stelle gegen diesen
  Ansatz.
Die Einzelzüge konvergieren in der Annahme, daß der
mal'ak in frühprophetischen Kreisen des Nordreiches
beheimatet ist. Als zeitliche Ansetzung kommt der Zeitraum zwischen der Reichsteilung und dem Untergang des
Nordreiches in Betracht, vielleicht aber ist Hosea bereits die untere Grenze. Einige Hinweise lassen an
Kreise denken, die sich um Gestalten wie Elija und
Elischa bildeten. Sie sind als geistige Heimat der
mal'ak-Vorstellung anzusprechen. Eine spätere Ansetzung verbietet sich vor allem deshalb, weil eine
Weiterentwicklung der mal'ak-Vorstellung nicht zu erkennen ist, sich im Gegenteil Tendenzen zeigen, den
mal'ak zu unterdrücken.[1] Gleichzeitig wird die Funktion des mal'ak zunehmend und später vollständig vom
Propheten übernommen, der nunmehr zum (einzig) legitimierten Verkünder des Jahwewortes wird. Aber erst
sehr viel später wird der Prophet dann auch als mal'ak
bezeichnet.[2] Daß der Titel nicht eher übertragen wurde,
mag damit zusammenhängen, daß der mal'ak eine eindeutig positiv bestimmte Gestalt ist, während die vorexilischen Propheten vor allem das Gericht Jahwes und

----

1 vgl. oben S.102 mit Anm. 2.
2 vgl. oben S.250.

den Untergang der politischen Macht verkündeten. Insofern ergibt sich ein beachtenswerter Unterschied. In dieselbe Richtung weist - wenn auch unter entgegengesetzten Vorzeichen - die Wiederaufnahme der Vorstellung in der spätnachexilischen Prophetie.[1]
Abzugrenzen ist die hier beschriebene Vorstellung einerseits von der in der Apokalyptik begegnenden Gestalt des Deuteengels, der zwischen Jahwe und dem Propheten steht und diesem die ihm unverständlichen Visionen erklärt, andrerseits von der Vorstellung eines himmlischen Hofstaates mit einer (undifferenzierten) Menge himmlischer Diener.[2] Beide sind von ihrer Funktion her nicht mit dem mal'ak zu vergleichen.
Es wird deutlich, daß die Vorstellung vom mal'ak jhwh ihre volle Bedeutung erst dann entfaltet, wenn sie in die theologische Konzeption der Tradentengruppe eingeordnet wird, besonders was das Verhältnis zwischen dem mal'ak und Jahwe betrifft. Aus den Belegstellen ergibt sich für diese Frage mit aller Deutlichkeit, daß es dem AT nicht darauf ankommt, Spekulationen über das besondere Verhältnis zwischen Jahwe und seinem Boten oder über das Wesen des Boten selbst anzustellen.[3]
Es kann deshalb auch in der vorliegenden Untersuchung nicht darum gehen, diese Frage zu stellen, geschweige denn, sie zu beantworten. Vielmehr ist es ihre Aufgabe, die Funktion des mal'ak im Glauben der Tradentengruppe aufzuzeigen und zu beschreiben.

----

1 Vielleicht wird dort der mal'ak-Gedanke Garant für die Wahrheit des (jetzt verheißenden) Prophetenwortes, das wegen seiner positiven Aussage nicht ernst genommen wurde. Von hier eröffnet sich auch ein Zugang zu Mal 2,7.
2 Beide Bereiche bedürfen einer erneuten exegetischen Bearbeitung.
3 Insofern fragte die traditionelle Beschäftigung mit der Problematik am AT vorbei, weil sie ein typisch abendländisches Denkmodell unterstellte.

2. Der theologische Ort des mal'ak

Die Analyse hat ergeben, daß der mal'ak in Kreisen des
Nordreiches beheimatet ist, die mit der frühen israelitischen Prophetie einerseits, mit der elohistischen
Schicht andrerseits in Zusammenhang stehen. In die gleiche Richtung weist die zeitliche Ansetzung.[1] Von der
überwiegenden Anzahl der Belege in E her bietet es sich
an, den Elohisten als Ausgangspunkt zu nehmen.[2]

----

1 Dabei ist es gleichgültig, ob die elohistische
  Schicht im 9. oder 8. Jahrhundert angesetzt wird.
  Als Zeitraum kommt nur die Zeit von Elija bis zum
  Untergang des Nordreiches in Frage, wenn nicht bereits Hosea als untere Grenze anzusehen ist.
  vgl. EISSFELDT, Einleitung 269, WEISER, Einleitung
  118, FOHRER, Einleitung 173.
2 Die Versuche, E als eigenständige Schicht zu bestreiten, sind als gescheitert anzusehen. vgl. dazu neben
  den Einleitungen ROST, L., Zum geschichtlichen Ort
  der Pentateuchquellen. ZThK 53 (1956) 1-10, bes. 5-7;
  KILIAN, R., Der heilsgeschichtliche Aspekt in der
  elohistischen Geschichtstradition. ThGl 56 (1966)
  369-384; WOLFF, H.W., Zur Thematik der elohistischen
  Fragmente im Pentateuch. EvTh 29 (1969) 59-72
  (= Gesammelte Studien II, 402-417 = (engl.) Interpr.
  26 (1972) 158-173); VON RAD, G., Beobachtungen an
  der Moseerzählung Exodus 1-14. EvTh 31 (1971) 579-588
  bes. 580; JAROŠ, K., Die Stellung des Elohisten zur
  kanaanäischen Religion. Göttingen 1974 (OBO 4) bes.
  41-68, ders., Der Elohist in Auseinandersetzung mit
  der Religion seiner Umwelt. Kairos 17 (1975) 279-283,
  LA VERDIERE, E.A., The Elohist E. BiTod 55 (1971)
  427-433, SCHÜPPHAUS, J., Volk Gottes und Gesetz beim
  Elohisten. ThZ 31(1975).193-210, bes. 193f. Eine gute
  Übersicht bietet neuestens CRAGHAN, J.F., The Elohist
  in Recent Literature. Biblical Theology Bulletin 7
  (1977) 23-35.
  An dieser Einschätzung ändert sich auch durch REND-
  TORFF, R., Das überlieferungsgeschichtliche Problem
  des Pentateuch. Berlin 1977 (BZAW 147) nichts Grund-
  legendes. Sein "protodeuteronomischer Bearbeiter",
  den er bewußt nicht zeitlich einordnet (vgl. ebd. 171),
  scheint dennoch zumindest zeitlich in der Nähe von E
  angesetzt zu sein. Zudem ergeben sich mit dieser
  Schicht sprachliche Gemeinsamkeiten. Zweifellos ist
  das Gespräch mit RENDTORFF weiterzuführen. Doch
  scheinen seine Ergebnisse noch zu fragmentarisch,
  als daß sie als Grundlage in die vorliegende Arbeit
  übernommen werden könnten.

Da nicht nachgewiesen wurde, daß der theologische Ort
des mal'ak in den Texten, die nicht zum Elohisten im
strengen Sinn gehören, jedoch zeitlich und räumlich
sehr nahe angesetzt werden müssen, wesentlich von dem
des mal'ak im elohistischen Bereich abweicht, ist der
theologische Ort in der Schicht E zu bestimmen. Da
sich von den übrigen Belegstellen keine Einwände dagegen erheben, ist der mal'ak als ein Leitmotiv zu
verstehen, das Patriarchen- und Königszeit verbindet.[1]

a) Hauptzüge elohistischer Theologie

H.W. WOLFF hat als hervorragendes Thema des Elohisten
die Gottesfurcht herausgestellt. Sie kennzeichnet eine
Haltung, die das angemessene Verhältnis eines Menschen
zu Gott ist. Als hervorragendes Beispiel wird Abraham
vorgestellt, der damit exemplarische Bedeutung gewinnt. Die Thematik läßt sich durch den ganzen Pentateuch verfolgen.[2] Das Volk dagegen besteht die Erprobung durch Gott Ex 20 (in Verbindung mit Ex 32) nicht,
und zwar in einer Situation, die als Gegenstück zur
Versuchung des Abraham aufzufassen ist. Abraham hat
die Probe beispielhaft gemeistert, das Volk jedoch ver-
sagt.[3]
Die "Thematische Akzentuierung"[4] des Begriffs Gottesfurcht läßt einen ganzen elohistischen Geschichtsent-
wurf erkennen, der sich von Abraham über die

----

1 Vielleicht ergibt sich von hier aus auch eine Möglichkeit, mit RENDTORFF die Verbindung von Pentateuch
  und deuteronomistischem Geschichtswerk neu zu über-
  denken. vgl. zu einem solchen Versuch bereits
  HÖLSCHER, G., Geschichtsschreibung in Israel.
  Lund 1952, bes. 136-258.
2 vgl. auch KILIAN aaO 377.
3 Auf diesen Zusammenhang hat RUPPERT, L., Das Motiv
  der Versuchung durch Gott in vordeuteronomischer
  Tradition. VT 22 (1972) 55-63 eingehend hingewiesen.
  vgl. auch SCHÜPPHAUS aaO 202f.
4 so SCHÜPPHAUS aaO 194.

Knechtschaft in Ägypten bis zum Horeb hinzieht.[1]
Als zweiter Zug läßt sich das besondere Interesse des
Elohisten an Israel als Volk Gottes erkennen.[2] Insofern kommt der Verheißung der zahlreichen Nachkommen-
schaft eine vorrangige Bedeutung zu. Diese Verheißung
rangiert vor der Landverheißung.[3] Das verleiht dem Geschehen in Gen 22 eine ungeheure Spannung, weil mit dem
Tod Isaaks ein Scheitern der ganzen Verheißung droht.
Die Volkwerdung Israels wird so bedeutsam, daß formuliert werden kann: "E (wollte) im wesentlichen eine
Volksgeschichte, und zwar eine Volk-Gottes-Geschichte
bieten".[4] Diese Tatsache hat für Israel eine doppelte
Auswirkung: Als Volk Gottes ist es ausgesondert aus allen anderen Völkern, es hat eine besonders innige Beziehung zu seinem Gott. Denn nur Israel weiß um den
Gottesnamen.[5] Mose nimmt die Stellung eines Mittlers
zwischen Gott und Israel in diesem Verhältnis ein, dessen rechtlicher Rahmen sich in der elohistischen Bun-
desüberlieferung findet.[6]
Die Gottesvorstellung weist gegenüber der jahwistischen besonders den Unterschied auf, daß Gott trans-
zendenter gezeichnet wird.[7] Die so geschaffene Distanz
zwischen dem transzendenten Gott und dem hinfälligen

----

1 vgl. KILIAN aaO 381: Der Elohist bewältigt "theologisch die äußeren Tiefpunkte in der Geschichte
  Israels. Auch die Knechtschaft und die Unterdrük-
  kung in Ägypten waren im Geschichtsplan Gottes
  schon vorgesehen".
2 vgl. RUPPERT, L., Der Elohist, Sprecher für Gottes
  Volk. in: SCHREINER, J. (Hrsg), Wort und Botschaft.
  Würzburg 1967 108-117.
3 vgl. bes. SCHÜPPHAUS aaO 195.
4 ebd. 197.
5 vgl. ebd. 198-202.
6 vgl. ebd. bes. 199f. Zum Verhältnis der sakralrecht-
  lichen und profanrechtlichen Vorschriften vgl. ebd.
  206-210. vgl. auch RUPPERT, Elohist 114f.
7 vgl. die Einleitungen, RUPPERT, Elohist 111f,
  SCHÜPPHAUS 203, KEEL, O. - KÜCHLER, M., Synoptische
  Texte aus der Genesis II 29-38, bes. 33f. HÖLSCHER
  aaO 232f.

Menschen wird überbrückt durch Boten, vornehmlich die
Propheten,[1] die im Falle einer Verschuldung des Menschen als Fürbitter auftreten.[2] Oft wird in dieser Gottesvorstellung eine Entsinnlichung und Vergeistigung
gesehen, ein Zurücktreten anthropomorpher Vorstellungen.[3] Es ist jedoch auch eine andere Lösung denkbar.
Einen möglichen Schlüssel für das Problem bietet
Ex 3,12 (E), nach dem Mose aufgefordert wird, das Volk
Israel zum Gottesberge zu führen. Von einem Einzug in
das Land der Verheißung ist an der Stelle nichts gesagt. Sinn der Herausführung ist damit zunächst, das
Volk zum Gottesberg und so in die unmittelbare Nähe
seines Gottes Jahwe zu führen. Verschiedene Anzeichen
deuten darauf hin, daß der Gott Israels bei E nicht
ein mitziehender Gott war (wie bei J), sondern seine
eigentliche Wohnung am Horeb hatte.[4] Verfolgt man diese Spur, dann lassen sich folgende Züge in einem Zusammenhang sehen und damit verstehen:

----

1 vgl. RUPPERT, Elohist 111f.SCHÜPPHAUS aaO 203-206,
  der sogar eine institutionalisierte Prophetie annimmt, die sich als Wahrer der Rechtsordnung versteht, welche die Grundlage des Verhältnisses
  Gott - Mensch darstellt. vgl. dazu auch die Einleitungen.
2 Nach SCHÜPPHAUS aaO 205 kennzeichnet solches Tun
  ein bestimmtes Sündenverständnis:
  "Sünde äußert sich bei E darum in der einzelnen Verfehlung, in dem einzelnen konkreten Verstoß und
  ist insofern wieder reparabel".
3 vgl. FOHRER, Einleitung 171, ähnlich WEISER, Einleitung 107, EISSFELDT, Einleitung 244f.
4 so bereits WESTPHAL, G., Die Vorstellung von einer
  Wohnung Jahwes nach den alttestamentlichen Quellen.
  I. Teil. Diss. Marburg 1903, bes. 13; ders., Jahwes
  Wohnstätten nach den Anschauungen der alten Hebräer.
  Gießen 1908 (BZAW 15), bes. 8f. vgl. auch HERRMANN,
  S., Mose. EvTh 28 (1968) 301-328, bes. 316f.324;
  KEEL - KÜCHLER aaO 32, EISSFELDT, Einleitung 268,
  ähnlich SCHÜPPHAUS aaO 198, HÖLSCHER aaO 234.

- Jahwe wird bei E nur am Horeb sichtbar (vgl. Ex 3,19+.20).[1]
- Als das Volk den Bund durch die Anfertigung eines goldenen Stierbildes bricht, wird es vom Gottesberg fortgewiesen (Ex 33).[2]
- Elija wandert in seiner letzten Verzweiflung eben zu diesem Gottesberg, um dort Jahwe zu begegnen (1 Kön 19).
- Hosea fordert eine Rückkehr des Volkes in die Wüste, damit es dort Jahwe wieder nahe ist (vgl. etwa Hos 2,16 f).
- Diesen auf dem Horeb wohnenden Gott Israels umgibt eine Zone des Schreckens, die niemand ohne Gefahr für sein Leben verletzen kann (vgl. Ex 32,20 und öfter), es sei denn, er ist ein Vertrauter Jahwes.[3]

b) Der Ort des mal'ak

In den Rahmen dieser Gottesvorstellung ist der mal'ak einzuordnen. Er schafft die Verbindung zwischen dem direkter Anschauung entzogenen Gott und den einzelnen Menschen. In seinem Boten ist Jahwe der Hagar nahe,

----

1 Zum elohistischen Anteil an der Sinaitheophanie vgl. ZENGER, E., Die Sinaitheophanie. Würzburg 1971 (fzb 3), bes. 12ff, 45ff. Zu bedenken wäre, ob E möglicherweise auch Gen 22 am Horeb ansiedeln wollte. Darauf könnte zumindest der Name Morija hindeuten, vielleicht auch das Motiv der dreitägigen Wanderung.
2 Zur Herkunft von Ex 32 vgl. neuestens umfassend DAVENPORT, J.W., A Study of the Golden Calf Tradition in Exodus 32. Diss. Princeton Theological Seminary 1973, bes. 12-15.198f. MOTZKI, H., Ein Beitrag zum Problem des Stierkultes in der Religionsgeschichte Israels. VT 25 (1975) 470-485.
3 Als solche gelten die Propheten, vgl. etwa Elija. Auch Mose ist mit prophetischen Zügen ausgestattet, vgl. PERLITT, L., Mose als Prophet. EvTh 31 (1971), 589-608, bes. 606.

durch seinen Boten rettet er Isaak, seine Boten durch-
streifen das Land (Gen 32), sein Bote ist anwesend bei
der Berufung des Mose (Ex 3) und übernimmt eine eigene
Aufgabe beim Auszug und bei der Landnahme; Jahwe
schickt einen Boten, um Israel Retter zu erwecken,
sein Bote schützt Israel und stärkt schließlich Elija
auf seinem Weg zum Gottesberg. Während alledem bleibt
Jahwe am Horeb. Er lenkt zwar die Geschichte, aber in
Erscheinung treten seine Boten. Doch weil sie aus der
unmittelbaren Nähe Jahwes kommen, haben sie Anteil an
seiner furchterregenden Ausstrahlung. Deswegen ruft
eine Begegnung mit ihnen ähnliche Reaktionen hervor,
wie sie Jahwe selbst gegenüber angebracht wären.[1]
Von dieser Betrachtung aus löst sich auch das Problem
des Gottesich des mal'ak. Da dieser aus der unmittelbaren Nähe Jahwes kommt, in dessen Vollmacht redet und
sein Eingreifen Ausdruck des Eingreifens Gottes ist,
schieben sich für den Betroffenen beide Größen ineinander. Das Wort und Handeln des mal'ak ist gleichzeitig
und wesentlich Wort und Handeln Jahwes; Wort und Handeln Jahwes wird für den Betroffenen erfahrbar als
Wort und Handeln des mal'ak.[2]

Als zweites wird verständlich, daß das Deuteronomium
die mal'ak-Vorstellung unterdrückt.[3]

----

1 Eine entsprechende Reaktion erfolgt gegenüber Mose,
  nachdem er nach der Gottesbegegnung vom Berge herab-
  stieg (vgl. Ex 34,29f (P)).
2 Damit macht diese Lösung die unterschiedlichen Ansätze der bisherigen Forschung unnötig. Sie sind dem
  biblischen Text nicht angemessen. Auch ein Zusammenhang mit dem Bilderverbot läßt sich somit nicht
  feststellen, gegen SCHMIDT, W.H., Ausprägungen des
  Bilderverbots? Zur Sichtbarkeit und Vorstellbarkeit
  Gottes im Alten Testament, in: BALZ, H. - SCHULZ, S.
  (Hrsg), Das Wort und die Wörter (Festschrift
  FRIEDERICH, G.). Stuttgart 1973, 25-34, hier 27.
3 vgl. dazu oben S. 42.46.53.69. und öfter.

Denn ein zentraler Inhalt dtn/dtr. Verkündigung ist
Jerusalem als Wohnsitz Jahwes. Der Gott Israels ist
dort zugegen, und damit bedarf es des mal'ak nicht
mehr, ja er könnte vielleicht sogar der Einheit des
Gottesbildes gefährlich werden. Allein dies scheint
Grund genug, die Spannungen und das Mißtrauen in der
dtn/dtr. Bewegung zu verstehen. Zudem sind die Propheten als einzig legitime Mitteiler des Gotteswortes
fester Bestandteil des religiösen Lebens. Jahwe
spricht direkt zu ihnen, sie sind Mittler zwischen
ihm und dem Volk, aber auch zwischen ihm, dem König
und den Priestern. Die Verkündigung des Gotteswortes
ist sichergestellt, die Tora vorhanden. Gott selbst
wohnt inmitten seines Volkes. Aus diesem Grunde wird
ein mal'ak nicht mehr benötigt. Unbeschadet dessen
läßt die dtr. Redaktion den mal'ak in älteren Erzählungen stehen. Dies mag einerseits mit der Ehrfurcht
vor dem überkommenen Text zusammenhängen, erfährt jedoch andrerseits eine Berechtigung dadurch, daß es
etwa zur Väterzeit noch keine Propheten gab und Jahwe
noch nicht in Jerusalem seine Wohnung genommen hatte.[1]
Soweit neben einem Propheten ein mal'ak begegnet, sind
die Funktionen ganz klar getrennt.[2]
Noch ein drittes Problem löst sich: die Wiederaufnahme
der mal'ak-Vorstellung durch die ausgehende Prophetie.
Ihr liegt eine gewandelte Gottesvorstellung zugrunde.
Jahwe ist nun nicht mehr der Gott, der auf dem Horeb
wohnt oder im Jerusalemer Tempel weilt, sondern der,
dessen Wohnung der Himmel ist. Die Verkündigung der

----

1 Eine scheinbare Ausnahme ist Gen 22. Doch diese löst
  sich - trotz der Bezeichnung Abrahams als Prophet -
  dadurch auf, daß E das Versuchungsmotiv einführt
  und Jahwe deswegen Abraham den guten Ausgang nicht
  von vornherein mitteilen kann. Obwohl Abraham ein
  Vertrauter Jahwes ist, hat der mal'ak hier seinen
  legitimen Platz.
2 vgl. oben zu den entsprechenden Stellen.

Propheten hat erreicht, daß die Größe und Transzendenz
Jahwes so sehr hervortraten, daß er gegenüber dem Menschen als der unendlich Mächtige, Erhabene empfunden
wurde. Mit dieser Gottesvorstellung geht einher, daß
auch der Abstand zwischen Mensch und Gott als unendlich groß erfahren wurde. Um Jahwe hat sich ein Hofstaat gebildet, der einen direkten Zugang zu ihm unmöglich macht. Sogar die Propheten brauchen einen Vermittler, der ihnen die Schau erklärt, ehe sie die Weisung
Jahwes weitergeben können.[1]
Damit ergibt sich gegenüber der vorexilischen Überzeugung der nordisraelitischen Prophetie eine Ähnlichkeit:
Beide stehen vor dem Problem, die große Entfernung zu
Jahwe zu überbrücken. Nur ist es bei E eine in erster
Linie räumliche Entfernung,[2] während es in der Spätzeit
der Prophetie vor allem die Erfahrung der absoluten
Transzendenz Gottes wird. Dieser Zeit legt sich - gerade wegen des relativ unbestimmten Ausdrucks -, die Wiederaufnahme der mal'ak-Vorstellung nahe, weil sie einerseits eine Überbrückung des Abstandes gestattet, dabei
aber ganz deutlich macht, daß die Initiative zur Überbrückung von Jahwe ausgehen muß. Nicht der Mensch kann
von sich aus Gott erreichen, er kann sich lediglich
von Gott erreichen lassen.
Die so gekennzeichnete mal'ak-Vorstellung macht deutlich,
daß der Abstand zwischen Jahwe und Israel, zwischen Gott
und Mensch überbrückbar ist. Sie zeigt aber auch, daß
es Gott ist und sein muß, der die Boten schickt, der damit von sich aus allein imstande ist, den Abgrund zu
überwinden. Den Menschen bleibt es, Ausschau zu halten
nach diesen Boten Gottes, ohne auf "Engel" zu warten.

----

1 vgl. zum angelus interpres oben S.259-261.
2 Es ist darauf hinzuweisen, daß sich in der räumlichen
  Entfernung auch das Theologumenon der Unzugänglich-
  keit Jahwes ausdrückt.

3. Ausblick

Die vorliegende Arbeit hat sich beschränkt auf die
Untersuchung der Vorstellung, die mit dem Begriff
mal'ak (jhwh) verbunden ist. Nicht behandelt werden
konnten andere Vorstellungen; dies gilt besonders für
die verschiedenen Bezeichnungen für Wesen, die wir
ebenfalls unter dem Titel "Engel" fassen und die
GRILL[1] zusammengestellt hat. Auch sie sind daraufhin
zu befragen, ob einzelne Begriffe oder einzelne Gruppen von Begriffen auf bestimmte Tradentenkreise zurückgehen, ob sich in ihnen demzufolge auch eine bestimmte Gottesvorstellung auftut. Dabei wird darauf
zu achten sein, über die Analyse der entsprechenden
Texte hinaus zu theologischen Aussagen durchzustoßen,
auch wenn sie notwendig vorläufig sind. Grundsätzlich
ist dabei das ganze AT im Auge zu behalten. Eine Beschränkung auf einzelne Teilbereiche kann leicht in
die Irre führen, weil die Überprüfung (und gegebenen-
falls Korrektur) der Theorie durch andere Belegstellen
dann fehlte.

Diese Arbeit ist in einen größeren Zusammenhang einzubinden. Es hat sich erwiesen, daß die mal'ak-Vorstellung so etwas wie Leitmotivcharakter für eine bestimmte Aussageabsicht theologischer Art hat. Die weitere
Forschung am AT wird darauf zu achten haben, inwieweit
sich weitere solcher Leitlinien theologischer Art ergeben. Denn damit ließe sich ein neuer Ansatz finden
für die Lösung der alten Frage nach der Entstehung des
Alten Testaments, der Entwicklung der israelitischen
Religion, letztlich der Frage nach der Aussageabsicht

----

1 vgl. GRILL, S., Synonyme Engelnamen im AT. ThZ 18
(1962) 241-246.

und der theologischen Bedeutung des AT.[1]
Es ist an der Zeit, die Frage nach der Einheit des AT
(nicht nur der geschichtlichen oder der prophetischen
oder der weisheitlichen Bücher) als ganzem neu zu
stellen.
Einen möglichen Ansatz dafür bietet E. AUERBACH,[2]
auch wenn man seiner These von der großen exilischen
Überarbeitung des vorhandenen Traditionsmaterials
nicht fraglos zustimmen kann. Es ist aber ein Ansatz
zur Diskussion, der genutzt werden sollte. Sein unbe-
streitbarer Vorzug liegt darin, daß AUERBACH es wagt,
über die Grenzen einzelner Bücher und Büchergruppen
hinweg die Frage nach der tragenden Einheit des Ganzen zu stellen. Die vorliegende Arbeit über den
mal'ak versucht, im Rahmen dieser Diskussion einen
Beitrag zu leisten.

----

1 Als Ansatz in diese Richtung ist auch die Arbeit
  von RENDTORFF, R., Das überlieferungsgeschichtliche Problem des Pentateuch. Berlin 1977 (BZAW 147)
  zu fassen. Doch liegt in der Beschränkung auf den
  Pentateuch bereits eine gefährliche Engführung.
2 AUERBACH, E., Die große Überarbeitung der biblischen Bücher. VTS 1 (1953) 1-10.

6,4	7f, 259	104,4	7f, 25, 266,
6,5	7f		271
9,8	266	105	135
12	7, 251f	106,6	173
12,8	7f	106,30	179
		114	135
		137	134
Maleachi		141	134
		144	135
1,1	7f, 253-258	147,18	25
2	7	148	25, 271
2,2	121	148,2	7f, 266, 270
2,7	7f, 253-258,		
	262, 276		
3	7	**Ijob**	
3,1	7f, 15, 26,		
	253-258, 262	1,14	6
3,9	121	2,3	218
		4,18	6
		14.18	135
Psalmen		18,9	239
		19.24	135
1,4	268	28	134
18	134, 135	28,15	181
19	25, 135, 270	29	134
27.28	135	33,27	173
31	134, 135	37,4	239
32,9	100	39	134
34,8	7f, 266-267,		
	269, 271		
35,5f	7f, 266, 268f,	**Sprichwörter**	
	271		
40	134	3,33	121
41,10	239	17,11	26
42	134	17,16	181
44,13	181	27,26	181
49,6	239		
56,7	239		
61.62	135	**Hohelied**	
71	134, 135		
73	135	1,8	239
73,18	268	2	134
77,20	239		
78	134, 135		
78,49	7f, 26, 266,	**Kohelet**	
	271	5,5	6
81.89	135	13,17	6
89,52	239	16,14	6
91,11	7f, 266f, 271	17,11	6
92.94.95	135	30	134, 135
103	270f		
103,5	100		
103,20	7f, 266, 269		
104	134		